中國學術思想 研究輯刊

十七編

林慶彰 主編

第29冊

焦循「一貯」哲學之建構與證立

王慧茹 著

花木蘭文化出版社

國家圖書館出版品預行編目資料

焦循「一貫」哲學之建構與證立／王慧茹 著 — 初版 — 新北市：
花木蘭文化出版社，2013〔民102〕
目 4+212 面：19×26 公分
（中國學術思想研究輯刊 十七編：第 29 冊）
ISBN：978-986-322-419-8（精裝）
1.（清）焦循 2. 學術思想 3. 清代哲學
030.8 102014815

ISBN-978-986-322-419-8

中國學術思想研究輯刊
十七編 第二九冊 ISBN：978-986-322-419-8

焦循「一貫」哲學之建構與證立

作 者	王慧茹	
主 編	林慶彰	
總 編 輯	杜潔祥	
出 版	花木蘭文化出版社	
發 行 所	花木蘭文化出版社	
發 行 人	高小娟	
聯 絡 地 址	235 新北市中和區中安街七二號十三樓	
	電話：02-2923-1455 ／傳眞：02-2923-1452	
網 址	http://www.huamulan.tw 信箱 sut81518@gmail.com	
印 刷	普羅文化出版廣告事業	
封 面 設 計	劉開工作室	
初 版	2013 年 9 月	
定 價	十七編 34 冊（精裝）新台幣 60,000 元	版權所有‧請勿翻印

焦循「一貫」哲學之建構與證立

王慧茹　著

作者簡介

王慧茹，輔仁大學中研所博士。

現任台北市南湖高中國文教師、輔仁大學兼任助理教授。曾獲台北縣 (新北市) 優良教師、陸委會中華發展基金會獎學金、多項國語文競賽暨指導獎。

學術專長為清代哲學、經典詮釋及國文課程設計。著有：《孟子「談辯語言」的哲學省察》（萬卷樓）、〈熊十力《乾坤衍》的文化治療探析〉、〈顏元人性論探析〉、〈王弼《論語釋疑》的「內聖外王」之道探析〉、〈程瑤田人性論探析〉、〈多元議題融入國文課程示例及其展開〉等廿篇論文，編有高中國文教材、輔材等廿餘種。

提　　要

焦循（字里堂，1763-1820），是清代乾嘉時期重要的經學家、思想家、算學家，他不僅於傳統學問多所專精，即如戲曲、文學甚至醫學，亦有所發。在里堂留下的大量作品中，以易學、孟子學的相關著述最為人所稱道，且在乾嘉之世已具影響。焦循虛實相參、博通諸學的治學態度，為人所推重，故其歿後，阮元譽為「通儒」、稱許其為「一大家」，錢穆則譽為「精博」。

本文之作，係通過里堂《論語》、《周易》、《孟子》的相關作品，掘發其經典詮釋背後的哲學意涵，指出焦循係有意識地經由解經注經，以建構個人的「一貫」哲學。亦即：天道人德一貫、情性一貫、義利一貫；而其特出的研經方法，正與其哲學建構可為一貫；其所提供的「一貫」之法，是實測比例、變通時行之法，亦是名山理想的建構與實踐過程；舉凡當世之政治社會、文化學術、倫理人性等問題，里堂都關注到了。

要言之，里堂勾勒出「伏羲、文王、周、孔」以降的道統譜系，言聖人之道是「通變神化」之道，其治經「好學深思」、「以精汲精」後，得自「性靈」的理解與詮釋，顯然已「轉化」了經典內涵，而成為里堂代替聖人行教的歷程，其經世之思可謂鮮明。里堂的經典詮釋，是一通貫經典文本、通貫聖人之教、聖人之心，發為言述，以迎向當世的文化詮釋；是強調知識學習，以經典注疏、道德實踐為過程的意義詮釋；不僅貫注經典以新方法、新內涵，有積極面向生活世界及應用的傾向，其所提供的哲學方法及學術眼光，無疑更可提供傳統經學研究以新活力、新氣象。

第一章　緒　論

第一節　研究動機與目的

一、問題的提出

經部之書古來講的是修己治人之道，自《四庫全書總目・經部敘論》提出，經學「要其歸宿，則不過漢學、宋學兩家，互爲勝負」〔註1〕以後，對經學、經典內涵之探究，即有了偏重的概括。一般多以漢學爲漢儒治經，偏重考據訓詁之學，宋學則爲宋明以來，以談天道性命爲主的義理之學。特別是自清廷康熙廿年（1686）纂修《大清一統志》，乾隆卅七年（1772）四庫開館，考訂校勘大量古籍以來，漢學更爲勃興〔註2〕。梁啓超也說：「乾隆、嘉慶兩朝，漢學思想正達於最高潮，學術界全部幾乎都被他占領。」〔註3〕梁氏的觀

〔註1〕　參永瑢・紀昀等纂修：《景印文淵閣四庫全書總目》第一冊，（臺北：臺灣商務印書館，1986年3月初版），頁I-54。

〔註2〕　根據《辦理四庫全書檔案》，「乾隆三十八年十月二十三日多羅質郡王永瑢等奏摺」中記載：四庫開館始自乾隆卅八年二月正式批准學士開始編修圖書，至四十七年告成，凡著書3,457部、79,070卷；存目書6,766部、93,556卷；並編成繕寫七本，頒貯各地，包括文淵閣、文源閣、文溯閣、文津閣、文匯閣、文宗閣、文瀾閣等。當時四庫館中所網羅的學者三百多人，都是各領域的專家；正可說明有清一朝修纂圖書的成就。參黃愛平：《四庫全書纂修研究》，（北京：中國人民大學出版社，2001年2月一版二刷），頁111～120。梁啓超也指出：「四庫館正是漢學家的大本營，《四庫提要》就是漢學的結晶體。康熙中葉以來的漢宋之爭，到開四庫館而漢學派全占勝利。」參氏著：《中國近三百年學術史》，（上海：上海三聯書店，2006年4月一版一刷），頁19。

〔註3〕　參梁啓超：《中國近三百年學術史》，頁19。

察的確不差，整個清代學術，漢學式的考據訓詁的確蔚爲大宗，特別是校勘
考訂上的成就，時至今日仍然扮演著舉足輕重的地位。

正是由於這樣的思維模式，及漢學、宋學蔚爲二途的現象，導致學界長
期以來忽視清代思想；甚至認爲抽象的哲學思考，到了乾嘉時期已告終結；
或者，嚴格一點來說，即如清初猶有船山（1619～1692）、顏元（1635～1704）
等經世之思，到了乾嘉時期亦已蕩然無存。王念孫（1744～1832）、王引之
（1766～1834）的考據光芒太盛，阮元（1764～1849）整編纂修舊籍之功太
廣，幾乎也涵括了整個乾嘉學術的內容，故長久以來，人們總誤以爲清學即
爲乾嘉考據學，乾嘉學問徒考據無哲理，或徒考據無經世的傾向。此由學界
長期以來忽視清代哲學，即使書寫中國哲學史，亦僅及於船山、勉強言及戴
震（1723～1777）可爲證明。

其實，早在梁啓超之時，也曾爲乾嘉時期考證披靡的現象做過說明，梁
啓超指出：「乾嘉諸老中有兩三位——如戴東原、焦里堂、章實齋等，都有他
們自己的哲學，超乎考證學之上，但在當時，不甚爲學界所重視。」〔註4〕梁
啓超顯然並不認爲乾嘉諸老沒有哲學，只是不被重視罷了。梁氏的喟嘆，時
至今日，在前輩學者的努力下，有關乾嘉學術的內容，已有較多的揭露。如
余英時便在梁啓超、錢穆之說以外，另提出清學的發展，自有一套「內在理
路」，必須「對清代思想史重新加以解釋」。余先生提出以「智識主義」和「反
智識主義」爲對比，言清學興起的原因與發展，是由「尊德性」走向「道問
學」。〔註5〕張麗珠則另提出「乾嘉新義理學」之說，強調若以宋明重視形上
價值，發揚道德理性的義理模式爲理學，則清儒重視經驗價值，客觀實證、
主情重智的主張，則可名爲「情性學」，與宋明理學並爲兩種儒學的義理範式；
〔註6〕張麗珠並指出，「乾嘉新義理學」最足以凸顯清代的學術典範。〔註7〕

〔註4〕 參梁啓超：《中國近三百年學術史》，頁20～21。
〔註5〕 以上余英時的看法，可參氏著：《歷史與思想》，（臺北：聯經出版事業（股）
公司，2004年11月初版24刷），頁87～156。余氏同時批評錢新祖：《焦竑
與晚明新儒學的重構》（《Chiao Hung and The Restructuring in the Late Ming》，
New York : Columbia University Press，1986）一書中，借用尼采、傅柯及德希
達的觀點，對乾嘉考證學的淵源另做詮釋。余英時認爲錢新祖書中只是用焦
竑的個案來提供他玩弄西方理論和概念的遊戲，他嚴屬批評錢新祖在研究方
法上對一手史料、二手史料價值判別的錯誤，及在文獻解讀上，抽離歷史脈
絡，擅自作符合自己所要的歷史結論等。本文因不涉及乾嘉考據學興起及淵
源問題，於此僅概略說明相關看法，暫不做討論。
〔註6〕 參張麗珠：《清代新義理學》，（臺北：里仁書局，2003年1月初版），頁1～52。

如果說，前輩先生所致力的，是乾嘉學術的總體輪廓，落在整個學術發展或儒學延續的合理位置，特別是和宋明思想發展的對比的話；那麼，焦循哲學所代表的價值，則是身逢乾嘉時期的個人，其思想理論的證立如何可能？在當時的學界、甚至今日，有何啓益？此中，焦循的思想雖承戴震而來，但其做爲「一大家」〔註8〕，明顯有別於戴震，故以焦循爲乾嘉義理學或乾嘉哲學建構的橫切面，當有其可說之處。

只不過，焦循長期爲學界所關注者，均在易學，其易學貢獻，不僅可說具備了總結歷代治易方法及思想內涵的地位，在有清一代即造成震撼，引起兩極化的評價；〔註9〕因其治易方法上的特殊，錯綜綰合了象數易及義理易學的特長，而另出新說，也造成焦氏易學不利研讀，難以理解的困難。另外，焦循學問又不僅止於易學，舉凡經部之書，皆有補疏或注釋；史部方志，集部詩文、戲曲，甚至算數、天文、醫學，皆有所作。故若說焦循本人對知識、學問、書撰有其熱愛，固是不差，但卻也未必準確；或者可以進一步追問，如此一位儒者，何以畢生竟以注疏終老？其經典注疏的背後，是否另有其他關注？又，焦氏學問應予如何之評價？其定位該當如何？凡此，皆是焦循長期以來被視爲一名經學家之外，更應當被正視和考慮的問題。

儒學發展，自孔子以來有一「述而不作」的傳統，許多大學問家，總是透過經典注疏，以述代作；亦即利用注經、解經表達個人的思想，此中，王弼、朱熹都是最好的例子。以焦循來說，焦氏所注經典雖涵括十三經，然其經注數量最多者，仍是《周易》。焦循最爲一般人所熟知的有「易學五書」〔註10〕，此外，他的《孟子正義》則爲個人思想的絕響之作。就經典注疏上說，《正義》一書更總合歷代《孟子》經說之大成，焦循亦在《孟子正義》

〔註7〕 張麗珠陸續出版「清代新義理學」三書，包括：《清代義理學新貌》、《清代新義理學》、《清代的義理學轉型》等，（臺北：里仁書局，1999、2005 年 8 月、2006 年 10 月）。可視爲張先生長期以來欲建構清代新義理學的持續努力。

〔註8〕 參阮元撰，鄧經元點校：《揅經室集·上》〈通儒揚州焦君傳〉，（北京：中華書局，2006 年重印），頁 475～481。

〔註9〕 持正面肯定者如阮元、王引之等，譽其「卓然獨闢，確然不磨」、「鑿破混沌、精銳之兵」；反對者如朱駿聲、郭嵩濤等，評其「傅會難通、有詞無理」、「錯綜其數，未聞錯綜其言也」。另持折衷說者，則有今人梁啓超、錢穆等。有關對焦循之評述，可參賴貴三：《臺海兩岸焦循文獻考察與學術研究》，（臺北：國立編譯館，2008 年 11 月初版一刷），頁 188～196。

〔註10〕 焦循的「易學五書」包括：《易章句》、《易通釋》、《易圖略》、《易話》、《易餘籥錄》等五本。

一書中，完成個人哲學體系之建構。

　　只不過，乾嘉經學既幾乎已和漢學、小學訓詁學等劃上等號，那麼，做為一名經學家原先所欲揭露的義理思想，是否足以展開為一縝密的理論系統？所謂「訓詁明而義理明」，「訓詁」到底是做為方法、手段，還是目的？「訓詁明」之後，「義理」真的能「明」嗎？此中，特別是潛藏在經注背後的思考，更須進一步細察。換言之，焦循學問所展開的言說架構，是否足以說明存有之事實，以及由此引申而出的種種邏輯之理，更是焦循哲學是否得以建構圓成的關鍵所在。當然，為了確保焦循所建立的言說系統，的確具有說明的效力、確實有意義，還必須檢視它是否符合思想律（同一律、排中律、不矛盾律），是否有邏輯上的誤謬，以及其所關涉的言說對象、環境、時代背景等等，職是之故，本論文即盼經由焦循著述，抉發其思想內涵，為其所說建構其理論系統。

　　此中首先需分析的問題是，焦循的思想隱身在經注背後，因此他的經注作品，往往具有說明經典意義、說明聖人作經本懷的向度；但同時也具備了，說明經典所呈現的事實何以有價值，或對現實存有的世界，經典可以提供何種思考的向度；而用以說明價值結構如何的傾向，又往往比說明事實形貌如何，明顯為多。或者說，焦循不斷分析說明經驗世界、真實事件的目的，其實仍是為了形上價值的闡揚傳布，用焦循自己的話來說，便是一「證實運虛」，然後「虛實相參」，最後「心悟」，得其「性靈」的過程。〔註11〕

二、研究重點與目的

　　任何研究的開始，都必然和時代有所聯繫，通過經注、解經、闡揚聖道，為聖人發聲，總是歷代經注者最核心的關注所在，焦循的經注思考亦復如此。然舉凡經典詮釋，必涉及一「話語論斷」及「意義賦予」的過程，通過「說」，說其「未說」；或是由「已說」，說其「新說」；若以符號趨勢表示，即是：

　　　　由「說」→「未說」＝由「經注、經解」→經典詮釋、價值揭露（意義回歸）

　　　　由「已說」→「新說」＝由「歷代經注、經解」→另立思想譜系（創新與重構）

─────────────
〔註11〕另詳本論文第二章所論。

由「說」，說其「未說」，放在經典詮釋上說，是透過經注、經解，以從事一種價值意義的揭露工作，以闡明、說解經典的文本內容，目的是為了回歸經典本身，回歸聖人之道；由「已說」，說其「新說」，放在經典詮釋上說，是透過歷代已有的經注、經說、經解，反省其各項可能的展開，以從事批判或重建經典意義的工作，目的是為了建立個人新的思想譜系；而後者，顯然才是歷代思想家、哲學家的真正用心所在。此中，意義呈現、價值賦予又是回應當代論題的，是個人面對真實的生活世界〔註12〕，與經典溝通對話的過程，也是經注者、詮釋者不斷參與文本，與聖哲、天地相往來的過程。

或者也可以說，焦循研經著述，理解解釋經典，這種看似對學問思辨興趣濃厚的工作，其實是對現實的存在，欲有以拯濟的工作；此一方面，是為了個人當下生活世界的具體問題，提供解決之道；另方面，則是指向一個理想的生命之境。因此，對學問知識性的理解、把握固是一途，透過重情性、智性展開的通解亦是一途，焦循更重要的貢獻，是在「直覺體悟」的境界修養之外，提供了一條可資檢證、徵驗可行的道德入路。雖其終極關懷仍是道德理想，是圓融博厚的，但就其存有的起點機緣上說，卻仍是以分解辨析為主要論述。

析分焦循哲學的以上特徵，指出焦循思想的義理性格，是本論文所欲關注的重點。簡單來說，通過焦循經注諸說的反覆辯證，目的是為了析明焦循哲學本體與工夫一貫、形上與形下一貫，並說明此一貫即是價值之真、理想之實。

首先，就方法論來說，焦循運用乾嘉以來豐沛的漢學養分，及個人在數算、易學上的研究為基底，建構他個人的治學方法，焦循特別強調學經治經

〔註12〕「生活世界」（Lifeworld）是現代哲學中的重要概念，強調要人走出主客二分、本體與現象對立、不脫離經驗生活而去追尋所謂的本體世界、超然世界。有關胡賽爾「生活世界」的說明，可參〔丹〕丹・扎哈維（Danzahavi, 1967-）著、李忠傳譯：《胡賽爾現象學》，（上海：上海譯文出版社，2007年8月），頁81～152；洪漢鼎先生：《重新回到現象學的原點——現象學十四講》第十四講，（臺北：世新大學，2008年7月初版），頁231～240。此處係借〔德〕埃德蒙・胡塞爾（Edmund Husserl, 1859-1938）對「生活世界」的描述，以言經典詮釋與把握，可提供對人的生活、人的主體活動及人的根源存在的分析，詳後文所論。在焦循，「生活世界」的概念不包括科學，因為天體陰陽之氣是循環往覆、既恆定也通變的，獨其變化必是朝向「利貞」的方向；胡賽爾則認為，生活世界和科學世界都處在不斷的變化中；二人對「科學」和「生活世界」的看法，雖有其異同，但仍可互為對比，以為說解。

當求通解,「一貫」即其方法論的特色。

其次,就存有的一面來說,焦循以論語學建構個人的文化政治理想,指出忠恕一貫、仁禮一貫,不僅是夫子思想的核心,此一貫之思亦是解決當時學術紛爭、安定社會政經之道。焦循同時以其在易學上的特殊見解,指出以《周易》教人改過遷善、代聖人行教的可能;《周易》不只是一本卜筮之書,更是一本道德教化的教本;由易卦變通之規律,上合宇宙自然,下貫現實人事,於是,對聖人之道的追求,便是一個不斷參與的過程,可以透過道德實踐、語言的論述,而被真實感知。焦循同時以孟子學說明他對人性的看法,立足於人性具有「神明之德」的性善基礎上,言人們能知可教,情性旁通,而強調知識、教化的重要。此文化教養、學習知識的過程,亦是道德工夫的培養過程,教養從日常生活中化育落實,儒家傳統以來所說的倫理關懷,自亦是焦循的重要關注。

還要補充說明的是,焦循哲學建構之可能,係藉由焦氏經典詮釋的觀察而來,焦循辨析經意內涵,往往有自出己見、創立新說的意圖,或者也可以說,從事經注、經解以析明經意的工作,仍是第二義的,焦循真正的用心仍在回應時代、建立自己。意義的理解、解釋,同時也是一種實踐與應用,故用以駁正前代經說處,亦常是個人思想建構處,其對經典文獻的理解解釋,不是一種知解、認取理論的探究,而是藉助理論分析為手段方法,以數理、《周易》特殊的邏輯演繹,來說明形上實體;此一形上實體,當然也是經由道德實踐而獲得的,其別藏流動的彈性,可以兼攝科學與人文兩端,可以融通天道自然與人道世界之兩端,使學思一貫、德智一貫,性命一貫,價值與實踐一貫。

焦循哲學的展開與證立,便是建立在「一貫」、「通貫」的基準點上,有方法論上的一貫、貫通諸學,有倫理學、人性論上的旁通一貫可說,焦循透過經典詮釋所揭露的真理世界,便有步步落實於生活、步步上溯道體的可能。

第二節　研究範圍及前人研究成果評析

一、研究範圍

前文已言,焦循畢生著作等身,舉凡經史子集皆有所作,本文所考察的

重點，旨在說明焦氏經典詮釋特色，並證立焦循哲學建構的可能向度，故研究範圍將以焦循哲學著述爲主，包括焦循對《周易》、《論語》、《孟子》等不同專著的探究，並輔以焦氏個人相關的專文及今人研究以佐證之。至於焦氏有關《禮記》、《尚書》、《左傳》〔註13〕諸作的考察，幾乎全爲文字章句考辨，因其可發抉之哲學思考較乏，暫不列入討論。

又，焦循經注，有若干涉及版本考釋問題，將於本論文專章內容中分別考察。焦氏經注諸書，彼時曾因家貧未能刊刻，其間又遭不肖子孫變賣，輾轉流徙各地，今日可見蒐羅較完備者，有《焦氏遺書》及《雕菰樓經學叢書》二種，前者係清光緒二年衡陽魏氏重刊，典藏於中研院史語所傅斯年圖書館善本室，後者爲里堂手稿本，已有文海出版社清代稿本百種彙刊。本論文中所使用之刊本，亦將於分述各章內容時另出詳注說明，此暫不一一細論。

二、前人研究成果評析

前文已言，清代思想不是一個熱門的領域，導致清代哲學研究未足，亦似是長期乏人聞問耕耘所致。以焦循來說，焦循較爲學界所關注者，兩岸學人均多集中在其易學及其個人學思歷程之探究。以下將簡要說明前輩學者對焦氏學問之研究。

何澤恆《焦循研究》〔註14〕、程石泉《雕菰樓易義》〔註15〕，可視爲探究焦循學術的早期作品。何先生之作，主要係比對考釋焦循經注諸書的版本問題，及其易學方法與旨趣的討論；程作則集中探討了焦循「雕菰樓易學三書」，包括《易章句》、《易通釋》、《易圖略》等，其中對焦循治易採字詞訓詁、運用假借等方法有較多的發揮。

賴貴三先生有《焦循雕菰樓易學研究》、《焦循年譜新編》、《昭代經師手簡箋釋──清儒致高郵二王論學書》、《焦循手批十三經注疏研究》、《臺海兩岸焦循文獻考察與學術研究》等五部專書〔註16〕，及多篇尚未收入專書的焦

〔註13〕焦循究心《三禮》，撰成《群經宮室圖》兩卷；於《尚書》，有《古文尚書辨》八卷；其他尚有《毛詩物名釋》二十卷、《六經補述》等，皆偏重名物訓詁之考證。

〔註14〕參何澤恆：《焦循研究》，（臺北：大安出版社，1990年5月一版一印）。

〔註15〕參程石泉：《雕菰樓易義》，（臺北：臺灣商務印書館，1968）。

〔註16〕參賴貴三：《焦循雕菰樓易學研究》、《焦循年譜新編》、《昭代經師手簡箋釋》、《焦循手批十三經注疏研究》，（臺北：里仁書局，1994、1994年3月、1999

　　循研究，﹝註17﹞可謂臺灣地區著名的焦氏易學專家。數十年來，其所蒐整有關焦循著作目錄，爲當今所見最豐富、最整全者，其中收有關焦循部分作品之釋文，直接有助於研究者於經典文字之比對與爬梳。

　　陳居淵是中國大陸焦循研究的專家，著作除《焦循儒學思想與易學研究》、《焦循阮元評傳》外，尚有多篇論文。﹝註18﹞陳先生的研究面向，除將里堂平生交誼，作較細密的爬梳外，針對焦循數算所得及其研《易》特色，亦多有所及，基本上說，陳先生對焦循的學術表現，雖採正面肯定態度，但由其研究來看，又係「傳」多於「評」。其環扣於焦氏易學在哲學上探研，往往能有所見，正可提供我輩後學做一概括性的奠基與理解。

　　另外，關於焦氏易學的研究，尚有牟宗三、岑溢成、朱伯崑、張麗珠等

　　　　　年 8 月、2000 年 3 月），《臺海兩岸焦循文獻考察與學術研究》，（臺北：文津出版社，2008 年 11 月）。

﹝註17﹞包括賴貴三：〈孟子的「易」教──清儒焦循「孟子正義」中「易」理詮釋〉共六篇，（臺北：《孔孟月刊》），2003 年 1 月～2003 年 8 月；

　　　　　賴貴三：〈清儒焦循「論語」、「孟子」與「易」學會通簡述〉，（臺北：《孔孟月刊》，2003 年 4 月），頁 3～5；

　　　　　賴貴三：〈焦循「尚書」學及其研究述評〉，（臺北：《臺灣師大國文學報》，2002 年 12 月），頁 1～29；

　　　　　賴貴三：〈焦循「毛詩」學綜述〉，（臺北：《文與哲》，2003 年 12 月），頁 37～58；

　　　　　賴貴三：〈焦循（1763～1820）研究論著目錄〉，（臺北：《漢學研究通訊》，2002 年 2 月），頁 171～182；

　　　　　賴貴三：〈清代乾嘉揚州學派經學研究的成果與貢獻〉，（臺北：《漢學研究通訊》，2000 年 11 月），頁 588～595；

　　　　　賴貴三：〈焦循理堂先生手批「周易兼義」鈔讀記〉共三篇，（臺北：臺灣師大《中國學術年刊》，1998～2000）；

　　　　　賴貴三：〈「五經皆學，三禮成圖」──乾嘉通儒揚州焦循里堂學記〉，彭林主編：《清代學術講論》（桂林：廣西師範大學出版社，2005 年 11 月一版一刷），頁 163～188。

﹝註18﹞參陳居淵：《焦循阮元評傳》，（南京：南京大學出版社，2006）；

　　　　　陳居淵：〈論焦循「假卜筮而行教」的易學觀〉，（山東大學：《周易研究》第 3 期（總第 49 期），2001 年 11 月），頁 18～24；

　　　　　陳居淵：〈論焦循《易》學的通變思想與數理思想〉，（山東大學：《周易研究》第 2 期（總第 20 期），1994），頁 23～35；

　　　　　陳居淵：〈焦循道德理想的易學詮釋〉，（四川：《中華文化論壇》，2003 年 2 月），頁 126～130；

　　　　　陳居淵：〈焦循易學方法論的哲學意義〉，（山東大學：《周易研究》第 5 期（總第 61 期），2003 年 4 月），頁 28～34。

〔註 19〕諸多學人，皆有不同的闡發。其他較寬泛的考察，則有梁啟超、錢穆、王茂、王章濤、張豈之……等〔註 20〕，不一而足。

　　以上有關焦循研究，大抵可分為兩類：一是偏重焦氏個人學行歷程的整理說明，及焦氏文獻版本的考察，如何澤恆、賴貴三先生等著作；一是就焦循「易學三書」或《孟子正義》，有單篇研究的討論，如牟宗三、錢穆、岑溢成、陳居淵等；於焦氏全幅思想內涵，建構其哲學型態的討論則尚見闕如。特別是焦循屢屢明言《論語》、《周易》、《孟子》應互相訓釋、融通考察、互

〔註 19〕如牟宗三：《周易的自然哲學與道德函義》，（臺北：文津出版社，1998 年 8 月初版二刷），頁 265～349。書中討論胡煦與焦循的易學特色，並以胡煦為生成哲學之易學，焦循為道德哲學之易學。

岑溢成：〈焦循《易圖略》的系統研究〉，（臺北：《鵝湖學誌》第 31 期，2003 年 12 月），頁 63～84；以電腦程式重新校勘焦循《易圖略》中的易圖。岑氏另有：〈焦循性善論的探討〉，（臺北：《鵝湖學誌》第 35 期，2005 年 12 月），頁 35～57；〈焦循孟子學初探〉，（臺北：《鵝湖學誌》第 43 期，2009 年 12 月），頁 121～144；則討論了焦氏於《孟子》處，資取了哪些部份而提出他的性善主張，岑先生認為焦循性善主張並未切合於孟子學。

朱伯崑：《易學哲學史》第四卷，（臺北：藍燈文化事業（股）公司，1991 年 9 月初版），頁 361～409。以焦循「易學三書」為核心，將焦氏易學歸屬於漢學家易說，但亦可以說是中國傳統思維方式中，辯證思維和形式思維相融合的結晶。

張麗珠：〈焦循以易入道的新義理觀析論〉，（臺中：《興大中文學報》第 26 期，2009 年 12 月），頁 95～133。此亦為張麗珠建構「乾嘉新義理學」的系列文章之一，氏指出焦循重現實精神與經驗實踐，正可突出「非形上學」但強調道德創造的義理學內容。

〔註 20〕梁啟超：《中國近三百年學術史》，（上海：上海三聯書店，2006 年 4 月一版一刷）；

梁啟超：《清代學術概論》，（上海：上海古籍出版社，2005 年 4 月一版一刷）。

錢穆：《中國近三百年學術史‧下》第 10 章，（臺北：臺灣商務印書館，1996 年 7 月臺二版二刷），頁 499～541。

王茂、蔣國保等：《清代哲學》廿一章〈焦循的「時行」哲學〉，（安徽：安徽人民出版社，1992 年 1 月一版一刷），頁 691～723。以專章討論焦循的哲學，並認為焦循和戴震一樣，其主要成就在義理及哲學方面。

王章濤：〈焦循評傳〉，收入趙昌智主編：《揚州學派人物評傳》，（揚州：廣陵書社，2007 年 11 月一版一刷），頁 321～376。王章濤來自民間，但長期專研乾嘉人物如阮元、焦循皆有所成，該章高度概括了焦循的學行歷程，且略述其思想特色及著述。

張豈之主編：《中國思想學說史‧明清卷下》第五章〈焦循的經學與天算學〉，（桂林：廣西師範大學出版社，2008 年 1 月），頁 550～580。是針對焦循天文學、算學與其經學關係的研究。

足理解，以前揭經籍爲主體，探究焦循思想的核心，更爲學界完全未涉及的領域。焦循在治經方法上的特長，當然直接影響他的思想建構，其步驟、方法及如何可能，學界亦無所論；由此更可見，就焦循重要著作，挖掘其哲學理路的展開，言其倫理學、社會學及文化觀照，實是研究清代學術、清代哲學，特別是乾嘉學問刻不容緩的事。

第三節　研究方法

　　本論文所採用的研究方法，除歸納、演繹、文獻分析法、歷史研究法〔註21〕之外，針對焦循哲學建構之可能，尚包含以下「詮釋學」向度的思考。

　　人文學的基本重點在於內在的解釋，而不只是外部的說明而已，而言及解釋，必當先有一個消極性的「瓦解」過程，然後再達到新的「開顯」，並將之落實，另外用新的語言表達出來，此便牽涉到一個積極性的「建構」。換言之，關於經典詮釋必牽涉到以下三個層次，亦即「經典文獻是如何？經典的義理爲何？這整個意義的詮釋爲何？」此中，林安梧先生將詮釋的層次，分爲「道、意、象、構、言」五個層級。若以圖說表示，即是：

道 ——————無言——————總體的根源

意 ——————意向——————心靈的指向

象 ——————圖象——————想像的發揮

構 ——————結構——————結構的把握

言 ——————語句——————語句的記憶〔註22〕

以語句的結構，向上推溯其圖象、意向的理解，上及於「道」；由「道」下擴爲意、象、結構的展開，而爲語言的表現；此是由總體的根源——「道」，而有一心靈的指向——「意」；然後以想像的發揮——顯爲「圖象」，爲結構的把握——「話語結構」；最後爲一語句的分析——「言」。此「道←→意←→象←→構←→言」的展開及逆溯，便是辨析經典話語文句，可爲解析展開的方法次第。

〔註21〕林安梧先生指出，中國哲學研究的方法，必須包含「五證」，即「文獻的佐證」、「歷史的考證」、「經驗的查證」、「心性的體證」及「邏輯（論理）的辯證」。可參林安梧：〈話語·思考與方法：中國哲學、西方哲學與馬克思主義哲學的對話〉，（臺北：《臺北大學中文學報》第二期，2007年3月），頁273～326。

〔註22〕參林安梧先生：《人文學方法論——詮釋的存有學探源》第六章〈詮釋的層級〉，（臺北：讀冊文化事業（股）公司，2003年7月初版），頁145～167。

　　回到對焦循哲學的建構來說，於焦循文本的爬梳、整理當是最基礎的工作，焦循所留下的文獻，因當時未能及時刊刻，部分又爲後人所轉賣，略有版本上的差異，凡此，皆在第一階段的文字辨正中，加以處理。其次，對文本語言的理解，必須放在語句脈絡中加以省察，此時便由「語句」上升到「結構」的層級；復由此「結構」，步步上溯此文字結構系統背後之「圖象」、「意向」，再由此上遂於「道」之根源。正因詮釋有其範圍卻沒有定點，〔註23〕故其開顯眞理的過程，是一個交談、對話、溝通、互動的過程，雖有多元、多角度、有各種可能的闡釋開啓，但卻也總包含著一定的指向，於焦循來說，此一指向便是指向道德理想的、指向總體生活的關懷。

　　「詮釋」是站在某個「視點」展開的理解活動，再給出一套語言文字符號的建構。這五個詮釋的層級——「道、意、象、構、言」，同時也包含有「哲學詮釋學」〔註24〕的基礎性理解在內。首先，「說明」是外在因果的表述；「詮釋」是內在理由的闡發。再者，詮釋涉及兩個不同之次序：一是「理論邏輯次序」，一是「時間歷程次序」；理論邏輯次序之先後，重點在於「內在的契入理解」；時間歷程次序之先後，重點在於「實際行動的進程」。進行詮釋時，理論邏輯次序與時間歷程次序，是一體的兩面，他們彼此有一種互動關係，即所謂「詮釋學的循環」。〔註25〕

〔註23〕 林安梧先生說：「人文學的有趣就在這裡，……解釋只有範圍，沒有定點，……你越出他的範圍是不行，是錯的，……他可以扭來扭去的，但是他不能亂扭，亂扭到毫無章法。」參氏著：《人文學方法論——詮釋的存有學探源》，頁 163。

〔註24〕 「哲學詮釋學」爲〔德〕伽達默爾（*Gadamer, Hans-Gerorg,* 1900-2002）所提出，其中「詮釋」（*hermeneutics*）一詞，一譯爲「解釋學」、「闡釋學」，爲行文說解統一，以下均統稱爲「詮釋學」。「詮釋學」一詞，從字源上說，係源於希臘神話中的天使 Hermes，Hermes 是天神宙斯的使者，負責傳遞宙斯的訊息，且主動地「說明、解釋」宙斯的意思。故詮釋學最早的發展便和解釋《聖經》有關。推究詮釋學的發展歷史，一般來說可概分爲三個階段：第一個階段在詮釋《聖經》，認爲詮釋聖經應以原文爲主，找尋其「隱藏的」意義。第二階段是施萊馬赫（*F.E.D.Schleiermacher,* 1768-1834）的心理主義與狄爾泰（*W.Dilthey,* 1833-1911）的歷史主義的詮釋學。他們主張詮釋者應擺脫自己的偏見及其時代的限制，而進入被理解對象的那個時代，設身處地的替作者說話，進而有「更好的理解」。第三個階段是指海德格（*M.Heidegger,* 1976-1889）與伽達默爾的詮釋學。他們把詮釋學從方法論轉向本體論（*ontology*），從而使詮釋學成爲一門眞正的哲學理論。「哲學詮釋學」的眞正目的，在打破「主／客」對立的思考模式，眞理之所以會被發現，是透過「辯證」而來，惟有以不斷地提問、對話，作爲回應事物的方式，才能趨近所要探究的事物。

〔註25〕 林安梧先生更進一步將這種「得意忘言、以意逆志、志通於道」的詮釋理解，

　　以焦循哲學的建構來說，若採取「哲學詮釋學」爲研究進路，似便可爲焦循哲學的完善圓成，找到一個更允適合理的位置。因爲焦循的經典詮釋，本身也隱含有一「哲學詮釋學」的向度，特別是焦循藉由經注所展開的詮釋系統，其所關注者，往往並不限於漢學家的文字訓詁考釋，或從經學上，探究聖人作經的本懷而已，焦循的詮釋，實是一次次「文本／詮釋者」相互參與「問答／對話」的過程；對焦循來說，經典注疏即是一個不斷參與理解詮釋的過程，而其目的是爲了參與道德的教化與實踐。故可說，在面對經典，從事意義說明的同時，其闡釋發揚的傾向，更甚於理解說明文本，此中，理解、詮釋及應用，又是一體循環的。

　　因爲解釋理解經典文本，同時也包含了應用〔註26〕、走向生活世界、開顯眞理等思考。「應用」不是「實用」或「利用」，而是說理解解釋文本，總是爲了回應當代，與當代溝通對話。事實上，在理解解釋文本的同時，其實也同時從事了應用層次，詮釋總是必須由經典、詮釋者、研究者共同參與的；同時，因理解應用是一體的循環，故解釋理解文本，基本上說，便是一種經典與歷代經注者、詮釋者、文本與研究者、生活世界的溝通與對話，且此一對話有「視域融合」〔註27〕、落實於生活世界的可能。

第四節　本論文主題之展開

　　本論文之寫作，主要係爲闡明並建構焦循「一貫」哲學之可能向度，故

　　　名之爲「造乎其道」的詮釋學。參氏著：《人文學方法論——詮釋的存有學探源》，頁145。

〔註26〕本論文所使用的「應用」，係借用伽達默爾「哲學詮釋學」中的「應用」概念而言。若從「應用」概念出發，哲學體系的研究，便不是一個掛空的研究，一個虛空的理論而已，而是一個將傳統經典話語轉爲現代語言，且具備當代意識、與眞實生活世界相關的研究。此處有關焦循經典詮釋的「應用」層次說明，另詳下文解析。又，關於伽達默爾「應用」的解釋，另可參氏著，洪漢鼎譯：《眞理與方法》Ⅰ，（北京：北京商務印書館，2007修定譯本），頁417～463。

〔註27〕「視域融合」（*Horizontverschmelzung／fusion of horizons*）一說，亦伽達默爾所提出。氏以爲，在理解中絕不可能有這樣兩個互不發生關係的獨立視域，一個是進行理解的人自己生存於其中的視域，另一個是他把自己置身於其中的過去歷史視域，他把這種和傳承物周旋或打交道的結果說成是「視域融合」。通過「視域融合」，文本和我得到某種共同的視域，同時我在文本的它在性中認識了文本。參洪漢鼎：《當代哲學詮釋學導論》，（臺北：五南圖書出版（股）公司，2008年9月初版一刷），頁128、114。有關焦循經典詮釋中「視域融合」的向度說解，將另於後文展開。

其方法意識亦由此展開。同時，爲構建焦循哲學，除了必須對焦氏作品有一恰如其分的理解與詮釋外，鉤連著析明焦循哲學內涵，還必須包含焦氏以其經注作品，所完成的學術知識建構來說；因爲焦循一方面從事解經、述經工作，一方面也在注經、述經過程中，建立自己的學說。故本論文核心主題之展開，在四到六章中，皆通過焦循學問之建構，以說明其哲學思想。

此外，焦循哲學的重要特徵之一，是其研經、治經方法的特出，特別是其治《易》方法，不僅在有清一代造成正反兩面的意見，即於今日，猶有不同爭論；此又不獨是評述焦氏研《易》方法正誤即可盡者，而應看成是焦循有意識地、選擇過後之刻意所爲。〔註28〕焦循學問的基底來自天文、曆算、數學，這讓他在勾勒自己的易學譜系時，具備了科學邏輯的眼光，得以運用實證、觀察之所得，建構己說；同時，焦家三世習《易》，先輩的學術眼光，也給了他很好的滋養，讓他在解《易》時，能一併深思並反省先輩的思考。

事實上，里堂用以研《易》、治《易》的方法，同樣被表現在他的《論語》、《孟子》注疏中，此中，焦氏的《論語》學作品，因其成書稍早，其易學方法之跡，較不鮮明；獨《論語通釋》在焦循晚年曾被改定，對比於焦循年輕時的思考所得，其內涵思想可謂相貫，在研經方法的應用上，也有可說。故本文討論焦循論語學看法時，亦係基於他晚年思想圓熟表現後，以爲申說。至於，《孟子正義》是焦循哲學的集大成之作，書中所揭櫫之研經態度、方法意識、哲學理路皆見條貫融通，故本論文於《孟子正義》不論在方法論或哲學內涵的表現上，亦多有著墨。

本論文之重點，主要在強調焦循哲學是一方法論上的「一貫」，哲學要義上的「一貫」，並以其特殊的治經方法貫通其哲學，指出其在倫理學、社會學、政治學及文化關懷之種種向度，目的都在析明里堂實欲以「一貫」，作爲個人思想的核心價值。此「一貫」之說解，在《論》、《易》、《孟》經注詮釋中，其偏重表現或有不同，但因焦循已預設這三部經典可互相訓釋，只是詮釋重心的顯隱有別而已，這也讓焦循「一貫」哲學之確立圓成，有相當的基礎可說。

從焦循哲學建構的方法，作一方法論的反省，可以發現，焦循自謂欲承繼聖人之道，以述經、解經繼述道統，事實上也是一個代聖人行教的歷程；這使他在使用清人習用的訓詁考據之法時，往往能突破限制，運用徵實的手

〔註28〕說詳本論文第三章、第五章。

段，以從事「創造」及「心得」的體會。站在傳統小學的角度來說，焦循所運用的考據方法，當然溢出考據太甚，特別是他所擇用的解經意見，往往不只是文字訓詁的釐正，而包括更多專家之學，如地理、博物、曆算等等；而從義理說解的眼光來說，這些看似徵實的「包裝」，則是第二義的，因為意義的釐清，顯然優先於考釋。焦循選用了「執兩而用中」，以虛實互參的方法研經，其實是為了回應時代，為了構建己說而來的。蓋乾嘉之世，考據大盛，時運所趨，莫可阻遏，所謂「訓詁明而義理明」的道路，如若較可被彈性的接受，焦循也就很自然地走上了這條路。

不過，誠如焦氏自己所說的，研經必當「以精汲精」、「得其性靈」一般，焦循的經注作品，固有純粹訓詁考證的一類，有「訓詁明而義理明」〔註29〕的一類，但卻有更多「心得」、「得其性靈」的表現。本論文第三章中，於焦循哲學方法論之說解，即是在說明其治學態度、治經方法的「一貫」外，有更多理解詮釋上，欲以其治經方法建構個人思想譜系的一面。這不僅是焦循的有意作為，更是焦氏哲學的特色所在。

其次，在本論文第四章，焦循論語學建構中，說明了焦循對於學術問題、政治文化等關懷，可視為里堂對政治文化問題的分析，焦循意在建構理想的文化政治場域，強調以文化改造、君臣倫理的落實，處理政治問題；此是焦循面對當時的社會狀況，提出的回應與解決之道，但此一詮釋說解的背後，卻有更根源性的哲學思考。

是故，在本論文第五章中，以焦循易學之建構，說明了焦循的宇宙天道觀，指出里堂的自然宇宙觀，是和他的人道觀、倫理世界相貫通的。焦循特別指出：《周易》是聖人教人改過遷善之書，故詮釋《周易》、注解《周易》都和改過的目的有關。盼望民人「改過遷善」，當然是為了穩立人道綱常，為了和諧社會，此處的看法，又和他在論語學中的看法可為一貫。

最後，本論文續以第六章，說明焦循孟子學之建構，是其「一貫」哲學的完成。此處主要係說明里堂的人性論看法，其對人類存有的根源性理解，

〔註29〕在有清強調務實的學風下，特別是乾嘉時期的學者，皆主張「訓詁明而義理明」，以文字考據的訓釋說解，做為闡明經意的路徑。持此主張者，如戴震等是。說詳本文第三章。但有更多的學者，終身窮於考據，在考據學上做出了貢獻，如王念孫父子、段玉裁等；此時，義理已成為第二義的。至於強調「義理」闡明的學者，於考據上的成就就相對貧乏，因為義理的闡明，其實不必務和訓詁扯上關係，「訓詁明而義理明」固是一路，但卻有更多「訓詁明」而義理「不一定明」的情況。

足以支持其倫理、現實世界之制度建構擘畫。很顯然地，做為一名經學家，「經世之思」可說貫穿了焦氏的所有作品；而作為一名哲學家，對於存有的探究與思索，適足以為其存有的真實世界，提供一條可續以生存、生活及生長的途轍；不只是對人之所以存有的意義探問，同時也是對人與生活世界、與先聖、道統同在的價值挺立。

焦循並不務期以提供一條形上之路的逆覺體證，而轉以強調價值意義的落實，他強調，天道和人德一貫、情性一貫、義利一貫；或學思一貫、德智一貫；重點都在就人之所以存有的世界，提供一當下即可因時、應世的「利貞」之道；不必企求人人都有明覺的慧見，而只要通過研習經典，與經典對話，提升個人的品質，以成己成物、修己安人，才是他學問的全幅重點。

誠然，純粹就學術研究的眼光來說，焦循所建構的「一貫」哲學，也不可以說全無可議之處，比如他的詮釋進路、於經典內涵的意義釐清，都頗有「個人式」的看法，即阮元所謂的「斯一大家」之見。但焦循的「一貫」哲學，至少提供了清代人、甚至現代人，一個新的學術視野，一份新觀照、新思考，為傳統的經學注入新活力、新眼光，也開啟中國哲學建構的不同向度，此雖不免是焦循哲學的限制，亦無疑是其貢獻所在。

第二章　焦循的生命歷程與治學態度

第一節　前　言

　　焦循（字里堂，1763～1820），是乾嘉時期重要的經學家、思想家、算學家，他不僅在傳統學問上多所專精，即如戲曲、文學甚至醫學，亦有所發。焦循平生著作等身，除了短暫時間曾擔任阮元（1764～1849）幕府，留下一些編纂的書稿外，其餘作品，大半皆是個人以經傳注疏方式，博採眾說、博通諸學而成。綜觀焦循一生，治學篤實嚴謹，殫精竭慮，匪懈不輟，故留下大量的作品，不僅在乾嘉之世已具影響，以今日來看，其治學方法及學術眼光，亦有啓於今世之處。

　　焦循身處乾嘉漢宋之學爭壁的前期，面對當時學界逐漸萌發擴散的學術爭擾，顯有一番深刻的體會，加以個人專注於傳統經典的研究，表現在焦氏治經方法、經典詮釋的內涵上，更有一番新思考、新氣象。特別值得說明的是，焦氏的治經方法，雖多資取於《周易》，亦爲申明個人研究《周易》心得而來，但這套治經方法更貫通在他全部的哲學性著作當中，特別是晚年成書的《孟子正義》，更見著跡斑斑。本章因僅限於焦氏學行及治經態度的探析，於焦氏的治經方法及其貫注於經典注疏的具體內涵，暫留後文再論。

　　焦循長年的寄居遊宦生涯，對他學問的奠基有深遠的影響，此中，他的所見、所聞，所聚、所遊，不僅直接形成他學問的養分，更具體表現在他往後的作品當中。焦循自 40 歲以後專志著述，足不出戶，他前半生的遊蹤及思考所得，匯聚成書，不論從研經方法、經典內涵的闡釋上看，都具有建立個

人思想體系的企圖。只不過，焦循以經傳注疏方式，所呈現的思想譜系不甚明朗，學界長期以來對乾嘉學問亦多著眼於小學訓詁之長，忽略其義理思想傾向，此或爲焦氏哲學不彰之故。

以下將分別闡釋焦循的學行歷程及治經態度，據以說明焦循學問之根柢，實多來自早年學行生涯的累積；焦氏自言研經當有「心得」，此「心得」之所以可能，亦非空思妄作，而是基於他對經典意義的理解與體會而來。換言之，焦循面對學問，不論撰作或注疏，皆有別於一般漢學家僅以訓詁方式解經，亦不同於宋學家純以義理入手，而是採取一種更寬宏、通博的態度，有意識的經由虛實相參、心得獨造的體會，以成一家之言。

本文將先略述焦循的學思歷程，並分三期，一一敘說；其次，經由乾嘉揚州學風對焦循的影響，論及焦循的治學態度，由此說明焦循學術生命和學問取向的展開與殊特之處。

第二節　焦循的學思歷程

焦氏年壽 58 歲，在將近一甲子的生命歲月中，他的後半生全致力於經典注疏，細數其畢生貢獻，焦循被阮元稱作「通儒」，譽爲「一大家」〔註1〕實來有自。賴貴三先生《焦循年譜新編》將焦循的一生分爲五期：啓蒙就學期（1～20歲）、村居授徒期（21～30歲）、游幕教授期（31～40歲）、家居著《易》期（41～50歲）、專志著述期（51～58歲）。〔註2〕本論文因著眼於焦循哲學譜系建構之可能，爲集中說明其畢生哲學思想建立的過程，將簡要述明焦循思想建立的重要相關作品，並概分焦循學術行實及平生爲三期，一一說明之。

一、1～40歲，學問奠基養成期

焦循是揚州府甘泉人，早年字理堂，後改字里堂，晚號里堂老人。他自19歲起即有志於經學。〔註3〕早年亦曾致力於科考；23歲時，疊遭凶喪，父

〔註1〕　參阮元撰，鄧經元點校：《揅經室集・上》〈通儒揚州焦君傳〉，（北京：中華書局，2006年重印），頁475～481。

〔註2〕　參賴貴三先生：《焦循年譜新編》，（臺北：里仁書局，1994年3月），頁21～434。賴先生查考精詳，凡於焦循生活行實，均引相關書目內容一一細說，頗值得參考，可見焦循畢生全貌。

〔註3〕　焦家世居江都黃珏橋，時屬江蘇揚州甘泉縣，今隸江蘇省揚州市邗江縣黃珏

親及嫡母謝氏相繼過世，債主日迫於門，家中僅有的數十畝田，又爲鄉猾勒買，經濟生活十分窘迫，然而焦循辛苦的生活條件，並未因此挫折他對學問的熱愛，他一方面向藏書家借書閱讀，寄宿富貴宅邸刻苦讀書，同時亦收招塾生講學餬口維生。在這段困窘的日子裡，焦循絲毫不減他對學問的渴盼，在《雕菰集》中，焦循記錄了這段往事說：

> 乾隆丙午（1786），連歲大飢，余疊遭凶喪，負債日迫於門，有良田數十畝，爲鄉猾所勒買，得價銀僅數十金。時米乏，食山薯者二日，持此銀泣不忍去。適書賈以此書至，問售，需值三十金，所有銀未及半，謀諸婦，婦乃脫金簪易銀得十二金，合爲二十七金。問書賈，賈曰可矣，蓋歎歲寡購書者，而棄書之家，急於得值也。余以田去而獲書，雖受欺於猾，而尚有以對祖、父，且喜婦賢能成余之志，是夕餐麥屑粥，相對殊自懌也。〔註4〕

當時焦循因遭凶喪，加上家中負債累累，僅有的田地雖賣得數十金，但困窮的生活處境，讓他只能以山薯暫時度日。焦循用他手邊僅存的銀錢，加上妻子典當金簪所得共廿七金，向書賈購買《通志堂經解》；書商一方面急於得值，其次亦念在焦循好學不倦的份上，遂成其所願，割愛了這部書。雖然買了這部書後，他和妻子再無餘錢度日，僅能以麥屑裹腹，但焦氏夫妻猶尚相對自懌自樂，焦循回憶這段歷程時說，此係得力於賢婦之助完成己志，焦循妻子的支持鼓勵及他對學問的熱愛，於此可見一斑。

　　焦循 25 歲時，友人顧超宗贈送他《梅氏叢書》，這部書開啓了焦循對天文學的研究。《梅氏叢書》是清初著名的天文曆算家梅文鼎（1633～1721）的專著，焦氏得於梅氏所論甚多，其後也寫了許多關於天文曆算的作品。焦循與梅文鼎相隔有五十年以上，時代推移至乾隆年間，當時對天文曆算的認識已有進於前時。雍正 8 年，學者發現關於日食的預報錯誤，朝廷遂迫不及待改訂前修的《曆象考正》上下編，其後完成的《曆象考正後編》10 卷中，則採用了歐洲最新的天文學知識和理論，當時包括法國耶穌會士蔣友仁（Michael Benoist，1715～1774）的《坤輿圖說》〔註5〕，書中所介紹的哥白尼地動說等，

橋鎮。參賴貴三：《焦循年譜新編》，（臺北：里仁書局，1994 年 3 月），頁 21
　　～97。
〔註4〕　參焦循撰，楊家駱主編：《雕菰集》卷十六〈修葺通志堂經解後序〉，（臺北：
　　　　鼎文書局，1977 年 9 月初版），頁 261～262。
〔註5〕　《坤輿圖說》一卷，原名《地球圖說》，完成於乾隆 32 年（1767）。此書係經

都成為焦氏天文曆算學研究中很重要的基礎,焦循在「地動說」的看法上與梅文鼎並無二致,但他卻更強調中法西法的折衷會合,這種不主「一偏之見」,兼蓄包容、開放融通的態度,卻也意外的形塑了焦循學問的整體面貌。

　　焦循生活辛苦,自 25 歲到 40 歲期間,幾乎都過著寄人籬下的生活,28 歲(1790)時寄居卞氏公館,完成他的學術處女作《群經宮室圖》二卷,當時曾寄送稿本給阮元請求代為撰序,阮元是焦循幼時的學侶,焦循後來迎娶同族長輩阮承信之女為妻,焦、阮二人的關係就更密切了。阮元在乾隆 58 年任山東學政,二年後(1795)便邀焦循到他的任所擔任幕僚諮議;其後阮元轉任浙江學政,又召焦循赴杭州;焦循經由阮元因緣,得見許多著名典籍,〔註6〕當時阮元搜求萬斯大(1633～1683)遺書,刊行《音學五書》,焦循則代阮元撰序。可以說,焦循在 39 歲以前,將全幅心力都放在數學研究上,此中,阮元的幫助自不待言,而當時的學林先驅,如錢大昕(1728～1804)、凌廷堪(1755～1809)的指導,及友人李銳(1769～1817)、汪萊(1768～1813)〔註7〕的討論,都助成焦循在數學研究上的啟益。

　　在焦循 32～35 歲期間,他陸續寫成了幾本數學書,包括《釋輪》、《釋橢》、《釋弧》〔註8〕,及《加減乘除釋》、《天元一釋》、《開方通釋》都是此期完成的作品。另外他還補充說明了戴震《句股割圓記》的闕漏,也應阮元邀請,幫助李銳校訂恢復了蔣友仁《坤輿圖說》二十圖中的第十圖,使該書

　　　　內閣學士兼禮部侍郎何國宗與翰林院檢討錢大昕(1728～1804)加以潤色而成;其後蔣友仁圖佚失,嘉慶六年(1801)阮元囑李銳據其說恢復,李銳復原了二十一圖中的二十圖,而缺第十圖。望年秋,焦循會試不第,自京師歸鄉後,拜訪浙江巡撫阮元,阮元請其考訂並校正李銳所補圖說,並補闕第 10 圖。《地球圖說》,現收於《文選樓叢書》中,道光二十二年刊行(1842),題署阮元補訂。可另參見焦循撰,馬小梅主編:《易餘籥錄》(國學集要初編十種)卷六,(臺北:文海出版社,1967),頁 116～117。併見於《木犀軒叢書》十六冊(木犀軒輯刊本)。

〔註6〕 焦循在杭州,得見宋元之際算學家李冶的名著《益古演段》、《測圓海鏡》,又向阮元借覽金山寺文淙閣所藏的秦九韶《數學九章》;又和當時著名的數學家李銳一起研究算書。

〔註7〕 據《清史列傳》卷 69〈儒林傳下二・李銳〉記載:「銳與甘泉焦循、歙縣汪萊齊名,時稱『談天三友』」。參王鍾翰點校:《清史列傳》,(北京:中華書局,1987 年 11 月一版一刷),頁 5591。

〔註8〕 《釋輪》二篇、《釋橢》一篇、《釋弧》三篇,皆係說明天文學上的幾何學理論;《釋橢》中還說明了《曆象考成後編》所使用的橢圓法;《釋輪》、《釋弧》則補充說明了梅文鼎、戴震數學觀念的不足。

得以整全。

　　嘉慶 4 年（1799），焦循 36 歲時，完成了《里堂學算記》〔註9〕，刊行時，
阮元還寄送總序給他，譽美他在天文算學上的成就。他說：

> 里堂湛深經學，長於《三禮》，而於推步數術，尤獨有心得。……今
> 里堂之說算，不屑屑舉夫數而數之，精意無不包，簡而不遺，典而
> 有則，所謂扶以文義，潤以道術者，非邪？然則里堂是記，固將以
> 爲儒流之典要，備六藝之篇籍者也。〔註10〕

阮元特別推崇焦循在經學上的深入研究，稱許他在數術上的獨到心得，以爲
別有精意，尤其特別的是，焦循在推步數術上的分析說明，不僅簡明有則，
自成條理，且扶以文義、潤以道術，足堪爲六藝之典要，可備傳統儒學的重
要參考。阮元說明了焦循的學思歷程，還指出他在數算上的貢獻，可爲「儒
流之典要，備六藝之篇籍」，可說是和焦循「少同遊，長同學」爲其學侶過程
中，很具體重要的觀察。

　　嘉慶 6 年（1801），焦循考上鄉試，孰料此時他的生母殷氏患病，隔年春，
焦循會試不第，焦循遂決意不再遠游，與訪浙的阮元正式告別。在焦循學問
的第一期中，除偶然在阮元的府署代筆外，焦循幾乎將全幅心力都放在數學
研究上，阮元以其學政雙棲的身分，網羅天下群賢編著刊行叢書，功在學林，
他不僅提供焦循許多實質上的幫助，對焦氏以後學術生命的展開，也是功不
可沒的。

二、41～53 歲，易學思想確立期

　　探究焦循的前半生學問生涯，由家居訓蒙至 19 歲，爲學問的奠基，33～
40 歲則集中在數學研究上，自 40 歲起，焦循以孝養母親、己身弱病爲由不再
遠行〔註11〕，而轉以易學的研究爲主。焦循回憶自己學《易》的過程說：

〔註9〕　全書共輯錄《加減乘除釋》八卷、《天元一釋》二卷、《釋弧》三卷、《釋橢》
　　　　一卷。

〔註10〕　參阮元撰，鄧經元點校：《揅經室集・下》〈里堂學算記序〉，頁 681～682。

〔註11〕　焦循的友人鄭耀庭，於嘉慶十年（1805）舉行禮部會試時，曾爲焦循籌措了
　　　　應考之資，盼他能再次赴考。焦循覆信回憶過往赴考的情景，表示：「循不北
　　　　行之故，實有苦心。…秋（嘉慶 6 年）間往浙，與母別，家母則曰，歸家才
　　　　兩月又行。吾近年多病，甚不似往年強健矣，……冬月歸來，決意家居訓蒙，
　　　　不復作遠遊計矣。去秋受溼氣，以致尻內脹痛，呻吟痛楚四十餘日，家母時
　　　　以爲憂，近雖安好，神色未見，一旦遠行，兩地懸挂，此實弟不出之苦心，

余自弱冠即學《易》，至四十歲，此二十年中，奔走科場，兼習他業，未嘗專也，而一無所得。自四十至四十七，此八年專於學《易》，始悟得旁通之旨；然名利之心未淨，其中修郡志者四年，故雖有所得，終不得融貫也。庚午至今五年，無一日不窮思苦慮，一切功名仕宦、交游慶弔，俱不以擾吾心志，乃日有進境；譬如蔗葉之生，一葉長於一葉，其未得也，甚苦；其得也，甚樂，乃知學《易》前後三十年，僅有此四五年也。抑且四十以前，學六書音韻之學，學九章天元之學，諸學既明於胸，而此四五年中，乃得空諸所有，以研究其微。〔註12〕

焦循回憶自己學《易》的過程，從 20 歲到 40 歲，因奔走科場疲於舉業，心有未專，故一無所得；自 40～47 歲志於《易》後，頗能悟得旁通之理，然因名利之心未淨，猶不能融貫；其後的五年，雖仍日日窮思苦慮，但俗世的功名仕宦，交游慶弔已不再困擾他了，焦循體會到自己的學問日有進境，於是進一步反省說，學《易》前後 30 年，僅有此四、五年有既得之樂。此外，焦循還回顧了自己學問的來源，是四十歲以前所學的六書音韻之學、九章天元之學，由於能將訓詁、數算之學了然於胸，有通徹的把握理解，且進一步「空諸所有，以研究其微」，所以能有研《易》之得。

　　焦循這段話不但明白揭示他研《易》的進程，是奠基於文字聲韻及天元術算之學，但真正有所得，必須是「空諸所有」才能「究其微」，這說明了聲韻術算雖可作為研《易》的基礎工作，但《易》學之精微奧蘊，必賴「空」才能有所得，這和焦循說治學研經必賴「心得」無疑是相合的。

　　然而焦循所謂的「空諸所有」，除了是這種研《易》態度上的留白，空除已知的諸學，還包括對前代學者注《易》學說上的博聞闕疑。他說：

循家三世習《易》，循幼秉父教，令從《十翼》求經。然弱冠以前，第執趙宋人說；二十歲，從事於王弼、韓康伯注。二十五歲後，進而求諸漢魏，研究於鄭、馬、荀、虞諸家者，凡十五年。年四十一

___

非樂安佚而輕仕進也。」參焦循撰，楊家駱主編：《雕菰集》卷 14〈答鄭耀庭書〉，頁 217～218。焦循的母親年事已高，加以自己亦多疾病，故遂以孝養慈母、恐母憂病為由，不再與試。總括來說，焦循 39 歲考上鄉試，40 歲會試不第，自此後放棄舉業；而覆鄭耀庭書時（1805 年 1 月），焦循已不再入城，他的學問更產生了明顯的變化。

〔註12〕參焦循：《易廣記》卷一（焦氏叢書本）。

始盡屏眾說，一空己見，專以《十翼》與上下兩經，思其參互融合，脈絡緯度，凡五年，三易其稿。四十五歲時，三月八日，病寒；十八日，昏絕；至二十四日，復甦。妻子啼泣，戚友喧問，一無所知，惟〈雜卦傳〉一篇腌腌於心。既甦，默思此傳，實爲贊《易》至精至要之處；二千年說《易》之人置之不論，或且疑之，是固我孔子神爽聿昭，以循有志於此經，所以昏瞀之中，開牖其心，陰示厥意。於是科第仕宦之心盡廢，不憚寒暑，不與世酬接。〔註13〕

焦家三代學《易》，〔註14〕由於家學淵源，焦循對《易》學的關心自幼已然。他稟承父祖之業，並遵父訓由《十翼》求經，初始執於趙宋人說；二十歲從王弼、韓康伯注，然後求於漢魏之言，研鄭、馬、荀、虞諸家；一直到他 41 歲時，才盡屏眾說，一空己見；正是因爲深明《易》學諸家學說，而後才盡屏其說，這種由廣博累積而翻上一層，滌除功名俗學，掃空眾說，回歸經典本身的治經方式，自是焦氏治《易》的殊特之處。而其深核眾說，力學積久，然後不拘前人見解，主張回到經典本身的釋經眼光，也是他面對諸多經典，擇訂經注方式時最重要的堅持。

在這段自剖中，焦循還記錄了自己對易學體會的冥契經驗。他在病寒昏絕之中，忽然有感於〈雜卦傳〉可爲贊《易》之通孔，於是《易》上下兩經與《十翼》，便可經由此傳得以連繫融通，焦循甚至表示，這是孔子「神爽聿昭」給他的啟示，正是由於孔子在他「昏瞀之中，開牖其心，陰示厥意」，在冥冥中幫助自己，所以焦氏往後之所以能盡廢科第仕宦之心，對《易》學有所解悟，寫成「易學三書」，都是來自這個特別的經驗。

焦循曾直言批評當時的《易》學大家惠棟（1697～1758）說：

東吳惠氏爲近代名儒，其《周易述》一書，循最不滿之。大約其學拘於漢之經師，而不復窮究聖人之經。〔註15〕

〔註13〕參焦循撰，楊家駱主編：《雕菰集》卷 24〈告先聖先師文〉，頁 391。

〔註14〕焦循的曾祖父焦源（字文生），是江都縣學生；祖父焦鏡（字鑒千）是國子監學生；父親焦蔥（字佩士），捐納爲國子監學生；焦家三代以來雖科名不高，但都屬知識階層。焦鏡、焦蔥長年習《易》，焦蔥更熟於《焦氏易林》，專研《易》的同時，並涉獵堪輿之術，通郭璞（276～324）經術、詞賦、陰陽、曆算、卜筮諸家之學，可以說，焦循自幼便有一個很好的學《易》的環境。

〔註15〕參羅振玉輯，賴貴三編：《昭代經師手簡箋釋——清儒致高郵二王論學書》，〈焦循致王引之書二〉，（臺北：里仁書局，1999 年 8 月），頁 207～215。

惠棟因拘於漢代經師之見以釋《周易》，成為焦循批判的對象。焦循對惠棟的不滿，在於他拘執漢人經說，不復窮究經文本身，不能上探聖人撰作經典的價值，所以提出批評。焦循所推崇者，是他〈代阮侍郎撰萬氏經學五書序〉中所說的：「萬氏之學，以經釋經，不苟同於傳注」〔註16〕，這種回到經典本身，以經釋經的治經態度，更直接形塑並影響了焦循的經學眼光，研經治經，雖須明白傳注，但卻萬不可以牽於一家一人之說，對已存的傳注舊說，必須要有「不苟同」的態度，回到經典本身，尋索經典的意義，才算真正做到「以精汲精」。

　　焦循的「易學三書」由《易通釋》開始，分別是：《易通釋》20 卷，《易圖略》8 卷，《易章句》12 卷。他說：

> 於參伍錯綜中，引申觸類，悟得《易》之所以為逆數，以往來旁通，成天地之能，定萬物之命。盡改舊稿，著為三書，一曰《通釋》，二曰《圖略》，三曰《章句》。〔註17〕

此處所說的「參伍錯綜、引申觸類」，明顯是焦循研治經學的方法論說明。焦循此處特別提到自己「悟得」《易》為逆數，表現出他強調對經典意義的深入體會；至於「盡改舊稿」，則可視為是一種空其所有之後的收穫與心得。〔註18〕「易學三書」，在嘉慶 21 年（1816），焦循 54 歲時刊行，阮元在〈焦氏雕菰樓易學序〉中，稱讚說：

> 江都焦氏……尤善於《易》。……蓋深明乎九數之正負比例，六書之假借轉注，而後使聖人執筆著書之本義，豁然大明於數千年後。聞所未聞者驚其奇，見所未見者服其正，卓然獨闢，確然不磨。〔註19〕

阮元對焦氏在易學上的獨闢見解，給予極高的推崇，阮元也同時指出焦循學問的進路，是來自數學和小學的研究；而三書中的創獲，除了使聞者驚奇之外，更重要的是他「確然不磨」，使眾人「服其正」的卓越新見。

　　焦循這部嘔心瀝血之作，當然成為他畢生學術生涯中最重要的作品，三書完成之後，焦循又於數年之間編次隨筆記錄而為《易餘籥錄》20 卷；凡於

〔註16〕參焦循撰，楊家駱主編：《雕菰集》卷 15〈代阮侍郎撰萬氏經學五書序〉，頁 239～240

〔註17〕參焦循撰，楊家駱主編：《雕菰集》卷 24〈告先聖先師文〉，頁 391。

〔註18〕本文於此章中，僅在說明焦循的學思歷程，於其經學特色及治經方法，另詳下章說明。

〔註19〕參阮元撰，鄧經元點校：《揅經室集·上》〈焦氏雕菰樓易學序〉，頁 122～123。

友朋、門弟子答問及於《易》者，集錄而成《易話》2 卷。另於嘉慶 18 年（1813）、51 歲時，自立一簿，稽考所業，爲《注易日記》3 卷、《易廣記》3 卷，然其內容所論亦皆不出「易學三書」範圍。〔註20〕

另外，焦循自 52 歲起，陸續撰述《六經補疏》，依序包括《禮記補疏》、《論語補疏》、《左傳補疏》、《尚書補疏》、《周易補疏》、《毛詩補疏》，至 56 歲時始成〔註21〕，是三書之後的作品。

特別值得說明的是，焦循在此時期還寫了《論語通釋》一書，焦循自言係有感於戴震《孟子字義疏證》一書的不足而作。他認爲，戴震雖然闡發了性命天道之理，但對夫子仁恕一貫之說，猶未能暢發，故作此書。焦循說：

> 循嘗善東原戴氏作《孟子字義考證》，於理道天命性情之名，揭而明
> 之，如天日；而惜其於孔子一貫仁恕之說，未及暢發。〔註22〕

焦循在自序中，特意提及他的著作動機，是針對孔子《論語》一貫仁恕之說內涵的闡釋，然細繹《論語通釋》一書的成書時間，和「易學三書」約爲同時，當焦循苦思《易經》上下和〈十翼〉經傳的交流溝通時，夫子主張「一貫」的看法，自然也成爲他脈絡《周易》經緯時很重要的思考向度。三書中有《易通釋》，焦循爲《論語》作注，亦名爲《論語通釋》，《論語通釋》以「通」爲名，強調通透統貫的理解《論語》，三書中亦以《易通釋》爲解《易》釋經之首出，焦氏名書之深趣寄託，實昭昭朗朗、鑿鑿可鑑。

《論語通釋》初成於焦循 41 歲時，改定稿則約於三書成書前後，前文已提及焦循自 41 歲起，專思以〈十翼〉與上下兩經參互融合，脈絡緯度，《論語通釋》之成，可說和他研易治易的歷程是緊密相關的。

由 41～53 歲爲止，焦循陸續完成他經學上絕大部分的作品，焦氏易學中所揭櫫的經學眼光、治經方法，不但在乾嘉時期佔有一定份量，其經典詮釋方式亦有啓於今日之處，或者可以說，對易學三書的探究不僅有經學意義，更有哲學價值。

〔註20〕有關焦循易學作品，成書先後次第，另可參筆者：〈《周易》寫作範式及詮釋進路的兩種型態〉，《第六屆中國經學研究會——全國學術研討會議論文集》，（臺北：輔仁大學中國文學系，2009 年 5 月初版一刷），頁 209～234。

〔註21〕焦循自嘉慶 19～23 年（1814～1818）間，先後完成《六經補疏》，其後俱收入《焦氏遺書》中。參焦循撰，楊家駱主編：《雕菰集》卷十六〈群經補疏自序〉，頁 268～276，及賴貴三：《焦循年譜新編》，頁 384～402。

〔註22〕參焦循撰，楊家駱主編：《雕菰集》卷十六〈論語通釋自序〉，頁 267～268。

三、53～58歲，哲學體系完成期

焦氏由數學天文、音韻文字而走向易學的研究，其學問轉向雖頗值得重視，但其個人整體哲學體系的完成，卻在《孟子正義》一書。《孟子正義》不僅是焦循最重要的代表作，也是他全數作品中，最普遍受到後人重視的作品之一。

焦循自嘉慶 21 年（1816）冬，開始著手撰述《孟子正義》。〔註 23〕根據焦廷琥〈先府君事略〉記述說：

> 府君易學既成，思爲《孟子正義》一書，乃于丁丑（1817）之冬，採錄本朝通人之書，令不孝查寫或專說孟子者，或雜見他書者，一一纂出，依次第編爲《孟子長編》十四帙。戊寅（1818）十二月初七日，開筆撰《正義》，自恐懈弛，立簿逐日稽省，仍如前此注《易》。簡擇《長編》之可採者與否者，有不達則思；每夜三鼓後不寐，擁被尋思，某處當檢，某處當考某書；天將明，少睡片刻，日上紙窗，府君起盥漱，即依夜來所尋思，一一檢而考之，語不孝曰：「著書各有體，非一例也。有全以己見貫串取精，前人所已言不復言，余撰《易學三書》及《六經補疏》是也。有全錄人所已言，而不參以己見，余輯《書義叢鈔》是也。有採擇前人所已言，而以己意裁成損益于其間，余所撰《孟子正義》是也。各有所宜，亦各有所難。」〔註 24〕

焦廷琥不僅說明了焦循注疏《孟子正義》前的準備工作，立簿自爲程限，稽考所得，而爲《孟子長編》十四帙；並仿注《易》時的方式，纂《孟子日課記》。焦廷琥還紀錄並回憶了父親焦循費盡心力於注《孟》，殫精竭慮，擁被尋思；不眠不休，歷歷在目，雖神氣盡耗，猶檢考苦思不輟。

此中，焦循還清楚地說明了自己在經傳著述上的不同體例。其中，有全以己見貫串，不採前人已言者，爲《易學三書》、《六經補疏》；有全部記錄人之所言，不參入己見的《書義叢鈔》；而《孟子正義》則是採擇前人之言，並以己意裁成損益而成；換言之，前文中焦循有關易學、六經及《孟子》的

〔註 23〕 有關焦循撰述《孟子正義》的時間段限，另辨析於後。參本論文第六章第一節所述。

〔註 24〕 焦廷琥：《先府君事略》（焦氏叢書本），收入北京圖書館出版社：《叢書人物傳記資料類編・學林卷》第 16 冊，（北京：北京圖書館出版社，2006 年 5 月），頁 389～390。

專著，才是他在整理、檢考經典之後，有所創發新見的作品，雖其各自注疏
體例不同，但各有所宜、亦各有所見。事實上，對焦循來說，囿於《正義》
的撰作體制規範，在相當程度內，必須包含前賢見解在內，羅列前人之說以
採擇去取，已可看出焦循解《孟》、注《孟》的觀點，焦循表示，這些由己
意裁成損益者，亦正是他撰寫《孟子正義》所宜與所難之處。但焦循在書名
上既已標明是「正其經義」之作，其宏圖規模與自我期許，也是很清楚的。

　　焦循在《正義》上的用心，其弟焦徵知之甚詳，他說：

> 先兄初病，自謂著《孟子正義》用思太猛，心血已傷，知不起，以
> 家事授亡侄趨命接徵，欲有所言，家人以癥輕病遲之，及徵歸，已
> 不能言矣。先兄著述三百餘卷，聚精會神尤在《易學三書》，以《孟
> 子》闡發《論語》，深得《易》義，撰《孟子正義》三十卷。〔註25〕

焦徵回憶說，兄循病足甚癒，加以用思太猛，心血已傷，易學三書後的《正
義》之作，係因《孟子》能闡發《論語》奧蘊，深得《易》義，而有此書。
除此之外，焦循因感於自己神氣衰弱，來日無多，更殷殷叮嚀其子廷琥須一
一校對書中內容，續成《正義》。根據焦徵的分析，焦循既認為《孟子》是綜
合統貫《論語》與《易》要旨之書，故重新注疏《孟子》的經注之作，自是
為了發明經義、闡明經旨而發，顯然，對焦循來說，他所重視者，已不只是
《孟子》的本經本懷究竟「是如何」，而在孟子如何「闡發《論語》，深得《易》
義」的表現上。《孟子正義》最後經焦循、焦廷琥之手而成，焦徵刊刻，可以
說，焦循晚年全幅心力生命皆繫於此。

　　《年譜》中有：

> 《易學三書》成，又以古之精通《易》理，深得伏羲、文王、周公、
> 孔子之恉者，莫如孟子；生孟子後，而能深知其學者，莫如趙氏。
> 惜偏疏躇駁乖謬，文義鄙俚，未能發明其萬一，思作《正義》一書。
> 〔註26〕

焦循將孟子理解為深得伏羲、文王、周、孔之旨者，又說，孟子是精通《易》
理者，可見焦氏之注孟解孟在相當程度下，也是一種助成說明解釋易理的工

〔註25〕焦徵：〈先兄事略跋〉收入焦廷琥：《先府君事略》（焦氏叢書本），北京圖書
　　　　館出版社：《叢書人物傳記資料類編‧學林卷》第16冊，（北京：北京圖書館
　　　　出版社，2006年5月），頁423。
〔註26〕見賴貴三：《焦循年譜新編》，56歲條，轉引焦徵〈孟子正義識語〉，頁398。

作。焦循認爲，趙岐之注雖對孟子有相當程度的把握，然其書已舊；加以僞疏乖謬，未能發明孟學於萬一，所以撰作《孟子正義》一書。焦循友人黃承吉（1771～1824）曾表示，焦氏早年即大有志於《易》與《孟子》〔註 27〕，對照他畢生在撰作上的苦心孤詣，實爲肯綮之見。

其實，焦循除了在數學、易學、經學上的專著之外，亦善屬文，另手訂詩文爲《雕菰集》24 卷；並錄經史子集、小說詞曲之作，書其心契及耳目之感，命其子整理編寫成《里堂道聽錄》50 卷；並有《種痘書》十篇，暢敘種痘之至順至吉；甚至有劇曲專著，如《劇說》、《花部農譚》等，所論亦多有見；可說是乾嘉學者中，學問取向極其廣泛淵博者。焦氏畢生著作不輟，在300 餘卷作品當中，舉凡經、史、子、集無所不包，今人賴貴三先生，於焦循作品存目考之甚詳，即如兩岸公藏手稿文墨，亦皆一一考核校訂，有〈焦循手稿著作與研究現況考述〉、〈北京兩大圖書館焦循文獻考察學記〉〔註 28〕等文可參。

又，有關焦氏著作，現有清嘉慶、道光間江都焦氏雕菰樓刊本之《焦氏叢書》，存於臺灣大學善本書室，臺大圖書館備有影印本，可提供館內借閱。《焦氏遺書》，爲清光緒二年（1876）衡陽魏綸先重刊本，現藏於中央研究院歷史語言研究所傅斯年圖書館。以上兩書計有 23 種，共 40 冊。筆者曾於2009 年六月至八月間，獲「陸委會中華發展基金會」獎助，訪問山東大學文史哲研究院，期間，曾於「山東大學圖書館古籍部——古籍大庫」得見《焦氏遺書》光緒二年衡陽魏綸先重刊本，及嘉慶二十四年（1819），上海受古書店刻本原貌，共 40 冊，4 函（27.8x17cm），親見線裝刻本原貌，十分感動。〔註 29〕本論文所錄焦氏之書，除援用以上版本外，並另參今人考訂核正成果，將於各篇章中分註說明，此不再一一贅述。

〔註 27〕〈孟子正義序〉：「里堂則謂《易》與《孟子》，大有志焉」。據黃承吉《夢陔堂文集》卷五〈孟子正義序〉所載，此文作於道光七年（1757）。

〔註 28〕以上二文俱收入賴貴三：《臺海兩岸焦循文獻考察與學術研究》，（臺北：文津出版社，2008 年 11 月初版一刷），頁 71～131。

〔註 29〕焦循曾於 33～35 歲期間，曾應阮元之請，赴山東擔任幕府，筆者此行除蒐錄山東地區公藏之焦循著作目錄外，並得訪焦循遊蹤。山大學風篤實，每日晨起，即有學子書聲朗朗；傍晚時分，筆者所住的留學生宿舍旁，亦有蟬鳴鳥叫爭歡；筆者宅前且有藏克家、孔子銅像相伴；兩個月的研究，於筆者身心調潤甚多。另可參拙作：〈中華發展基金會獎助研究生赴大陸地區研究研究心得報告書〉，2009 年 11 月。行政院大陸委員會 http://www.mac.gov.tw/mp.asp?mp=1。

第三節　焦循的治學態度

　　焦循身處有清乾嘉文風鼎盛之世，他所居處的揚州〔註30〕，在當時，是經濟繁榮、人文薈萃之地，頗具萬象隆富、風尚華麗的特色。以下擬就焦循個人交遊狀況及揚州的人文特色，說明其對焦循治學態度的影響。

一、證實運虛、學思並重

　　據李斗《揚州畫舫錄》記載：「初，揚州鹽務競尚奢麗，……一時爭奇鬥異，不可勝記。……值鄭鑑元好程朱性理之學，互相倡率，而侈靡之風，至是大變。」〔註31〕揚州地區鹽務發達，經貿往來頻仍，商人一旦有錢之後，競相在藝文上爭奇，或為附庸風雅、或為自抬身價，這些表現並不足奇。前文提到的鄭鑑元，出身安徽歙縣，是當時極為成功的鹽商，鄭氏性好程朱理學，頗欲以性理之說改革時俗侈靡風尚；他的後輩鄭超宗、鄭贊句、鄭士介兄弟經營休園，鄭家兄弟常在園中聚集文友，從事當時文人雅士喜歡的活動，或相唱和、或相與談，頗為當時因商崇學的表現。《揚州畫舫錄》另載：「揚州詩文之會，以馬氏小玲瓏山館、程氏篠園、及鄭氏休園為最盛」〔註32〕。焦循曾寄宿深港卞氏公館、揚州司馬牛氏宅、鄭氏宅，在大富豪、藏書家的宅邸園林中深研學問，其間往來的友朋，亦皆一時聞人，四方學者文友薈聚來訪，他們所表現的學藝特長，自然各具特色。

　　焦循和鄭鑑元的孫子鄭兆玉、鄭兆玨兄弟相交長達20年的時間，〔註33〕又與汪晉藩等人結為好友，因之得識歙縣汪氏一族，如汪中等人，與之往來交遊。焦循在這樣特殊的友輩交誼及文化氛圍感染下，得以看見更多的藏書。汪家、馬家〔註34〕藏書豐富，無疑給了焦循學問上極多的養分，而寄宿卞氏、

〔註30〕 清代揚州府治，領二州（高郵、泰州）、六縣（江都、甘泉、儀徵、興化、寶應、東台）。焦循是江蘇揚州府甘泉人，除短暫的游幕生涯外，畢生活動範圍，都在揚州。

〔註31〕 參李斗：《揚州畫舫錄・上》卷六，收入張智主編：《中國風土志叢刊》第28冊，（揚州：廣陵書社，2003年4月），頁340～342。

〔註32〕 參李斗：《揚州畫舫錄》卷八，頁402。

〔註33〕 見焦循撰，楊家駱主編：《雕菰集》卷二十二〈儀徵縣學生鄭君暨節婦吳孺人墓志銘〉，頁359～360。

〔註34〕 焦循與馬家兄弟（馬曰琯、馬曰璐）往來甚多。據《清史列傳》卷71〈文苑傳二・馬曰琯〉記載：馬曰琯，原江蘇江都籍。性孝友，篤於學，與弟俱以詩名，時稱「揚州二馬」。家有叢書樓，藏書甲大江南北。好結客，有園亭，

牛氏、鄭氏宅邸，則助成焦循思想視野上的開闊，而這種文化上的兼容並蓄、廣博開放，自然也影響了焦循的學問態度。

焦循主張學習應學思並重、虛實相參。他說：

> 蓋古學未興，道在存其學；古學大興，道在求其通。前之弊，患乎不學，後之弊，患乎不思。證之以實，運之於虛，庶幾學經之道也。
> 〔註35〕

焦循強調治經、學經當學思並重，虛實相參，如此方能在學術的保存外，有另一番學問之道的融通和統貫。焦循認為，學問應當講求實證、實用的目的，在學術未興或昌明的時代，做學問亦當有不同的注力。學不只是被動的接受而已，必有賴於思，才能使所學涵化於心；思亦不只是任其敏斷而已，必有賴於學，才能稽之於古，證之以為裁成的依據。〔註36〕此一思考，固然可視為清代學術的一般表現，另一方面也顯現出焦氏哲學強調實用的傾向，顯然，對焦循來說，建立了學思並重的學習態度之後，學問還必須在徵實、考證之後能具體運用，但在用的層次上，焦循卻說是「運之於虛」，可見實證雖是治學的重要歷程，但真正可貴的，卻是能活用這套實證的方法，運之於虛；如此才不會廢學空思而弊於虛，也不會徒學無思囿於實。從「實」的一面來說，焦循所強調的，是一種學問上的稽核、考證工夫，此中包括文字聲韻上的檢索、查對，甚至非屬於經學內部的知識汲取，各方技藝等，也都包含在內；而「虛」的運用，就是焦循所謂的心知、體悟。

焦循曾說：

> 學問之道在體悟，不在拘執。故不憚耗精損神，以思其所以然故；雖知無用，不能舍也。向亦為六書訓故之學，思有以貫通之，一滌俗學之拘執，用力未深，無所成就。〔註37〕

讀書做學問貴在體悟，體悟之所以可能，便是建立在一種開放兼容的態度上，不拘執於俗學成見，尋思既深，思以貫通，便能有所體悟。焦循指出，所謂體悟是一種抽象的思辨工夫，必須在知其所以然之後，還要思其所以然，雖

日小玲瓏山館，四方名士多往來其中，結邗江吟社，觴詠無虛日。參王鍾翰
點校：《清史列傳》，（北京：中華書局，1987 年 11 月一版一刷），頁 5591。
〔註35〕參焦循撰，楊家駱主編：《雕菰集》卷十三〈與劉端臨教諭書〉，頁 215。
〔註36〕參林安梧先生：《中國近現代思想觀念史論》，（臺北：臺灣學生書局，1995 年 9 月初版），頁 67。
〔註37〕羅振玉輯，賴貴三編：《昭代經師手簡箋釋》，〈焦循致王引之書（一）〉，（臺北：里仁書局，1999 年 8 月），頁 200～206。

此間不免折耗精神，但這種深思貫通的理解，卻是學問之道最不可捨、最核心的關懷。只不過，學問體悟畢竟非由空思可得，必須要以六書訓詁爲基礎，且要免除俗學的拘執，運思以求貫通。這種講求知識學問上的融會貫通，「道」的核心價值的把握，〔註38〕可說成就了焦循學問性格的整體面貌。

焦循於學最強調心得，他曾說：

> 竊謂：爭之說有二端，未深核乎眾說之本原，私臆所屬，求勝先正，此不可者也。力學之久，積疑成斷，了然有得於心，以補正前人之缺與誤，此學經者所不可廢也。〔註39〕

此中所說，包括正確的學習態度及力學累積的時間歷程。學習能有心得，並非來自一種私臆武斷的求勝情緒，而是深核眾說、探究學問本原之後的結果；學習之所得，既是由「積疑成斷」而來，所以學習之後撰作的目的，便在補充、核正前人論述的闕漏或失誤，這不僅是學經者不可偏廢的態度，也是所有人面對學問時應有的指標。

哲嗣焦廷琥《先府君事略》引焦循三弟焦徵《愧酩集・後記》，焦徵回憶當年焦循教他讀書的過程云：

> 外甥裔榮與徵同學，榮慧而徵鈍，教徵益勤。讀書不熟，必先爲解說其義，後分章畫段教以整讀、碎讀、分讀、串讀之法。又謂，學貴善用思，吾生平最得力於「好學深思，心知其意」八字，學有輟時，思無輟時也。……凡不能學時，皆當即所學而思之。授經義先依注疏詳解，復集眾說博辨而折衷之，有未解則反覆申明，務使解

〔註38〕 「道」的內涵究竟如何，宋儒和清儒頗有不同的看法。基本上說，宋儒偏重「道」做爲一種形上根源、本體的探究；清儒則多往下一層，解爲「方法」、「道路」，採取一種務實、器用的態度看待。此處焦循談「道」，雖剋就知識、學問上說，看似是講一種研經治學之法，但他卻更重視對知識學問的「體會」、「心得」，重點不在追求知識，而在挺立知識背後的價值；此一價值是道統的延續繼承，也是「知周乎萬物，而道濟天下」，參與生活世界、代聖人行教的道德實踐。不僅涵蓋宇宙，更包括人生；是天人、物我、人己通同爲一的；即焦循所謂：「道原一貫，義在變通」。參氏著：《易圖略》〈比例圖第五〉，頁371。借用林安梧先生的定義，則是：「『道』是根源的總體，總體的根源。」參氏著：〈「道」「德」釋義：儒道同源互補的義理闡述〉，（臺北：《鵝湖月刊》總號334號，2003年4月），頁23～29。焦循意義下的「道」亦當有此通上徹下的通貫、一貫特徵，是天道人德一貫、性道合一之道。有關「一貫」之說解，將另於後文展開。

〔註39〕 參焦循撰，楊家駱主編：《雕菰集》卷15〈代阮侍郎撰萬氏經學五書序〉，頁239～240。

而後已。〔註40〕

焦氏兄弟之情，在這段文字中，具體而微的顯露出來。焦循告訴焦徵：「學貴善用思」、「好學深思，心知其意」〔註41〕，當讀書不熟時，必須由部分、片段到整體，先分章畫段，然後整讀、碎讀、分讀、串讀，把書本意思眞正的讀懂讀熟，如此才能有所「心得」。〔註42〕而要讀懂經義，需從注疏詳解入手，其次集合眾說博辨考析，反覆申明探查之後，再以心知折衷眾說，此間，學與思便是一往復辯證的歷程，學有輟而思無輟。思是爲了辨明所學，學之益勤，且在學習之後不斷用思，便能有心知之感，有所心得。焦循強調廣博而深刻踏實的學習，眞積力久，但並不墨守一說，且能在深思、善思的過程中，產生個人的體會，無疑亦是得力於揚州兼容通博而多元的文化底蘊而來。

二、以精汲精，貫通性靈

焦循身逢考據學方熾的乾嘉盛世，對考據之學有一定程度的了解，但他既不同意判分著作與考據二類的主張，反對袁枚（1716～1797）的「性靈說」；〔註43〕於當時考據學者一味補苴掇拾的作爲，即如時人孫星衍（1753～1818）等，直以考據爲著述，亦深斥之。

〔註40〕焦廷琥：《先府君事略》（焦氏叢書本）收入北京圖書館出版社：《叢書人物傳記資料類編・學林卷》第16冊，（北京：北京圖書館出版社，2006年5月），頁339。

〔註41〕焦循所謂「好學深思，心知其意」一語，典出《史記・五帝本紀》。原作：「非好學深思，心知其意，固難爲淺見寡聞道也。」焦循以此語自勉，除見其個人博雅豐實的學術底蘊外，亦見其治學強調研精思深的面向。

〔註42〕里堂以爲，學聖賢之學最忌口耳剽竊，「無心得斯亦不足議也矣。」詳參焦廷琥：《里堂家訓》卷下，收入（臺北：新文豐出版公司《叢書集成續編》）第60冊，頁669。

〔註43〕袁枚（簡齋）分載籍爲著作和考據二類，且認爲著作勝於考據。他認爲：「古文之道形而上，純以神行，雖多讀書，不得妄有摭拾。韓柳所言，功苦盡之矣。考據之學形而下，專以載籍，非博不詳，非雜不備，辭達而已，無所爲文，更無所爲古也。……六經三傳，古文之祖也，皆作者也；鄭箋孔疏，考據之祖也，皆述者也。」又說：「著作者，鎔書以就己，書多則雜；參考者，勞己以徇書，書少則漏；……然而一主創，一主因；一憑虛而靈，一核實而滯；一恥言蹈襲，一專事依傍；一類勞心，一類勞力。二者相較，著作勝矣。且先有著作而後有書，先有書而後有考據。」參袁枚：《小倉山房續文集》卷30〈與程蕺園書〉，卷29〈散書後記〉，收入《小倉山房文集》，（臺北，廣文書局，1972年5月初版），頁1、頁2。

他在〈與孫淵如觀察論考據著作書〉中指出：

> 仲尼之門，見諸行事者，曰德行，曰言語，曰政事；見諸著述者，
> 曰文學。至周秦至於漢，均謂之學，或謂之經學。漢時各傳其經，
> 即各名其學……無所謂考據也。……經學者，以經文爲主，以百家
> 子史、天文術算、陰陽五行、六書七音等爲之輔，彙而通之，求其
> 訓故，核其制度，明其道義，得聖賢立言之指，以正立身經世之法。
> 以己之性靈，合諸古聖之性靈，並貫通於千百家著書立言者之性靈；
> 以精汲精，孰克以與此？……蓋惟經學可言性靈，無性靈不可以言
> 經學。……本朝經學盛興……其自名一學，著書授受者，不下數十
> 家，均異乎補苴掇拾者之所爲，是直當以經學名之，烏得以不典之
> 稱之所謂考據者，混目於其間乎？若袁太史所稱，擇其新奇隨時擇
> 錄者，此與經學絕不相蒙，止可爲詩料策料，在四部書中爲說部。
> 世俗考據之稱，或爲此類而設，不得竊附於經學，亦不得誣經學，
> 爲此概以考據目之也。著作之名，見於班孟堅賓戲。……袁氏之說
> 不足辨，而考據之名不可不除。果如補苴掇拾，不能通聖人立言之
> 指，則袁氏之說轉不爲無稽矣。〔註44〕

焦循認爲，古代無所謂著作、考據之分，至周秦至漢，雖各名其學，但至多
僅總括稱爲經學。經學以經文爲主，固當求其故訓，核其制度，以得聖人立
言之旨，但更重要的是必須在理解經典的過程中，以己之性靈，「合」諸古聖
之性靈，並貫通千百家著書立說者之性靈，以解經者個人學思之精、汲經典
之精，且貫通千百家著書立說者之精，此之謂「以精汲精」，且惟經學可以言
性靈，無性靈不可以言經學。這種作法，顯然不同於那些「補苴掇拾」的考
據學者，以魚目混珠之態、不典之稱，竊附於經學的脈絡之下；或將詩料策
料、新奇擇錄者，誣指爲經學，這些都是乖謬無稽的主張。焦循顯然認爲，
袁枚所謂著作之抒寫性靈者，及以補苴掇拾爲務的考據學者，因爲不能貫通
聖人立言之旨，自然也就不能獲致立身經世之法。這是因爲經學是「至精之
學」，非以精汲精不能貫通經義，得聖人立言之旨，故徒取詞章上的性靈或一
味尋究古說以補苴者，都是一種治經態度上的差謬。

　　焦循指出，文學本來包含在經學之中，袁枚所謂的著作，只是詩詞策料
之屬，執此詞章上的性靈，以評議考據是不公允的；因爲焦循意義下的「性

〔註44〕焦循撰・楊家駱主編：《雕菰集》卷13，頁212～214。

靈」，顯然不是文學上的感性能力，也不是一種美感意識的流動，而是一種「神明之德」〔註45〕的彰顯，是一種「與天地參」、「窮神知化」、「極深而研幾」的表現；換言之，正因研經治經必以「性靈」參之，故經學的探究，便不是一種純粹的感性揮灑，而必須輔以相當的知識建構為基底。

其次，焦循同時指出，只有經學方可言其性靈，時人以考據之稱竊附於經學，誤認為考據學即是經學的全部內容，由考據之途便可治經研經，則尤為差謬；因為純粹考據上的「補苴掇拾」，這種一味講求材料上考據徵實的探研，若缺乏體會、心得，顯然亦不足以合貫「古聖性靈」，此不得不察。

鈎連於焦循的治學態度來看，認識理解經典自是以經文為對象，但又不能只停留在經文表面的意義而已，而必須以「百家子史、天文術算、陰陽五行、六書七音等」為輔，運用辨析、歸納、匯通的方法，先求故訓、核制度，然後才能明道義，得聖賢立言之旨。焦循同時還注意到，不同學門間的知識學問，也有互相補充解釋的可能，有提高「天文術算」、「陰陽五行」等專門之學的傾向。

焦循顯然認為，經文雖有語言文字做為載體，然而不同的知識學科，都有助成理解詮釋的效果，經學的範圍雖大，但還必須以經文統攝百家諸說為輔；以經文本身為核心，並佐以輔助解經的材料，甚至連天文術算、陰陽五行，這些傳統經學家沒能看上的專門之學，也都可以囊括進來。

焦循也同時主張，不能只就經論經，還必須泛觀博覽，掌握多方面的知識，匯通辨析百家之學以為基礎。由於「經」是百家之總匯歸，故惟經學可言性靈，無性靈不可以言經學。焦循將原來袁枚主張「性靈」說一詞，轉以說之於經學，可說是明白道出了他研經治學的立場。此間，「求訓故，核制度」是前文所謂「證之以實」的工夫，而以「己之性靈，合諸古聖性靈」，甚至「貫通」其他立言者之性靈，則是「運之於虛」的應用，必須要能虛實相參，以精汲精，才能貫通性靈。

研治經學的正確態度，是以己之性靈，「合」於古聖性靈，並且「貫通」千百家著書者之性靈；其落實處，便是步步合「貫」以求「通」。只不過，焦循雖然認為，治經解經必本於性靈，以吾之性靈，旁通於他人之性靈，甚至聖人的性靈。重視性靈是學經的關鍵，但在自得性靈之前，其實還有一博覽眾說、明辨經注次第的歷程。

〔註45〕此處關於「神明之德」的進一步說解，將另於本論文第五章中討論。

焦循說：

> 說經不能自出其性靈，而守執一之說，以自蔽如人，不能自立。……
> 學經之法，不可以注爲經，不可以疏爲注……必細推注者之本意，
> 不啻入其肺腑而探其神液……要之，既求得注者之本意，又求得經
> 文之本意，則注之是非可否了然呈出，而後吾之從注非漫從，吾之
> 駁注非漫駁，不知注者之本意，駁之非也，從之亦非也。〔註46〕

焦循批評那些說經不能自出性靈者，是犯了「執一」、不能自立的毛病，學經
者萬不可一味盲從於注疏、爲注疏所牽，還必須有一番仔細推敲經注的過程，
惟如此，則不論從注或駁注，才有一番研經的根柢可言，這種看法，可以說
是很具突破性的主張。

中國傳統的經典詮釋，原有一經傳注疏次第分明的路徑，疏不破注，注
不破傳，此是歷代經注者，必須遵從的軌範。就經典詮釋的次第上說，經、
注、疏的作者，雖各自欲竭個人精力以闡明經之本意，然注疏之解未必盡得
經之原意，若逕以爲定解，久而久之，經意將變得更加隱晦不明。焦循以爲，
解決的辦法，是由熟復經之本文而推求本意，並參歷代的經傳注疏傳統中，
求得本意。「因博覽眾說而自得其性靈」，不執一說，而貴其心得，才不會迷
亂在言人人殊的解釋當中。

在研治經典上，焦循首先重視本經本意的理解，此本意之探求，除從經
典文本作者得之，亦當佐以其他相關詮釋材料的理解。若依前文所說，便是
以經文本身爲第一首要；然後以歷代經注爲次；百家子史、天文術算、陰陽
五行、六書七音又爲次；在滌除俗學拘執，反覆申明經義後，因深思積學而
能一日進於一日，然後方得心知之悟。焦循以出於己之性靈，通於聖人性靈
的「心得」之感，表現他以精汲精的經學態度，其詮釋經典的視野，無疑亦
全部建立在性靈的「通貫」之上。

第四節 本章小結

綜觀焦循的一生，雖其物質生活匱乏，但仍孜孜於撰述，畢生不輟。他
曾在給學侶阮元的詩作中，自明其志說：「期頤山上鯉，富貴水中苴，努力事

〔註46〕 參見焦廷琥：《里堂家訓》卷下，收入（臺北：新文豐出版公司《叢書集成續
編》）第60冊，頁670。又見《事略》引。

傳述，此堪比太虛」〔註47〕，「善醫者存人之身，善述者存人之心」〔註48〕，由他留下無數的作品典籍，其自我期許及用心是相當鮮明的。

焦循自 40 歲起，不入城市十餘年，他重修老屋爲「半九書塾」，並在屋旁另構「雕菰樓」，以賞湖光山色之景，讀書著述於其中，完成了許多不朽的作品。由於他早年在學術上的傑出表現，使他壯年時即稱名海內，當時包括錢大昕（1728～1804）、王鳴盛（1722～1797）、程瑤田（1725～1814）等都頗推敬他。《清史列傳》將焦循列於〈儒林傳〉而不入〈文苑傳〉，並記錄了他和名臣英和（1771～1840）碰面時的場景。英和說：「吾知子之字曰里堂，江南老名士，屈久矣！」〔註49〕英和的感慨，或多或少道出一般人對焦循屈久的不捨，但對焦循本人來說，或許這種遠離城市的撰作生涯，正是他誠篤直樸〔註50〕眞性情的選擇。

阮元曾稱讚焦循「其學精深博大」，焦循自阮元處得到的實質幫助自不待言，此外包括40歲以前的坐館游幕歷程，都在一定程度中影響了焦循的撰作面向。表面上來說，焦循的人生似乎也和舊時許多不得志於科舉的文人一樣，終老於山野，但他有意識的從事經典注疏工作，博覽群經，長於撰述，主張通貫之學的積極實踐，卻非尋常的讀書人所能及於一二者。

由此觀之，焦循之所以能兼善經史、曆算、聲音、訓詁，其勤勉用心於力學、積學，當然是根本基礎的工作；而他畢生以經典注疏方式，呈現其深思心得的結果，補正前人缺誤，則是他力求貫通經學精要之所發，換言之，焦循種種爲人稱道的撰作表現，並未足以說明他的貢獻，他對學問採取一種宏博、篤實、思深、心得的態度，才是支持他撰作不輟最重要的原因和理由。

賴貴三先生將焦循的生命歷程，以40歲爲分水嶺；此之前，銳意進取，頗自詡其弧矢經綸之志，故習文、研經、步算，無不亹勉戮力。40 歲以後歸鄉，絕意仕進，村居慰母，矢志撰述。〔註51〕張舜徽認爲：焦循的學問很通

〔註47〕 見焦循撰・楊家駱主編：《雕菰集》卷四〈寄阮芸臺孝廉〉，頁43。

〔註48〕 全句作：「善述人者，如善醫。……善醫者存人之身，善述者存人之心，故重乎述也。」，參焦循撰・楊家駱主編：《雕菰集》卷7〈述難五〉，頁105～106。

〔註49〕 參王鍾翰點校：《清史列傳》，（北京：中華書局，1987 年 11 月一版一刷），頁5588。

〔註50〕 阮元曾稱許焦循「君性誠篤直樸，孝友最著」。參阮元撰，鄧經元點校：《揅經室集・上》〈通儒揚州焦君傳〉，頁 475～481。

〔註51〕 參賴貴三：《臺海兩岸焦循文獻考察與學術研究》，（臺北：文津出版社，2008年 11 月），頁 70。

博，知識範圍很廣闊；更重要的，在於他的識見卓越，通方而不偏蔽；規模宏敞，匯納而不局隘。在乾嘉學者中，不愧為傑出的第一流人物。〔註52〕二家所論，皆可謂簡明扼要。進一步說，焦循一輩子著作等身，其學問雖皆表現在他後半生的潛心撰述上，但其哲學思想的建立完成，才是足堪表明焦循研經的心得與貢獻所在。

焦循學問的特色在「通博」二字，而其「通博」來自他對經典、各種知識的廣泛汲取，開闊宏觀的學問視野，及篤志研深、甘於平淡的性情。然而徒有「通博」尚不足以成為大家，焦循強調讀書應具備學思並重、以精汲精的態度，且要重視感受體會、心得獨運；此中，建立正確的學習態度，強調學問的落實，自是焦循再再關切之所在。

以下將再論及焦循的治經方法，以為焦循哲學的方法論建構。

〔註52〕參張舜徽：《清儒學記・揚州學記第八》，收入《張舜徽集》，（武漢：華中師範大學出版社，2005 年 12 月一版一刷），頁 288。

第三章　焦循哲學的方法論建構

第一節　前　言

　　一般討論焦循的學問特色時，多將之歸屬於清代乾嘉時期揚州學派之列，梁啓超在《中國近三百年學術史》中，即指出：「一曰吳派，二曰皖派。……此外尙有揚州一派，領袖人物是焦里堂循、汪容甫中，他們研究的範圍比較的廣博。……以上所舉派別，不過從個人學風上，以地域略事區分，其實各派共同之點甚多，許多著名學者，也不能說他們專屬哪一派。」〔註1〕梁啓超從學者活動的地域上概括揚州學者的特色爲「廣博」，錢穆則說焦氏學問「精博」〔註2〕，其實都約略的指出了焦循學問的特色。

　　前文已言，焦循早年研究天文數算有得，其後轉爲易學的研究，在他學術研究的初期，焦氏便已具備了相當有系統的治學方法，由其治學方法而言其方法論的特色，在焦循哲學的建構上來說，是有其積極意義的。換言之，焦循哲學建構之所以可能，和他研經治易，積極撰作、從事經典注疏，不斷綜輯各方知識的學問底蘊是密切相關的。

　　焦循延續並發展戴震講義理思想的學問傳統，不僅爲一代的經學大儒，更以其個人的學術實踐，證實他的研究不同於當世的「補苴掇拾」之學〔註3〕；他勇於批評株守漢學之短，強調通核明變的研究方法，皆標誌出一個學術轉

〔註1〕　參梁啓超：《中國近三百年學術史・清代學術變遷與政治的影響》，頁19。
〔註2〕　參錢穆：《中國近三百年學術史・下》，頁499。
〔註3〕　焦循撰，楊家駱主編：《雕菰集・與孫淵如觀察論考據著作書》卷13，頁212～214。

變的新時期已然來臨。焦循對當時的知識圈提出敏銳的觀察，指出學術若過分落於細瑣片面的研究，便容易忽略治學研經的本懷，此不僅牽涉宋明以來儒學哲學化向度的發展，對乾嘉中葉以後漸次形成的漢宋之爭，亦提供了一定程度的預示。雖然，基於當時的學術風氣使然，樸實考證經史的方法，很自然的成爲焦循從事經典注疏的入路，焦循對儒家經典做全面性的總結整理，最後也畢竟形塑了他之爲經學家的面貌；然而隱藏在他經典注疏背後，通變致用的人生宗旨，爲客觀的歷史社會提出新見解、新思維，指出新路向的發展，才是他用以對應世局、穩實生命的積極價值所在。

從今日的角度來看，焦循哲學或仍亦不免有所侷限，但經由焦氏哲學方法論的考察，可得見乾嘉學者在義理思想、哲學內涵上，實有其不同的貢獻所在。事實上，對清代哲學之探究，除船山、東原之外，更可下推至焦循，且焦循的哲學思考，特別是對人性論上的分析，更具有總集成的意味；清儒各學派間對知識取徑、思想內涵的不同意見，也不只是一次「研究法的運動」〔註4〕而已，透過對焦循哲學的探研，正可說明清中葉哲學建構之所以可能，實有思想家個人的襟懷與期許所在。

由焦氏的治學方法入手，不僅可提供對焦氏哲學思想建構的整全性把握，即於乾嘉學術的理解，亦可提供一條新的理解路徑。焦循在治學研易方法上的獨特性眼光，正可說明「乾嘉新義理學」〔註5〕展開之所以可能，不只是哲學上核心論題的變化而已，更是由於新的治學方法、經學眼光的展開與融入。當然，方法之爲一種「術」的運用，猶不免有弊，故要法其變通〔註6〕，

〔註4〕 梁啓超認爲：「清代學派之運動，乃研究法的運動，非主義的運動也。」參氏著：《清代學術概論》十一，（上海：上海古籍出版社，2005年4月一版一刷），頁36。筆者以爲，導致清代學術思想的轉變，實不僅是梁氏所謂「一種研究法的運動」而已，而有更多來自儒學思想內涵、哲學論題、經濟類型、文化社會或政治觀照等的必然影響。清代學派的運動，不僅暗示著近代思想啓蒙的曙光，同時也標誌著，清代學人視野的轉折，改革、批判與發展。然此部分的論述，與本論文或有歧出，此處暫不細論。將待來日，另撰專文說明。

〔註5〕 今人張麗珠提出「清代新義理學」、「清代義理學轉型」等概念，指出儒學具有理學模式以外的其他義理類型。「乾嘉新義理學」是站在考據學高度上以成就的義理學新典範，建立起理學外的另一種儒學話語系統、新義理範式。參氏著：《清代新義理學三書》（《清代義理學新貌》、《清代新義理學》、《清代的義理學轉型》），（臺北：里仁書局，1999、2005年8月、2006年10月）。

〔註6〕 參焦循：《論語通釋》〈說權一〉。原作：「法不能無弊，有權則法無弊，權也者，變而有通之謂也。」《論語通釋》（木犀軒叢書本影印）收入嚴靈峰：《無求備齋論語集成》第22函，臺北：藝文出版社，1966年，頁28。

以焦循來說，方法論上的「通」明顯是其特色所在。

　　本章將先綜論焦循的治學方法；其次論述焦氏易學方法之建立及易例設立；最後指出焦氏哲學的方法論特色，據以說明焦循哲學之展開，以方法論爲基礎，在道德哲學上，不僅可接榫及補充戴學；就學術實踐、知識層面上說，亦包涵了對傳統經典知識內容的擴充；焦循講求虛實相融、核實與心得相參的治學方法，正是通貫他全幅思想不可或缺的基礎。焦循學術方法論的探究，正有助於焦循哲學建立的理解與認識。

第二節　焦循的治學方法

　　前文已言，焦循治學重視辨析、歸納、匯通之法，其畢生治學態度嚴謹又兼容開放，雖自期以注疏爲務，卻也在注疏之外別有所發，舉凡史地、醫書、詩文、劇曲無所不包。從他留下來的大量作品中考察，其治學方法大抵可析分爲二途：一是以歸納爲主，向經典內部求索，以經證經、博考核實法；一是以辨析、匯通爲主，從經典本身向外求索，經史互證、通辭述己法。〔註7〕茲分別說明如下：

一、以經證經，博考核實法

　　焦循從事經典注疏之法，大抵和前賢相同，基本上，也同樣重視經傳注疏的順序，疏不破注，注不破傳，由傳疏以明經，採經傳注疏遞相訓釋的方法，來解釋經典。焦循除了重視層層析明經典訓釋的意義外，卻又同時不爲經傳次第所限。他說：

> 學經之法，不可以注爲經，不可以疏爲注。……儒者説經，言人人殊，學者熟復經之本文，引申而比例之。……要之，既求得注者之

〔註7〕　鄭吉雄將乾嘉學者的治經之法分爲：以本經自證、以他經證本經、校勘異文歸納語義以證本經、聯繫四部文獻材料以釋經、發明釋經之例、以經説字、以經證史、以經義批判諸子思想、發揮經書字義等九種。參氏著：〈乾嘉學者治經方法與體系舉例試釋〉收入蔣秋華主編：《乾嘉學者的治經方法》上，（臺北：中研院文哲所籌備處，2000 年 10 月初版），頁 109～139。鄭先生於乾嘉學者經學研究法的討論，在相當程度中，可概括描述焦循治學的一般情況。獨焦循治學雖具備乾嘉學風的共同特徵，但又另有所發，有不同的創新，爲免分類繁瑣，此處僅言其方法入路，並列舉實例說明，對比於乾嘉學者來說，焦循治學更重「心得」和「性靈」，說詳下文。

　　本意，又求得經文之本意，則注之是非可否，了然呈出，而後吾之
　　從注非漫從，言之駁注非漫駁。不知注者之本意，駁之非也，從之
　　亦非也。〔註8〕

由此所論，可明白看出焦氏治經之法，除了和傳統儒者相同，依從經傳注疏
脈絡外，他還強調必須熟悉經典本文，「引申而比例之」，此間，引申、比例
之法更大量被運用在焦氏易學當中，〔註9〕就經傳內容的理解來說，焦循雖強
調，不應盲從於注疏，但仍需依次由注而經，探求經文本義。對經文本文的
理解，係經由反覆熟讀經文，從而有一種意義的把握；明白注家本意後，還
必須回過頭來，重新理解經文之意，方能正確判讀注之是非。經、傳、注、
疏有經注層次與詮釋次第的問題，不可本末不清，以注為經，以疏為注，此
處可見焦循治經、解經遵循傳統的一面，基本上仍是漢學家式的從章句訓詁
上入手，以訓詁明義理，只不過其所歸納選用的解經材料上，卻又不完全同
於當代的考據學者。

　　焦循在《論語通釋・自序》中說：

　　　　讀《論語》而未得其指，則孔子之道不著，孔子之道所以不著者，
　　　　未嘗以孔子之言參孔子之言也。……數十年來，每以孔子之言參孔
　　　　子之言，且私淑孔子而得其指者，莫如孟子，復以孟子之言參之，
　　　　既佐以《易》、《詩》、《春秋》、《禮記》之書，或旁及荀卿、董仲舒、
　　　　揚雄、班固之說，而知聖人之道，惟在仁恕。〔註10〕

以《論語》為例，里堂認為，若欲求得對孔子之道的理解，首先要參考的當
然是孔子之言，換言之，直接從《論語》內部引證，以夫子之言自證闡釋是
最直截的辦法；其次參考孟子之說，因為孟子自言私淑夫子，於夫子之道有
相當的把握；然後再佐以《易》、《詩》、《春秋》、《禮記》之書，及荀子、董
仲舒、揚雄、班固之說；惟如此，對夫子之道才算有所把握。

　　焦循以《論語》為核心，直接推求經典本意，從「本書證本書」、「以經
解經」〔註11〕入手，而旁及他經或相關材料，先本證、再旁證，所採用的便

〔註 8〕　參見焦廷琥：《里堂家訓》下卷，又見《事略》引。

〔註 9〕　因引申、比例較偏向演繹法的運用，為避免說解重複，將留待下節再論。

〔註 10〕　參焦循：《論語通釋・自序》（木犀軒叢書本影印）。併見《雕菰集》卷十六，
　　　　　頁 267～268。

〔註 11〕　關於「以經解經」的命題，清初已有學者論及。黃宗羲（1610～1695）〈萬充
　　　　　宗墓誌銘〉中說：「何謂『以經解經？』世之信傳註者過於信經……充宗會通
　　　　　各經，證墜緒缺，聚訟之議，渙然冰泮，奉正朔以批閏位，百注遂無監城；

是邏輯上的歸納法，運用歸納，找出相同或相關意義的討論，最後歸納整理出結論，這也是許多學者慣用的方法，尤其對乾嘉學者來說更是如此。

〈一以貫之解〉中說：

> 孔子言：「吾道一以貫之。」曾子曰：「忠恕而已矣！」然則一貫者，忠恕也。忠恕者何？成己以及物也。孔子曰：「舜其大知也與。」舜好問而好察邇言，隱惡而揚善，執其兩端而用其中於民。孟子曰：「大舜有大焉，善與人同，舍己從人，樂取於人以爲善」，舜於天下之善，無不從之，是眞一以貫之，以一心而容萬善，此所以大也。……《易傳》曰：「天下何思何慮？天下同歸而殊途，一致而百慮。」……何晏引此解「一以貫之」，而倒其文以爲「殊途而同歸，百慮而一致」。……韓康伯〔註12〕注《易》曰：「少得則，多則惑；塗雖殊，其歸則同；慮雖百，其致不二。苟識其要，不在博求，一以貫之，不慮而盡矣。」《莊子》引《記》曰：「通其一而萬事畢。」此何晏、韓康伯〔註13〕所出也，夫通於一而萬事畢，是執一也，非一以貫之也。〔註14〕

此條亦是焦循採用歸納法，從經典內部相互訓釋，以解文義的例子。以《論語》來說，焦循既已主張「以孔子之言參孔子之言」，故在訓解夫子「一以貫之」時，先從《論語》內部文句的檢證入手。首先，他用〈里仁〉篇中曾子對夫子之道的闡釋爲證，這是以「本經證本經」；其次，他以夫子的其他話語爲證，又引用《孟子》以釋《論語》，這是基於前文提及，孟子最得夫子之道精髓的緣故；接下來，他又引用《易傳》來證明《論語》「一以貫之」的內涵，因爲焦循認爲《易》與《論語》可互爲表裡、互相發明，以《孟子》、《易傳》證「一以貫之」，則是在本經之外的旁涉輔證，此處引證歸納所用的材料，不

而老生猶欲以一卷之見，申其後息之難，宜乎如腐朽之利刃也。」參黃宗羲：《南雷詩文集》上，收入《黃宗羲全集》第十冊，（杭州：浙江古籍出版社，2005 年 1 月），頁 417～418。黃宗羲評萬斯大的治經方法時指出，學者應當會通諸經，搜集資料、詳加考察，然後才能處理經典疑義，掌握經典意義。黃宗羲所論，可視爲「以經解經」的直接討論之一。然而這種強調運用經典內部材料，與諸經典文獻互相釋證的考察，不獨有清學者爲之，歷代的大儒，不論鄭玄或朱熹，也都用了這個辦法，雖其最後的思想歸趨不同，但「以經解經」實廣爲學者所運用。

〔註12〕 按：《雕菰集》此處原作韓伯康，應誤，今改爲韓康伯。
〔註13〕 按：此處原作「韓康」，今補入「伯」字。
〔註14〕 參焦循撰，楊家駱主編：《雕菰集》卷九，頁 132～133。

論《周易》、《論語》、《孟子》，基本上都屬於經部的範圍。

焦循在處理「一以貫之」句發現，韓康伯釋《周易》「一致而百慮」時，用了《論語》「一以貫之」的解釋；其後，何晏釋《論語》「一以貫之」時，又引了《周易》「一致而百慮」的解釋；這種交相訓釋的傳注方式，顯然有所缺失，所以焦循就進一步的把何、韓之所以致誤的來源抽繹出來。

他發現，「天下同歸而殊途，一致而百慮」這段話，最早來自《莊子‧天地》。焦循辨析說，莊子引《記》曰：「通其一而萬事畢」〔註15〕，不是「一貫」而是「執一」。焦循不僅詳考傳注之失，意圖析明經典的意義，更運用辨明注疏本源的方式，檢證經典章句。這種詳明本源，考證核實的辦法，在焦循的多部作品中，都可以看到。除了基於通經博覽，而得見傳注之失，以歸納整理析明經義的方法外，焦循也經常在經部之外找材料，以證經注之文。

如：《孟子‧滕文公上》有：

> 禹疏九河，瀹濟、漯而注諸海；決汝、漢，排淮、泗而注之江，然後中國可得而食也。

焦循訓釋以上文句時，除引〈禹貢〉及相關的地志外，又引謝身山《黃河圖說》、段玉裁《說文解字注》、胡渭《禹貢錐指》、孫蘭《輿地隅說》、孫星衍《分江導淮論》之說，以證孟子之言，〔註16〕在經部及經部之外，廣為蒐集詳考，頗見他紮實的學問基礎，更見其治學廣蒐博證之功。特別是從其所引證的材料上觀察，不侷限於傳統的經部之書，而遍及了各種專門知識，除引證古籍、前賢之見外，更遍及時人的研究，舉凡六書訓詁、版本校勘、天文曆算、井田封建、水道地理，無所不包，若非肇因於平日之博學強記，廣為蒐考，實不可能有如此的表現。

二、經史互證，通辭述己法

焦循在〈禹貢鄭注釋自序〉中說：

> 嘉慶壬戌夏五月，自都中歸，阮撫部以書來招往浙，問以古三江之說，時撫部撰〈浙江考〉，宗班固〈地理志〉，而以鄭康成之說為非。

〔註15〕成疏此句云：「知一萬事畢語在西升經。」參王先謙：《莊子集解》，（臺北：華正書局1985年6月初版），頁74。

〔註16〕參焦循撰，沈文倬點校：《孟子正義》上，（北京：中華書局，2004年2月重印），頁377～386。

循曰：「鄭氏未嘗非也，鄭氏三江之注合於班氏。今人所輯之鄭注，販自初學記者，非鄭注也，固詳爲言之。撫部以爲然，蓋近之學者，不求其端，不訊其末，惟鄭之所欲聞，乃鄭氏之書見存者，不耐討索，而散求之殘缺廢棄之餘，於是不辨其是非眞僞，務以一句之獲一字之綴爲工，及其贗爲眞，又不復考其矛盾齟齬之故，甚而拘守僞文，轉強眞文以謬與之合，削足以適屨，鍛頭以便冠，而鄭氏之本義汩沒於尊鄭之人，使鄭氏受不白之往，伊誰之咎耶？」〔註17〕

焦循因學侶阮元作〈浙江考〉，問古三江之事，而興起他對鄭注的關切。焦循首先爲〈禹貢〉鄭注辨誣，指出近世學者認爲鄭注有誤，其實是因見存的版本不全所致。學者往往以贗品爲眞，不辨其版本眞僞，凡得一字一句，便連綴拘守，不僅不考證所論是否有矛盾齟齬之處，甚至轉強眞文以謬與之合，這種作法無異是削足適履、鍛頭便冠，不僅不得鄭氏本義，言尊鄭而反謬鄭，反而讓康成徒受不白之咎。焦氏於此特別強調古籍注本，有版本殘缺偏全脫漏的現象，此是治學上必先愼察之處。

當時的學界，舉凡「江南千餘里中，雖幼學鄙儒，無不知有許、鄭者。」〔註18〕然學界雖立考據之名，卻僅習其虛聲，不能深造，焦循在此提出了一種核實辨析以校其經注的辦法，此亦正是前文所謂「吾之從注非漫從，言之駁注非漫駁」之說的落實。

焦循同時指出：「儒者之學，有深淺，無同異，則不致以虛聲漫附，亦不致視爲艱途，以阻其功力也。」〔註19〕一味贊成前哲前賢的舊注舊說，固是失之於虛聲漫附；但不宗許、鄭，改宗班固者，亦是另一種對經注盲從的虛聲；焦循認爲，不論尊鄭或非鄭，都必須詳細考察既有材料的眞僞，求其端、訊其末，把握總體材料的輪廓條理，然後才能具體判斷儒者之是非。

焦循當然也分析了阮元撫部之所以推崇班固〈地理志〉的原因。他說：

班氏〈地理志序〉云：采獲舊聞，考迹詩書，推表山川，以綴禹貢，周官春秋下及戰國秦漢焉，蓋其所采博，所擇精，漢世地理之書，莫此爲善。〔註20〕

焦循指出，班固〈地理志〉從採輯舊聞入手，從縱的時間序列上看，涵括了

〔註17〕參焦循撰，楊家駱主編：《雕菰集》卷十六〈禹貢鄭注釋自序〉，頁265。

〔註18〕參焦循撰，楊家駱主編：《雕菰集》卷十三〈與劉端臨教諭書〉，頁215。

〔註19〕參焦循撰，楊家駱主編：《雕菰集》卷十三〈與劉端臨教諭書〉，頁215。

〔註20〕參焦循撰，楊家駱主編：《雕菰集》卷十六〈禹貢鄭注釋自序〉，頁265。

春秋、戰國、秦漢時期，典籍的考錄則包括了《詩》、《書》、《周官》；班固並以漢時山川爲橫軸，和其所採輯的資料相對證，於是可知班氏採擇之精博。焦循評爲「漢世地理之書，莫此爲善」，直接說明了班固〈地理志〉的好處及其治學高度。

接下來，焦循也分析了鄭氏注經的優點說：

> 故鄭氏注經，一本於是，或明標所自，或陰用其說，間有不合者，
> 亦必別據地說等書，明言其所以易之義，注雖殘缺，尚可考而知也。
> 〔註21〕

焦循特別強調，鄭玄經注有其經典根源上的主觀設準，先是「一本於是」，以經典的原貌爲主，然後依次編明書中紀錄的來源，是否其來有自，或陰用其說以釋〈禹貢〉內容，若有不合，則另據地說等諸書，明言其所以改易的原因。由此可以發現，不論班固之志，鄭氏釋經，都從事了一段蒐集整理資料的基礎工作，但在蒐集整理之外，焦循更強調材料的辨析、考徵，這種注疏方式，不僅爲焦循所肯定，也同樣表現在焦循的作品當中。

焦循在本文最後說，他撰作《禹貢鄭注釋》也是採班固、鄭玄之學爲路徑入手，他說：

> 因以嘉定王光錄（祿）、陽湖孫觀察所集之本，爲質考而核之，編次
> 成卷，專明班氏鄭氏之學，於班曰志，於鄭曰注，而以水經禹貢山水
> 地澤所在一篇，條列而辨之於末，其餘枝葉緜多，今無取焉。〔註22〕

他以王鳴盛、孫星衍所集之本爲根據，查考核正鄭氏所說，除了詳明班、鄭二人學問入路，考察山川地理外，同時亦依經傳次第分項標明，於班曰志，於鄭曰注，並佐以相關材料《水經·禹貢山水地澤》篇，條列辨析於末，以闡明經注之旨。對焦循來說，雖其可供擇用的材料甚多，但他選用王、孫二人之說以辨析〈禹貢〉，便已說明了書撰《禹貢鄭注釋》的動機，該書既是爲學侶辨疑之作，故釐清鄭、班是非，質考鄭、班差謬當是首務，焦循所用以解析的材料雖多，但需刪其旁枝，以明學問宗旨，如此方合於釋疑之本懷。

這種由學友間的往來互動，引發問題，進而撰作專文辨疑，最後產出作品的學者很多，特別是乾嘉時期，學者社會的型態，頗有助於知識的討論〔註23〕。學者留下一篇文章、一部作品，甚至是和友人的書信往來，往往

〔註21〕參焦循撰，楊家駱主編：《雕菰集》卷十六〈禹貢鄭注釋自序〉，頁265。
〔註22〕參焦循撰，楊家駱主編：《雕菰集》卷十六〈禹貢鄭注釋自序〉，頁265。
〔註23〕梁啓超指出，清代的學者社會，不喜效宋明人聚徒講學，往往以札記、函札

也就表示了他在學術上的某種意見或看法。對焦循來說，這種比對經史，講求融貫，辨析條理，詳明注疏次第，條分端緒的方法，正是他不拘守、不盲從治學態度的實踐。

只不過，除了重視材料的辨析考察外，焦氏之所以能不拘於時俗，於考據之外另開風貌，其更根本的原因，卻是來自他考證背後對經典意義的發揚。他說：

> 聖人以一言蔽三百，曰：「思無邪」，聖人以詩設教，其去邪歸正奚待言？所教在思，思者，容也，思則情得，情得則兩相感而不疑，故示之於民則民從，施之於僚友則僚友協，誦之於君父則君父怡然釋……無邪以思致，思以嗟嘆永歌手舞足蹈而致。〔註24〕

焦氏說明夫子言：「詩三百，一言以蔽之，曰：『思無邪』」，句中的「思」字，焦循釋為「容」，並將思解為「情得」的面向，此亦可以說是他個人研經的「心得」。從《論語・為政》語句的脈絡來說，這段話是夫子對「詩道」的闡釋，既是對《詩經》文本意義的總體概括與把握，也是對詩道價值理想的根源體會。邢昺疏此曰：

> 此章言為政之要，在於去邪歸正……，曰：「思無邪」者……詩之為體，論功頌德，止僻防邪，大抵皆歸於正。〔註25〕

邢昺解釋「思無邪」章，從治道上考慮，言詩有防邪止僻的作用，這種分析當然不乏時代意識下工具性質的理解。事實上，「思無邪」一句，最早出現於《詩經・魯頌・駉》，原詩末句作「思無邪，思馬思徂」。鄭玄箋此曰：「徂，猶行也。思，遵伯禽之法，專心無復邪意也」；孔穎達《正義》釋此曰：「思牧馬可使走行」；《毛傳》則說：「〈駉〉頌僖公也。僖公能遵伯禽之法，儉以足用，寬以愛民，務農重穀，牧于坰野。魯人尊之，於是季孫行父請命于周，而史克作是頌」。〔註26〕在〈駉〉一詩中，「思」字凡七見，均作「遵伯禽之

補之。后輩之謁先輩，率以問學書為贄。先輩視其可教者，必報書，釋其疑滯而獎進之。平輩亦然。凡著一書成，必經摯友數輩嚴勘得失，乃以問世，而其勘也皆以函札。此類函札，皆精心結撰，其實即著述也。參氏著：《清代學術概論》，頁52～54。清代學者經由書函往來，與先輩、平輩討論學術問題，正是個人學問養成的重要來源之一，此處焦循回答阮元疑問，又一例也。

〔註24〕參焦循撰，楊家駱主編：《雕菰集》卷十六〈毛詩鄭氏箋〉，頁271～272。

〔註25〕參何晏集解，邢昺疏《論語注疏》卷二，收入阮元校勘：《十三經注疏》第八冊，（臺北：藝文印書館，2001年12月初版十四刷），頁16。

〔註26〕參鄭元箋，孔穎達疏：《毛詩注疏》，收入阮元校勘：《十三經注疏》第二冊，

法」解，伯禽爲魯之始封賢君，其法可行於後，但僖公以前，莫能遵用，至於僖公，乃遵奉行之。僖公因其性儉約養身，爲費寡少，又寬以愛民，其德受人推重，既薨，魯人慕而尊之，因作是詩以推重之，一方面稱頌僖公能行伯禽之法施行美政，其次亦見賢能慕賢之意。

許愼《說文解字》中訓「思」，爲「容也。从心从囟，凡思之屬皆从思。」段玉裁注曰：

> 或以伏生尚書「思心曰容」說之。今「正」皃曰恭，言曰從，視曰明，聽曰聰，思心曰容⋯⋯谷部曰：容者，深通川也。⋯⋯引申之凡深通皆曰容，謂之思者，以其能深通也。⋯⋯自囟至心，如絲相貫不絕也。〔註27〕

許愼將「思」釋爲「容」；段玉裁進一步解釋「容」，爲「思心」，指「心之容」，引申爲「深通」，「謂之思者」，是因爲能「深通」之故。段注之所以釋作「深通」，是因爲容者，盛也，有盛受、容受之意，自囟至心相貫不絕以容受，故能深通以思，所以說，如果把《說文》段注的解釋，回推到夫子言「思無邪」之語，便是「容無邪」，即「心之容無邪」，意謂「心無邪」。

《毛傳》、鄭玄、孔穎達基於詩人稱美僖公行伯禽之法的寫作背景，把「思」，訓爲「專心」；邢昺在《論語正義》中，傾向以《詩》的作用及造成的結果來訓釋；段注則偏向「心」的解釋脈絡，說是「思心」、「深通」；然而不論採取哪一種方向的說解，「思無邪」中的「思」字，都不必然和「情」有關，亦尚不致由「心」下滑爲「情」的面向。

焦循在本文其後又引用了管子、劉向之說，作爲己說的輔證，但顯然「思情相感」的闡釋，是訓詁之外演繹、甚至是發揚的結果。焦循認爲，在《詩》的傳衍上，毛傳精簡，得詩意爲多；鄭箋則多迂拙；〔註28〕但巧合的是，就「思無邪」的訓釋上，毛、鄭之說並無二致。焦循自己也說：「雖然，訓詁之不明，則《詩》辭不可解，必通其辭，而詩人之旨可繹而思也。」〔註29〕強調必須以訓詁爲理解《詩》辭的基礎，但顯然訓詁的作用仍很有限，還必須講求「通辭」的能力。在本條中，焦循雖也採取文字訓詁的方法入手，然

（臺北：藝文印書館，2001 年 12 月初版十四刷），頁 762～765。
〔註27〕參許愼撰，段玉裁注：《說文解字注》，（臺北：黎明文化事業公司，1986 年 10 月增訂二版），頁 506。
〔註28〕參焦循撰，楊家駱主編：《雕菰集》卷十六〈毛詩鄭氏箋〉，頁 272。
〔註29〕參焦循撰，楊家駱主編：《雕菰集》卷十六〈毛詩鄭氏箋〉，頁 272。

其最終目的，顯然是探求「詩人之旨」之外的其他闡發，有趣的是，不論討論夫子的「思無邪」語，或從《詩經》原典中的「思無邪」來看，「思」都不會是「情得」之後的「兩兩相感」，焦循將「思」字往下滑轉，解爲偏向「情」的討論，自然是在「詩人之旨」外的個人看法，而其背後的根源，便和焦循建構的人性論思考有關。〔註30〕

　　焦循治學以闡揚思想爲主，不論研經或論理，其方法論的展開，雖仍以章句訓詁入手，但卻不爲章句訓詁所限，而常有所突破；或者也可以說，歸納、比較、辨析雖是傳統學者常用的治學方法，但對焦循來說，其在經典注疏上的演繹、創發，卻更常表現出其治學之長。換言之，以訓詁做爲研治經學的方法，因「訓詁明」而得「通辭」的理解，仍然只是一種手段、過程，目的在藉由這種方式，陳述焦循個人治經之「心得」，而此「心得」，便是一種闡發經學之「精」，一種述己、陳揚個人理念之作。

　　本節所論博考核實、通辭述己法，雖普遍見於焦循的作品當中，但剋就焦循易學來說，考核、探析、闡發思想，更爲其治《易》要務，他還因之建構了個人《易》學作品上特殊的方法論及易例，說詳下文。

第三節　焦循的易學方法

　　焦循論著最爲人所稱道者，即其《易》學；歷來推重焦循畢生成就最高者，也在《易》學；然焦循易學穿鑿纖巧，號爲難讀，故至今仍未能獲得普遍的認識與研究。其實，焦循的《易》學研究雖不免繁複細密，但由其治《易》方法入手，卻是很好的門徑。

　　焦循的《易》學方法，大抵和他的其他作品取徑相同，大略即是前文所謂的經史互證、通辭述己法。熊十力曾就焦氏《易》學的方法，做了一番說明。他說：

> 清儒治「漢易」，而不欲蹈術數家之術，思就經文，別有創發者，焦循其人也。焦氏之《易》，穿鑿至纖巧，學者號爲難讀。然如以耐心臨之，耐者，謂心力堪任瑣碎故。取《通釋》及《章句》與《易圖略》，往復數番，識其途徑，握其端緒，則脈絡分明，卻甚易簡。但在習

〔註30〕此處因僅限於焦循治學方法論的探究，於焦氏倫理學中人性論的看法，將另於後文第六章中說明。

渾沌而拙解析，此是一種人。尚超悟而厭瑣碎者，此又是一種人。恐閱
之未肯終卷。故焦氏之書，求知音於後世，殊非易事。〔註31〕

熊十力指出，清儒治《易》，不蹈數術家之路者，獨焦循一人。焦循於易學上
的創發，雖不免於穿鑿纖巧，但以《通釋》、《章句》、《圖略》三書，往復相
參，識其解《易》途徑，掌握脈絡端緒，便能很容易讀懂。此中，熊先生所
謂的途徑、端緒，便可視為是焦氏的《易》學方法。只不過，在一片混沌難
明中，欲釐清理路，仍非易事，苟非耐心往復，斷不可得，此焦循三書創發
之得，亦其難知之所在。

在焦循的「雕菰樓易學三書」〔註32〕中，《易通釋》最早完成，焦循將《周
易》經傳中所有的文字鉤合起來，並舉其中的觀念、術語、範疇和命題，加
以會通，解釋其所提出的易學名詞，題為「通釋」，故此書之作，是以《周易》
經傳與易例互為發凡，交互訓釋，其中，經義之發明，係依《周易》卦爻辭
為論題核心而展開者，務期有一通盤的說明訓釋。《易圖略》是對《易通釋》
體例所做的提要和圖解，共有五圖、八原、十論等卷目。「五圖」是其方法論
的圖示，「八原」是易學觀念的說解，「十論」則是批判前人易說的論文，包
括漢易和宋易中象數派提出的解經體例，以發明孔子《易傳》「旁通、相錯、
時行」之義。《易章句》乃依傳統注釋方式，逐章逐句對《周易》經傳做簡明
的注解，是三書中最後完成者，焦循將其研易方法及易學內涵，採隨文附註
的章句說解方式，呈現出來，在傳統的章句訓解外，頗可看見焦循易學的精
華所在。本節因集中論述焦循的易學方法，於焦氏易學內涵及旨歸，另留後
文再論。〔註33〕

焦循自言其治易的方法時說：

余學《易》所悟得有三：一曰旁通，二曰相錯，三曰時行。此三者，
皆孔子之言也，孔子所以贊伏羲、文王、周公者也。夫易，猶天也，
天不可知，以實測而知……測之既久，益覺非相錯、非旁通、非時

〔註31〕 參熊十力：《讀經示要‧卷三》收入氏著，蕭萐父、郭齊勇編：《熊十力全集‧
　　　　第三卷》，（武漢：湖北教育大學，2001 年 8 月初版），頁 907。
〔註32〕 焦循的「易學三書」分別是：《易通釋》20 卷、《易圖略》8 卷、《易章句》12
　　　　卷。其他相關易《學》諸作說明，已於本論文第二章中言及，此處不再重複。
　　　　獨里堂畢生研《易》著論，雖甚豐富，但其易學要旨大抵不出「易學三書」
　　　　範圍。
〔註33〕 另參本論文第五章之分析。

行，則不可以解經文傳文，則不可以通伏羲、文王、周公、孔子之
意。十數年來，以測天之法測《易》，而此三者乃從全《易》中自然
契合。〔註34〕

焦循表示，他學《易》悟得的三種方法，是從孔子那裡得來的。若不明白「旁
通、相錯、時行」三法，則全《易》將無由理解。此外，焦循還同時提到，
此三法是由實測經文而來，在未從事實測工作前，原無此名；既測之後，益
覺非此三者不足以解《周易》經傳，此中，運用實測以歸納、辨析、演繹、
體悟，都是前文焦氏治學方法的另一種說明，頗具有科學實證的精神。以下
再針對焦氏所言的旁通、相錯、時行、實測等方法，另作說解。

一、旁　通

所謂「旁通」，語本《易·乾卦·文言》：「六爻發揮，旁通情也」，〔註35〕
意思是指同一語詞，若有同時使用於二卦的場合，則這兩卦之間，必存有法
則上的關聯。〔註36〕通過本卦與他卦爻位的轉換，而使每一卦爻各正其位，
亦即以每卦中陰陽互異的現象，而得出另一卦。

焦循說：

凡爻已定者不動，其未定者在本卦，初與四易，二與五易，三與上
易。本卦無可易，則旁通他卦，亦初通於四，二通於五，三通於上。……
此爻動而之正，則彼爻亦動而之正，未有無所之、自正不正人者也，
枉己未能正人，故彼此易而各正未有變。己正之爻爲不正，以受彼
爻之不正者也。〔註37〕

六十四卦中，可歸納爲兩兩相異的卅二組，然而是否所有的卦皆可旁通呢？

〔註34〕參焦循：《易圖略·序目》，收入楊家駱主編：《焦循之易學》，（臺北：鼎文書
　　　　局，1975 年 4 月初版），頁 339。此處所採用之易學叢編《焦循之易學》，屬
　　　　《焦氏遺書》本，係鼎文書局據學海堂《皇清經解》本影印，彙刊爲「國學
　　　　名著珍本彙刊·近三百年經學名著彙刊之一」，亦爲今日所用之通行本。以下
　　　　僅注明該書目次、卷數，其餘不再細述。

〔註35〕原句爲：「大哉乾乎！剛健中正，純粹精也；六爻發揮，旁通情也；時乘六龍，
　　　　以御天也；雲行雨施，天下平也。」，參朱熹：《周易本義》，收入楊家駱編：
　　　　《易程傳·易本易》，（臺北：世界書局，1991 年 10 月，11 版），頁 4。

〔註36〕參賴貴三：〈「五經皆學，三禮成圖」——乾嘉通儒揚州焦循里堂學記〉，收入
　　　　彭林主編：《清代學術講論》，（桂林：廣西師範大學出版社，2005 年 11 月第
　　　　1 版），頁 174。

〔註37〕參焦循：《易圖略·旁通圖》第一，頁 342。

也不盡然。此處可以看見，判斷兩卦是否爲旁通，必須先判定其中一卦的爻位，爻位若爲陽爻居陽位、陰爻居陰位，即一三五爻爲陽、二四六爲陰時，則爲不動已定，此時未定之爻則動。一卦在與他卦旁通前，必須先在本卦內部先動，即初與四、二與五、三與上爲陰陽相異時，必須先易。本卦無可互易後，才旁通他卦。

對此，焦循曾列舉卅例以論證旁通卦爻的變化，說解並敘明六爻間「由此及彼，由彼及此」的種種聯繫，闡述事物間、相互對立的秩序，經由旁通達到統一，使人人「各正性命，保合太和」。〔註38〕

舉例來說，如〈旁通圖第一〉中，可看出〈同人〉、〈師〉，〈艮〉、〈兌〉，〈明夷〉、〈訟〉便是兩卦相反的旁通卦。茲再詳說如下：

1. 〈同人·九五〉「大師克相遇」，若非〈師〉與〈同人〉旁通，則〈師〉之「相克」、〈師〉之「相遇」與〈同人〉何涉？其證一也。

〔註39〕

〈同人·九五·爻〉爲：「同人先號咷而後笑，大師克相遇。」〈象〉曰：「同人之先，以中直也，大師相遇，言相克也。」焦循認爲〈同人·九五〉的〈象〉辭，正可以言「師之相遇、師之相克」。〈同人·九五〉的〈爻〉辭、〈象〉辭皆提及「師」，〈同人〉、〈師〉六爻皆異爲旁通，由此亦可以發現，以旁通法觀察，可以解決《易》辭重複出現的情況。

2. 〈艮·六二〉「不拯其隨」，〈兌〉二之〈艮〉五，〈兌〉成〈隨〉。

〈兌〉二之「拯」，正是〈隨〉之「拯」。若非〈艮〉、〈兌〉旁通，則「不拯其隨」之義，不可得而明。其證二也。〔註40〕

〈艮·六二〉爻辭爲：「艮其腓，不拯其隨，其心不快。」〈象〉曰：「不拯其隨，未退聽也。」焦循指出，先將〈兌〉二和〈艮〉五旁通，〈兌〉可成〈隨〉，

〔註38〕 語見焦循撰·楊家駱編：《雕菰集》卷13〈寄朱休承學士書〉。原作：「大抵聖人之教，質實平易，不過欲天下之人，各正性命，保合太和而已。」參氏著：《雕菰集》，頁201。按：焦循藉〈乾·象〉中「乾道變化，保合太和」，以言爻位陰陽變化的歷程，是一萬事萬物各得性命以自全，無所不利的發展。

〔註39〕 參焦循：《易圖略》，頁343。此例併見於《易通釋》卷18「師、利行師、利用行師、勿用師、用行師、大師克相遇」條下。參焦循：《易通釋》，頁297～298。

〔註40〕 參焦循：《易圖略》，頁343。此例併見於《易通釋》卷18「隨、執其隨、不拯其隨、隨風巽」條下。參焦循：《易通釋》，頁301～302。

然而檢視〈兌〉或〈隨〉二卦全部的爻辭時，卻發現此二卦都沒有「拯」字。前文中所說的「〈兌〉二之拯，正是〈隨〉之拯」，其中的〈兌〉應是〈艮〉的筆誤，正確應作「〈艮〉二之拯」，也就是指〈艮‧六二〉爻辭「不拯其隨」而言。此中，〈艮〉、〈兌〉兩卦六爻全異為旁通，當〈兌〉二之〈艮〉五後，由〈兌〉變成〈隨〉，所以〈艮〉中的爻辭才會有「隨」字出現。

　　3.〈明夷〉「三日不食」，旁通於〈訟〉，則「食舊德」。其證十三也。

〔註41〕

〈明夷‧初九〉爻辭為：「明夷于飛，垂其翼，君子于行，三日不食。有攸往，主人有言。」〈訟‧六三〉爻辭則是：「食舊德，貞厲，終吉，或從王事，无成。」〈明夷〉、〈訟〉這兩卦六爻全異，可相旁通，亦可知〈明夷〉的「三日不食」與〈訟〉「食舊德」有關，此二卦且被焦循一併繫於「食」字條下通盤討論，可見焦氏易學內部已有個人預先的設準。

　　其他有關「旁通」的例子還有很多，不再一一詳舉。事實上，焦循運用「旁通」之法，目的在使不正之爻歸於正，如果爻位本身已定，則不需再動，否則即為妄動，亦不可謂之「通」。只不過，焦循論《易》卦爻辭欲以求通求正的背後，畢竟還有另外的道德意涵，即所謂「成己成物」、「凡通必皆各正也」的考慮。

　　牟宗三先生指出，焦循治《易》有「五原則」說，其中「旁通」中的「通」字，牟先生以為是：「即於兩相反而相對的爻之間顯示之。所以根本觀點是在變易上，是在向外上，是注意於歧異之間的變動，錯綜，交互關係。」〔註42〕這種向外探究事物變化關係，以端正自己，使動而之於正，自通於正，或通而至於他爻、使之正，便是焦循旁通的作用義。若己已正，則不必妄動之於不正，否則亦不免枉己亦不能成人，亦即牟先生所說「人我兩損」的情況。這種向前、向外的探索工夫，同時具備了知識和道德的兩面，「知」就其學問、現象面說，「德」就其各正性命、成己成物上說，此亦可見焦循重視運用客觀知識，以助成個人修養的思考。

〔註41〕參焦循：《易圖略》，頁 343。此例併見於《易通釋》卷 6「食」條下。參焦循：《易通釋》，頁 142～143。

〔註42〕牟宗三稱焦循治易的「五原則」是：旁通、時行、相錯、當位失道、比例。其中，「當位失道」是「旁通」的附屬原則，「比例」則是「相錯」中引出的附屬原則。參氏著：《周易的自然哲學與道德函義》，（臺北：文津出版社，1998年 8 月初版二刷），頁 266～268。

焦循另有〈當位失道圖二〉列於《易圖略》卷二，可視爲〈旁通圖〉的補充。何謂「當位失道」？焦循以爲：

> 易之動也，非當位，即失道，兩者而已。何爲當位？先二五，後初四，三上是也。何爲失道？不俟二五，而初四，三上先行是也。當位則吉，失道則凶。〔註43〕

焦循指出：《周易》卦爻的變動，不外當位、失道二種，如果變動的順序是採二五、初四、三上的次序，即爲當位，則吉；如果沒按照這種次序，而以初四、三上爲先，則爲失道，則凶。焦循主張從變動的過程上觀察是否爲當位，以判斷吉凶，等於是擴大了對知識的無窮探索，因爲爻位變化正足以揭示事物現象的變化；而此外在現象之變，同時也可以是俗世生活的道德軌範，所謂當位失道，必是對著變化的過程來看待，不是單一、專對、固著的判準，而是不斷向外、向前改變，凶可以變吉，吉也可能變凶的過程。

焦循繼續說：

> 然吉可以變凶，凶可以化吉。吉何以變凶？〈乾〉二先之〈坤〉五，四之〈坤〉初應之，〈乾〉成〈家人〉，〈坤〉成〈屯〉，是當位而吉者也。若不知變通，而以〈家人〉上之〈屯〉三成兩〈既濟〉，其道窮矣！此亢龍所以爲窮之災也，此吉變凶也。凶何以化吉？〈乾〉二不之〈坤〉五而四之〈坤〉初，〈乾〉成〈小畜〉，〈坤〉成〈復〉，是失道而凶者也。若能變通，以〈小畜〉、〈復〉初、四雖先行，而〈豫〉、〈姤〉初、四則未行，以〈豫〉、〈姤〉補〈小畜〉、〈復〉之非，此不遠復所以修身也，此凶變吉也。惟凶可以變吉，則示人以失道變通之法；惟吉可以變凶，則示人以當位變通之法。《易》之大旨，不外此二者而已。〔註44〕

焦循認爲：吉凶是以二五先行，爲初次的判斷，然而即便是吉，也可能因不知變通又變成凶；凶可以因知變通而化爲吉，凶變吉，則示人以失道變通之法；吉變凶，則示人以當位變通之法，吉凶判斷的標準便在「知變通」上。此中，變通純粹是法則義的，「知」則是「心知」的判斷、感受及領會，兼及知識及道德的兩面；亦即「凶可以變吉，示人以希望之道；吉可以變凶，示

〔註43〕參焦循：《易圖略》，頁351。
〔註44〕參焦循：《易圖略》，頁351。

人以自警之道」〔註45〕之意，吉凶變化應以當位、爲正道而定，以不成兩〈既濟〉、道窮爲凶。

《易圖略》中，將當位、失道分別圖示之，舉凡二五先行、後初四、三上應之，以成〈家人〉、〈屯〉、〈蹇〉、〈革〉、〈既濟〉、〈咸〉、〈益〉者，爲當位中的當位；反之，若不先二五，而先初四、三上，以成〈明夷〉、〈需〉、〈既濟〉、〈泰〉者，爲失道中的失道。但如果知道變通，〈泰〉亦可通於〈否〉，〈既濟〉亦可通於〈未濟〉。

所以焦循說：

> 其失道而又失道者，非成〈明夷〉、〈需〉，即成〈既濟〉、〈泰〉。然〈泰〉通於〈否〉，〈既濟〉通於〈未濟〉，無論當位失道，一經變通，則元亨者更加以元亨，不元亨者改而爲元亨。〔註46〕

焦循提出結論說：「無論當位失道，一經變通，則元亨者更加以元亨，不元亨者改而爲元亨」，從當位的序列來看，其動合於先二五，且能終而有始，則爲「元亨利貞，而吉」；反之，則爲失道而凶。牟先生將「當位」釋爲「生生條理」〔註47〕，講「變通」自是爲了達成當位、變爲元亨，而此「變通」是有其條理次序的，且符合「生生」原則。

「當位失道」做爲旁通原則的輔助或補充，目的是爲了保證旁通之動是「正動」，而不是「妄動」，凡旁通而能有序有理且爲終而有始者，即爲當位之動，〔註48〕由二五開始，幫助開顯其生機理序，由終而有始，見其生生不息，無序理則不元不亨，當位失道的變化，是爲了使元亨者更加元亨；或是由凶變吉，不元亨者改爲元亨。焦循還同時指出，八卦之生生不外「元亨利貞」四字，而旁通原則的提出，是爲了「旁通情也」、「以情絜情」，是爲了闡明聖人「一貫之道」〔註49〕，此又可見焦氏治《易》原則的道德趨向。

二、相　錯

所謂「相錯」，語本《易傳·說卦》：「天地定位，山澤通氣，雷風相薄，

〔註45〕語見牟宗三：《周易的自然哲學與道德函義》，頁270。

〔註46〕參焦循：《易圖略》，頁352。

〔註47〕牟宗三說：「序理者條理也；終始者生生也。故總可以說：凡能『生生條理』者即爲當位。」參氏著：《周易的自然哲學與道德函義》，頁272。

〔註48〕參牟宗三：《周易的自然哲學與道德函義》，頁272。

〔註49〕此語併見於《焦里堂先生軼文·寄王伯申書》及焦循撰，楊家駱主編：《雕菰集》〈使無訟解〉，頁138～139。

水火不相射，八卦相錯。」〔註50〕指卦象上下二體交錯。焦循以爲，六十四卦都是兩兩相錯而成的，由卅二組旁通卦之下卦，彼此進行置換而組合成新卦，此四卦之間即爲「相錯」的關係；亦即「將六十四卦分爲十六組，每組四卦，由八個單卦構成，成爲一整體」，〔註51〕卦象上下二體交錯交換，便是「相錯」。焦循從〈說卦傳〉中抽繹悟得「相錯」之理，〈乾〉、〈坤〉互易爲〈否〉、〈泰〉，山澤〈艮〉、〈兌〉互易爲〈損〉、〈咸〉，故八卦僅「相錯」一語可統括之。

賴貴三先生歸納出焦循言「相錯」原則爲四條例：

1、凡旁通二卦之下卦相互置換而相錯，其相錯而成之二新卦，彼此亦爲旁通之卦。亦即「八卦相錯一」圖。

2、凡旁通卦二五爻位置換，而組合成新卦之相錯，皆爲二五大中而上下應之卦。亦即「八卦相錯二」圖。

3、凡旁通卦初四爻位或三上爻位置換，而組合成新卦之相錯，皆爲初四或三上交易之卦。亦即「八卦相錯三」圖。

4、凡旁通卦先二五，後三上或初四爻位置換，而組合成新卦之相錯，皆爲旁通相繼之變卦。亦即「八卦相錯四」圖。〔註52〕

第一種情況，在六十四卦中，這樣的組合共有十六組，即六十四卦全部。第二種情況，共四組，十六卦。第三種情況，共八組，三十二卦。第四種情況，共三組，十二卦。〔註53〕由以上歸納的四條例可以看出，「相錯」四個法則皆和「旁通」有關，正可以濟「旁通」之窮。如若就「相錯」之卦，和「旁通」、「當位失道」的關係來看，焦循又將之分爲「未經行動」和「既行動」二類，「未經行動」的一組，僅依旁通之卦以爲相錯而已；「既行動」的一組中，則分爲「一爻動」和「二爻動」的情況。何澤恆先生將焦循所論，圖例如下：

〔註50〕語見《易傳‧說卦》第二章，參朱熹：《周易本義》，頁70。

〔註51〕參朱伯崑：《易學哲學史》第四卷，（臺北：藍燈文化事業（股）公司，1991年9月初版），頁378～379。

〔註52〕參賴貴三：《焦循《雕菰樓易學》研究》（中國學術思想研究輯刊初編：第四冊），（臺北：花木蘭出版社，2008年9月初版），頁95～98。

〔註53〕在〈八卦相錯圖〉中，此四種情況，僅依序分別標示一至四之數列，其中所包含的卦名及順序，可另參焦循：《易圖略‧八卦相錯圖》，頁360～362。

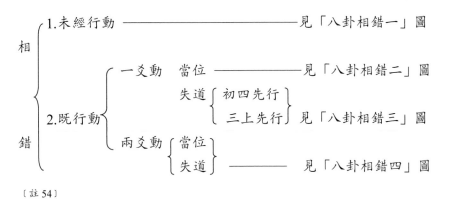

〔註54〕

何澤恆出以圖表示之，頗見條理清詳，足為綱領。其中「八卦相錯」圖，一至四所析，即為賴先生所指的一至四條例；兩者相參，可具見焦氏「相錯」之法的脈絡。

　　焦氏敷敘「相錯」易例之後，又續言「比例」。所謂「比例」是數學上的比例之法，也就是「類推原理」。「比例」之法可視為「相錯」的補充原則，是焦循運用數學原則及六書假借基礎而成者。焦循說：

> 奇零隱曲之數，一比例之，無弗顯豁可見。因悟聖人作《易》，所倚之數正與此同。夫九數之要，不外齊同比例。以此之盈，補彼之朒，數之齊同如是；《易》之齊同亦如是；以此推之得此數，以彼推之亦得此數，數之比例如是；《易》之比例亦如是。……余既悟得旁通之旨，又悟得比例之法，用以求經，用以求傳，而經傳之微言奧義可得而窺其萬一。……洞淵九容之數，如積相消，必得兩數相等者，交互求之而後可得其數，此即兩卦相孚之義也。非有孚則不相應，非同積則不相得。〈傳〉明云：「衰多益寡」，又云：「參伍以變錯綜」，其數又云：引而申之，觸類而長之，其脈絡之鉤貫，或用一言，或用一字，轉相牽繫，似極繁賾而按之井然，不啻方圓弦股以甲乙丙丁之字指之，雖千變萬化，緣其所標以為之識，無不瞭然可見。〔註55〕

焦循指出，聖人作《易》，所倚之數正與九數之要相同，數學上的齊同、比例，皆是明卦治《易》之方。比如文中所說：「如積相消必得兩數相等」，說的正是今日所謂的「約分」，焦循將之引申而言兩卦相孚之義，言卦之相孚，方得

〔註54〕　參何澤恆：《焦循研究》，（臺北：大安出版社，1990年5月一版一刷），頁57。
〔註55〕　參焦循：《易圖略》〈比例圖第五〉，頁370。

相應，非同積則不相得，由此以觀《易》之比例，義在變通。由此比例、齊同，演繹歸納，並舉旁通、相錯盡驗於六十四卦往來之迹，則《易》之義可明矣。

焦循的這段話還同時指出，他用所悟得的「旁通」、「比例」之法，用以尋繹經傳的微言奧義，可得窺於萬一，可見他之所以運用各種不同的解《易》方法，都是爲了縐和經傳意義；顯然，焦氏更得意的發現，數學上講方圓弦股時，標示以甲乙丙丁的用法，同時也是鈞貫連繫《易》卦經傳之法，焦循以此脈絡牽繫《易》之經傳，用一言、一字建立鈞貫《易》例，這個重大發現，自是焦氏的貢獻所在。

焦循的「比例圖」共分爲十二類〔註 56〕，大抵皆是「以六書之假借，達九數之雜揉」、「義在變通，而辭爲一貫」之運用。焦循自言：「比例之用，隨在而神」〔註 57〕，從他治《易》講求原則，又重視變化的一面來看，其觸類引申、參伍錯綜之功，的確深得「證實運虛」之神。

三、時　行

「時行」一詞，焦循解爲「能變通」。他說：

> 傳曰：變通者趨時者也。能變通即爲時行。時行者元亨利貞也。更爲此圖以明之，而行健之不已，教思之無窮，孔門貴仁之旨，孟子性善之說，悉可會如此。大有二之五爲乾二之坤五之比例。故傳言元亨之義於此最明。云：大中而上下應之。大中謂二之五謂元，上下應則亨也。蓋非上下應，則雖大中不可謂元亨。〈既濟〉傳云：「利貞，剛柔正而位當也。」剛柔正則六爻皆定，貞也。貞而不利，則剛柔正而位不當。利而後貞，乃能剛柔正而位當。由

〔註 56〕陳進益分焦循「比例圖」爲二類：一是由「相錯」之法而得者，一是以「相錯」配合「旁通」之法而成者。參氏著：〈焦循《易》學詮釋系統中的方法論及其《易》例的設立〉收入蔣秋華主編：《乾嘉學者的治經方法》下，（臺北：中央研究院，中國文哲研究所籌備處，2000 年 10 月初版），頁 539。賴貴三則依焦循「比例」十二類，依次敘其例說及其應用凡目，參氏著：《焦循《雕菰樓易學》研究》，頁 114～119。按：陳、賴所論看似不同，其實一也，僅詳略之別而已。前者依焦循所見十二類，概括分爲二種，後者則僅就《易圖略》內容詳加分析。

〔註 57〕以上引文均見於焦循：《易圖略》〈比例圖第五〉，頁 371。

元亨而利貞，由利貞而復爲元亨，則時行也。〔註58〕

所謂「時行」，語本〈大有・象〉：「大有，柔得尊位大中而上下應之，曰大有。其德剛健而文明，應乎天而時行，是以元亨。」〔註59〕是在各爻當位失道的場合，變通而趨時，正如〈繫辭傳下〉所說的「變通者，趨時者也」，〔註60〕以避免窮途末路。焦循指出能時行者，則能元亨利貞。他舉〈大有〉卦之九二之六五，爲〈乾〉九二之〈坤〉六五的比例之法爲例，說明元亨之義。此中必須包含兩個要件，一是由〈大有〉九二爻中所說的：「大中而上下應之」而言「元」，且能二五相應，故言「亨」，所以說，必須要「大中」，還要有「上下應之」，方可謂之「元亨」。「利貞」，則是剛柔正且六爻皆定的情況，由元亨而利貞，復又由利貞而元亨，循環運動、行健不已，就是「時行」。

非常特別的是，焦循此處將「時行圖」中，原先用來解釋「趨時之變」的「時行」要義，轉以言孔子之仁、孟子之性善，且認爲孔孟要旨，悉皆會於此，將《易》卦中之「大有」，直接說解爲「貴仁」、「時行」，且以爲是教思無窮、行健不已的表現，此或不免有推論過簡，失之於片斷的缺陷，但推焦氏用心，欲將《易》、《論》、《孟》合觀並釋的考慮是很鮮明的。

焦循的「時行」之法，尚可歸納出以下幾個條例：

1、二五先行，當位，則變通不窮。共八組。

2、初四先行，不當位，變而通之，仍大中而上下應之。共八組。

3、三上先行，不當位，變而通之，仍大中而上下應之。共八組。

4、凡二五先行，初四應之爲下應，三上應之爲上應，二五得中而上下應之，乃得元亨。此共十六組。

5、「元亨時行圖」後，更能反而復之，使二五先行，下應或上應，而各有所通，即爲利貞，此共七組。〔註61〕

他認爲，《易》之卦爻，無論當位失道，都必須經過變而通之的步驟，達到元

〔註58〕參焦循：《易圖略》〈時行圖第三〉，頁358。

〔註59〕參朱熹：《周易本義》，頁16。

〔註60〕語見〈繫辭傳下〉第一章，參朱熹：《周易本義》，頁64。

〔註61〕關於各組卦序之排列，參焦循：《易圖略》〈時行圖第三〉，頁353～362。賴貴三曾針對焦循本圖序列詳爲說解，並於焦循原圖未標號處，補入第五項「利貞時行圖」；且依程石泉：〈雕菰樓易義〉，加入「利貞時行圖」之第七組「既濟、未濟」，使焦循原圖更見完整。參賴貴三：《焦循《雕菰樓易學》研究》，頁126～134。本文所說，依前賢二說爲定，不再另列卦名卦序。

亨利貞,易道變動,於吉可以變凶,凶亦可以化吉,故變通的目的在反覆而不窮,盡利而不困。只不過「時行」雖兼攝大中、相應二者,然變通卻不一定必俟大中、上下應而後行之,凡二五先行之後,即可變通他卦,不俟上下應之,即變而通之,仍能反乎二五先行之道。

「時行圖」列出的五種方式中,有二五先行,當位,則時行變通不窮,為元亨;若為初四先行,則或為失道變通、或先旁通後,再初四變而通之;三上先行者,則或不當位,變而通之,仍大中而上下應之,或先旁通後,再三上應之。六十四卦中,亦有初四先行,雖變通而仍不得大中上下應者,計十六卦;三上先行,雖變通仍無以見大中上下應者,計十六卦;初四、三上先行,雖變通俱無以見大中而上下應者,計十六卦。凡「旁通」二卦,二五先行、初四或三上應之,則為大中而上下應,是當位之吉,故為元亨。元亨之後,同時還要注意經由「反」避免形成兩「既濟」的情況,否則其始雖為元亨,終為貞凶,仍不免落入由吉變凶的危道。由此可知,舉凡旁通的二卦由上下應後,而仍能復乎二五先行之道者,必由反而得。

「時行圖」最後的「元亨時行圖」、「利貞時行圖」,可視為焦氏本圖的總收結。「元亨時行圖」中,凡為一「既濟」者,能反而復之,使二五先行,下應初之四,或上應三之三,其所成之卦,若能有所通,則能不成兩「既濟」,此中包含前文所說「當位失道」律中的七卦,即〈家人〉、〈屯〉、〈革〉、〈蹇〉、〈益〉、〈咸〉、〈既濟〉(重出)。牟先生謂此:「成既濟為終,終者貞也。成咸益為始,始者利而元也。因利故復為元亨。貞而利是謂真貞是謂保合太和;利而貞是謂當位是謂各正性命。」〔註62〕由元亨而利貞,若為兩既濟,則為終止於道窮,變化為道終,為貞凶;由元亨而利貞,由利貞而復元亨,是為通,時行,即為終而有始、有始有終。賴貴三先生以為:「凡旁通之卦,不論其為由二五先行當位變通,或由三上、初四先行失道變通,其結果或兼元亨而利貞,或兼元而利貞,或兼亨而利貞。而於既得利貞之後,更反復之又為元亨,如是循環不已,元亨利貞之時行變通,可以至於無窮。」〔註63〕此中,「時行」的關鍵是「變通」,經由變通使凶變吉,由元亨通向利貞、元而利貞、亨而利貞;然後既得利貞又復為元亨,如此循環不已。能「趨時變通」故能元亨利貞,同時,變通之行健不已,是隱含有道德指向的;依焦循

〔註62〕參牟宗三:《周易的自然哲學與道德函義》,頁270。
〔註63〕參賴貴三:《焦循《雕菰樓易學》研究》,頁134～135。

前文所說，即是「貴仁」、「性善」，通過「時行」，以見教思之無窮，此元亨利貞之教、之道，便由「時行」、「變通」中完全顯豁出來了。

四、實　測

焦循自言以上「旁通、相錯、時行」皆經「實測」而來，他把《易》比做天，透過實測的方法，將天體星辰、運動變化的規律，收攝在《易》之山、澤、水、火錯綜不齊的爻變當中，如此所悟得者，便是伏羲、文王、周公、孔子四聖之言的總集成。換言之，旁通、相錯、時行三法，必建立在實測的基礎上，故「實測」可視爲以上治《易》方法的總結。

焦循用旁通、相錯、時行這三個原則統一說明《周易》卦爻辭，且認爲非經由「相錯、旁通、時行」，則不足以解經文傳文，由此揭示他易學的詮釋方法。因爲是經由實測《周易》後所得出的理解，故非虛理可盡；這些方法，又是自《周易》經典內部所析出的，故非可以用外心衡也；焦循還指出，這些步驟是通四聖之意的唯一辦法。

事實上，焦循所謂的「實測」之法，是前有所承的。早在明末清初方以智（1611～1671）的易學及物理學著作中，已可得見。方氏提出「質測通幾」的方法論〔註64〕，到了焦循，則被轉化成「實測」、「心得」。

方以智在《物理小識・自序》中說：「推而至于不可知，轉以可知者攝之，以費知隱，重玄一實，是物物神神之深幾也，寂感之蘊，深究其所自來，是曰通幾」、「物有其故，實考究之，大而元曾，小而草木蠢蠕，類其性情，徵其好惡，推其常變，是曰質測。」〔註65〕換言之，所謂「質測」，是徵驗性狀以別同異而歸類之，並觀察推論時空中的變化。所謂「通幾」，是以可知的事

〔註64〕　方以智對京房、邵雍以降的象數易學提出反省，有《周易圖象幾表》、《易餘》及和父親方孔炤（1591～1655）合撰之《周易時論合編》等易學作品傳世。他襲用其父在《周易時論合編》中有關「質論」、「通論」的看法，將之衍爲「質測通幾」。他認爲，凡採純象數、或純義理方式，以理解《周易》都是片面固陋的，必以虛寓于實、理寓于象，象數理氣是辨證的關係。方氏並指出，世間學問不外宰理（外王之術）、物理（質測之學，實證、自然科學）、至理（通幾之學，哲學）三種。有關方以智「質測通幾」的說明及學術評價，可參羅熾：《方以智評傳》第四章，（南京：南京大學出版社，1998年12月一版一刷），頁105～147、329～343。

〔註65〕　參方以智：《物理小識》（國學基本叢書四百種），（臺灣商務印書館，1968年9月臺一版），頁1。

實與原理,建構理論以推導出尚不可知或解釋尚不能理解的現象,如質測的「費」,經過理論才能知「隱」,但理論必須靜心平氣,感應外物,方能知其蘊。〔註66〕這就是說,由「質測」的分析歸納所得出的物物神神之幾,而能「合外內,貫一多,而神明者」,正不啻是焦循所謂「實測」自然天象,運用易卦符號表示的規律。引申來看,實測雖是全面核對《周易》經傳中的文句,去尋求《周易》卦爻運動變化的規律〔註67〕,實際上,卦爻運動變化的規律,亦正是自然秩序的變化規律,而自伏羲以降的易道思想,無疑正可以通過這套詮釋路徑,得到合適的理解。

里堂重視《周易》卦爻辭全體的一貫性、邏輯性,一方面歸納卦爻變化,將之分類分組;一方面分析,指出卦與卦間彼此的關係,也具有數學上形式邏輯的特色。他自言治《易》的歷程時說:

> 循既學洞淵九容之術,乃以數之比例,求《易》之比例;向來所疑,漸能理解。〔註68〕

此處所謂的「洞淵九容之術」〔註69〕,便是數學。「洞淵」一詞,今已不可考知;「九容」,則是指句股形上九種容圓之法,亦即從圓的相關九個直角三角形邊長中,以求同圓直徑長的方法。「句股容圓」是邊長為整數的直角三角形的內切圓和旁切圓。九種「句股容圓」,則包括:句上容圓、股上容圓、弦上容圓、句股上容圓、句外容圓、股外容圓、弦外容圓、句外容圓半、股外容圓半等共九類。〔註70〕前文所言的「洞淵九容之數」,可視為數字之推

〔註66〕參劉君燦:《方以智》,(臺北:東大圖書公司,1988 年 8 月初版),頁 30。

〔註67〕參李蘭芝:〈焦循的易學詮釋學〉,《周易研究》,(濟南:山東大學,2001 年第 1 期,總號 47 期),頁 15。

〔註68〕參焦循:《易通釋・敘目》,頁 71。

〔註69〕「洞淵九容」之說,首見於金元之際的李冶(治)(1192～1279):《測圓海鏡》(今有傳本收於《四庫全書》)。「九容」之義,可自該書〈序〉中見其端倪。〔明〕顧應祥(1483～1565)《測圓海鏡分類釋術》(收入《四庫全書》)可為補充參見。

〔註70〕句股容圓之法是《九章算術》中的重要論題。即是由一個已知句股形(直角三角形)的句、股,求其內切圓的直徑的問題。到了宋、元之時,句股容圓成為重要的研究專題,考慮了各種容圓情況,稱為「洞淵九容」。數學家李冶在《測圓海鏡》書中,提出 170 問,探討句股容圓的種種問題。所謂「句股容圓」,即是句股形(邊長為整數的直角三角形)的內切圓和旁切圓。他在前人的基礎上,繪出圓城圖式,討論了句股形與圓的 10 種關係。若輔以數學符號表示,即是:**句股容圓**,圓徑 $d = \dfrac{2ab}{a+b+c}$;圓心在句上而圓切於股、弦,

衍，而「洞淵九容之術」，則是實際的數學方法。數學上言「比例」、「齊同」之法，若用現代的數學符號表示，便是：

若 B：A＝D：C＝X，則 A、B 這一組和 C、D 這一組，互爲「比例」關係。〔註71〕

「齊同」的原理來自分數加、減時的通分。幾個分數的分母不同，無法進行加、減，便需要通分。「同」是通過各分母相乘產生一個共同的公分母，「齊」則是通過母互乘子保持各分數值不變。〔註72〕

用現代的數學符號表示，即是將：$\dfrac{b}{a}$、$\dfrac{d}{c}$ 兩分數，擴分爲 $\dfrac{b \times d}{a \times d}$、$\dfrac{d \times b}{c \times b}$，且只能運用原分數中的分子與分母各自相乘，爲「齊」；或分母與分母相乘爲「同」的方法來進行擴分。換言之，即是：

稱爲**句上容圓**，圓徑 $d = \dfrac{2ab}{b+c}$；同樣，**股上容圓** $d = \dfrac{2ab}{a+c}$，**弦上容圓** $d = \dfrac{2ab}{a+b}$；圓心在勾股交點（垂足）而圓切於弦，稱爲**句股上容圓**，$d = \dfrac{2ab}{c}$；圓切於勾及股、弦的延長線，稱爲**句外容圓**，$d = \dfrac{2ab}{b+c-a}$；同樣，**股外容圓** $d = \dfrac{2ab}{a+c-b}$，**弦外容圓** $d = \dfrac{2ab}{a+b-c}$；圓心在股的延長線上而圓切於勾、弦的延長線，稱爲**句外容圓半**，$d = \dfrac{2ab}{c-a}$；同樣，**股外容圓半** $d = \dfrac{2ab}{c-a}$。上述各種容圓徑的分子都是 $2ab$，分母則是勾（短邊）、股（長邊）、弦（斜邊）的所有可能。到了清代數學家李善蘭，又補充了勾弦上容圓 $d = \dfrac{2ab}{b}$，股弦上容圓 $d = \dfrac{2ab}{a}$，弦外容圓半 $d = \dfrac{2ab}{b-a}$ 3 種。有關此部分的説解，可另參黃清揚：《中國 1368～1806 年間的勾股術發展之研究》，（國立臺灣師範大學數學研究所碩士論文，2002 年 6 月）；及《中國文化研究院‧燦爛的中國文明》，〈中國古代數學〉，網址：http://www.chiculture.net/0803/html/c53/0803c53.html，檢索日期：2013 年 6 月。

〔註71〕 此處 A、B、C、D 皆不可爲 0。

〔註72〕 劉徽説：「凡母互乘子謂之齊，群母相乘謂之同。同者，相與通同共一母也；齊者，子與母齊，勢不可失本數也。」參劉徽注，李淳風注釋：《九章算術》，（臺北：臺灣商務印書館，1965）；及洪萬生：〈劉徽的數學貢獻〉，（臺北：《科學發展》384 期，2004 年 12 月），頁 69～74。

齊（通過母互乘子保持各分數值不變）

$$\frac{b}{a} = \frac{d}{c} \implies \frac{b \times d}{a \times d} = \frac{d \times b}{c \times b} \implies ad = bc$$

同（分母與分母相乘）

$$\frac{b}{a} = \frac{d}{c} \implies \frac{b \times c}{a \times c} = \frac{d \times a}{c \times a} \implies bc = ad$$

此處先將 $\frac{b}{a}$ 通過「齊」、進行擴分，即將是 $\frac{b}{a}$ 擴分，先乘以 d，變成 $\frac{bd}{ad}$；然後再將分數 $\frac{d}{c}$ 乘以 b，變成 $\frac{bd}{bc}$；因為 $\frac{b}{a}$、$\frac{d}{c}$ 互為比例關係，故可知 $ad = bc$。此處係透過「母互乘子」，使二個分數的分子相同，來說明這二個分數的比例關係。這是「齊」。另外，也可以將 $\frac{b}{a}$ 通過「同」、進行擴分，即將是 $\frac{b}{a}$ 擴分，先乘以 c；然後再將分數 $\frac{d}{c}$ 乘以 c；因為 $\frac{b}{a}$、$\frac{d}{c}$ 互為比例關係，故可知 $bc = ad$。此處係透過「分母與分母互乘」，使二個分數的分母相同，來說明這二個分數的比例關係。這是「同」。

運用「齊同」之法，找出可為改變的規則。以前揭之例來說，在兩分數中擴分時，必定只能乘以另一分數的分子或分母，也就是例中的 c 或 b，不可改為其他數，這樣就叫「齊同」。

以焦循治《易》法則中的「旁通」法舉例來說，焦氏將《周易》64 卦組合成 32 組旁通卦，便是利用陰陽爻畫相同並相對的兩卦，將之比附成相等的兩個多項式，又利用兩個等式之相減原則，因而列出方程而後求得未知數之因果推論關係，比例為兩卦之間，反復進行之爻位變化，而成陰陽爻畫相等而對立的旁通卦。〔註73〕焦循把數學上的比例、齊同之法，應用在易學研究上，藉以會通易理，並說：「非明九數之齊同、比例，不足以知卦畫之行」〔註74〕，此將數學形式運用在《周易》卦爻的解析，自亦是經由實測解析推衍而來。數學上用數字代表抽象思維，《周易》則用爻畫陰陽象徵現實世界；九數之要，既不外齊同、比例，而《易》之比例亦如是；由符號義，轉言自然、人事的經驗世界，頗可見焦循治《易》的特殊眼光，意在由數理邏輯之

〔註73〕此處比例之法之說解，另可參賴貴三：《焦循《雕菰樓易學》研究》，頁 166。
〔註74〕參焦循：《雕菰集·與朱椒堂兵部書》，頁 201～202。

分析演繹，以解析自然、人事之變，其實證精神的落實，斑斑可見。

　　焦氏自言治《易》經由實測而來，此實測之法也就等於總括了其治《易》方法的全部。清代考據學家透過比較、歸納等途徑，以尋求結構條理，皆可說是經由「實測」而來的考察結果。由參伍錯綜中，分析歸納而得出通則，然後引申、比例之，或爲他例，或用以推論得其未知，莫不可說是經由這種實測經傳內部文句，以掌握全經的方法應用。於此來說，焦循不啻具有構建治《易》新方法的價值與貢獻。

第四節　焦循哲學的方法論特色

　　本章第二節中，提及焦循治學的一般性原則中，已指出焦循治學不論採歸納或演繹法，均係先由本書本文出發，然後才旁及他書，這種回歸本經本文的方法，雖爲乾嘉學者所習用，然焦循重新回歸經典本文的治學方式，卻頗有別於當時學者，且多有創新之功。以下再分三項說明之：

一、講求廣徵考據的基礎

　　焦循治學講求核實博考的工夫，運用邏輯實測的方法，從文字章句上入手，於戴震在思想及治學方法上多有繼承，或可以說，戴震那套「由字通詞」、「以詞通道」的意見，焦循是接受的，但二人在學問取徑上，畢竟是走上不同的道路。

　　戴震在〈與是仲明論學書〉說：

> 經之至者道也，所以明道者其詞也，所以成詞者字也。由字以通其詞，由詞以通其道，必有漸，求所謂字。……一字之義，當貫群經，本六書，然後爲定。

另，〈古經解鉤沈序〉中也有：

> 經之至者道也，所以明其道者詞也，所以成詞者，未有能外小學文字者也。由文字以通乎語言，由語言以通乎古聖賢之心志，譬之適堂壇之必循其階，而不可以躐等。〔註75〕

戴震認爲，經學有理解層次上的分別，由字到詞、由文字語言而通古聖賢心

〔註75〕參戴震：《戴震文集》，（臺北：華正書局，1974 年 10 月臺一版），頁 139～141、145～146。

志,字詞是治經明道的必經步驟,研經必步步遞進以漸求,最後才能達到明道的理想。這種經由六書文字、詞語,以析經明道的方式,焦循也同樣重視。他說:「非明六書之假借轉注,不足以知象辭、爻辭、十翼之義……不足以知伏羲、文王、周公、孔子之道」,「訓故明乃能識羲文周孔之義理」〔註76〕,但他更大的貢獻卻是打破了傳統以來,奉經學爲一尊的詮釋模式,雖然他也重視六書、以假借釋經,但他更同時認爲文字聲韻訓詁上的引申、假借仍是不夠用的。戴震沒能具體指出由字詞如何「漸」,以通貫於道的方式,在焦循處,則將之分爲「引申十二類」,〔註77〕同時,焦循還增加了比例原則。焦循所說的「引申十二類」,雖是針對《周易》卦爻辭的解釋而來,事實上,對任何文本的解釋理解,也都可以是一種引申的發揮。問題是,引申雖可從字詞的音聲、訓詁上得其訓解,以《周易》來說,卦名、卦象、爻位的變化,若可與某種參考物相對照,便是一種引申的應用。但這個參照物如何尋得?其變化是否有規律可循?其規律如何?無疑更是焦循關切的問題。

乾嘉時期,學界對經學、考據頗有不同的看法,甚至引發爭擾,對焦循來說,這些爭端都是無謂之辯,漢學家所論的漢儒經傳,或宋學家所論的義理之說,不過是各說各話、各爭其是、各論其非的執一看法而已。經學的研究歷史悠久,歷代注疏層層累積,本來就容易言人人殊,與其彼此攻擊,落入爭端糾擾,不如找到一條可以彼此相互對話、溝通的道路。焦循指出,小學的確是學者治經必要的出發點,但必須採取一種更爲靈活、開放的態度,接納一切可能具有闡揚眞理的學問,此中,不僅不當株守傳注,甚至也不必細辨中學或西學,只要是能揭露眞理,讓眞理得到驗證的學問都可涵括在內,如此,則爭端自然不辨而散。此由他用數學方法研《易》,也用了許多史書、地理志、百家九流、陰陽數術之說來解經,及他個人不限一門一科的研究專攻上,可得檢證。

正是基於這種理想,讓焦循不斷尋繹析明眞理內容的方式,除了運用經部本身已涵括的學問,如小學、典章制度外,舉凡天文、地理、數學方法,也都成了解經、析經的材料,前節中所提及的易學方法論,便是運用數學方法以解經治經的最好說明。本來,天文、算學在古代只能算是「數術」,天元

〔註76〕 參焦循撰,楊家駱主編:《雕菰集》〈與朱椒堂兵部書〉、〈寄朱休承學士書〉,頁201〜203。
〔註77〕 參焦循:《易圖略・比例圖》,頁370〜371。

曆算是用來說明自然世界的方技之學，比起傳統學者研經明道、探究根源本體的經學來說只是小道。但焦循並不認爲天元、算學是低一級的學問，考據學對語言文字精闢的討論，目的若是爲了提供意義世界以眞理的探究的話，那麼，天文算學所提供的步驟方法、解析或推論，則能更確當地補充或縫合文字、音韻、訓詁上的罅縫，爲眞理內容指出一條客觀準確、穩實可循的道路。

講求徵實考察以歸納辨析的治經方法，雖是一般考據學家所共具的特色，但除了這套博考核實的方式外，焦循還同時加入了數學、天文學方法，從事意義的探究，此不僅可說是中國傳統學人所寡有者，對經學家來說，更可謂十分罕見；或者可以說，焦循同時操作小學及科學方式以解經研經，博求證據，比較研究以立己說的特色，正係其深入積學後的創獲。

二、重視實證、心得的一貫

本論文第二章，言及焦循治經態度時，曾指出焦循主張學習應有學思並重、虛實相參的態度，將之置於他治學方法論的考察上，這種虛實相參，重視實證而講求「心得」的面向，也是很明顯的。焦循說：

> 竊謂卦起於包犧，八卦成列因而重之，命之以名，文王以其簡而不明也，繫以象辭；周公以其簡而不明也，繫以爻辭；……然而猶不易明。我孔子韋編三絕而後贊焉，且不一贊而至於十贊者，佐也、引也。佐文王、周公之辭，引而申之也。包犧之卦，參伍錯綜，文王、周公之繫辭，亦參伍錯綜，……孔子十翼，亦參伍錯綜贊之，所以明易之道者備矣。〔註78〕

在這段話中，有幾個值得注意的重點：引而申之、參伍錯綜、易之道者備矣。

首先，焦循指出，易學的詮釋系統是有脈絡可循的，即是由伏羲、文王、周公、孔子以來一脈相承的；但在不同的時代中，不同的詮釋者，卻有一條共同的路徑，亦即透過「參伍錯綜」之法，讓原來簡而不明的易道內容，得以明析；此中，孔子的十翼還多了一項引申之法，使易道闡釋更爲周備。然而這種引申觸類、參伍錯綜的內容究竟如何呢？便是前節所說，由「實測」而得來的「旁通、相錯、時行」之法。焦循以這三條治易之法爲中介，將《周易》卦爻辭、爻位變化的複雜性，得以合理的分析說明。

〔註78〕參焦循：《易通釋‧敘目》，頁71。

其實,「旁通、相錯、時行」之法,皆不外引申、比例的範疇,而引申、比例係結合了實測經文的小學訓釋,及數學方程的解經方式而來,焦循這種實學實證的探究,便不只是數理邏輯上的空虛形式,也不是傳統學究經生素樸的章句考索而已;而是能真正擺脫枝節障礙,回到周、孔本懷,能運用「參伍錯綜、引申觸類」之法,達到通透全盤理解的方式。〔註 79〕

焦循用數學的語言,構畫了一套意義世界,而此意義世界是公共、客觀,能夠再三驗核檢證的。從儒學精神的內涵上看,焦循曾說:「《論語》一書,所以發明伏羲、文王、周公之恉。蓋《易》隱言之,《論語》顯言之,其文簡奧,惟《孟子》闡發最詳最鬯。」〔註 80〕聖人本懷可透過《易》、《論語》、《孟子》三個不同時代、不同的文本闡發,之所以可用不同文本相互闡釋、發明的原因是,《易》、《論》、《孟》這三本書,只是文字詳略的說解不同而已,其真理內容是互相貫通的,在哲學內涵上,不僅得以各自形成個人體系,而此三者又是彼此貫通於聖人之道上的。利用引申、比例之法來檢視,可以得證儒學的思想格局。

另就經學研究上說,焦循認為,經學研究的核心價值是「心得」,「心得」由「性靈」而來,無性靈不足以言經學,此在當時,亦可謂為創見。因為焦循所謂的心得、性靈,不是理學家的「悟創」,也不是文學家的「獨創」,「悟創」或「獨創」都不免失之於主觀,只是個人式的心得體會;焦循所重視的性靈,是以引申、比例之法為中介,在自己與他人、古與今、文本與經注者、文本與讀者相互貫通後,所得的性靈,亦即「以己之性靈,合諸古聖之性靈,並貫通於千百家著書立說者之性靈。」〔註 81〕這種性靈,不是一種任意的創造,也不是冥思空想後的感通,而是經由反覆實測、再三熟讀經文、由著書立說,步步向上推求合貫而得者。如此,意義的世界,便和知識理解、現實生活聯繫了起來,因為性靈和知識是一貫的,經典意義和生活世界是一貫的。

意義的體會與把握,看似是虛的,但係由實證而來;治學研經的法則、步驟,是邏輯、徵實的,但卻是為了闡發聖人一貫之理,面對生活世界而來;這種有因有創、重視一貫的特色,可說是焦循治學在方法論上很重要的特質。

〔註 79〕 焦循於《易圖略·原翼》說:「學究之注,經生之義疏,就一章一句,枝枝節節,以為之解,而周公孔子之箋疏,則參伍錯綜,觸類引申。」參前揭書,頁 378。

〔註 80〕 參焦循撰·楊家駱主編:《雕菰集·論語何氏集解》,頁 275～276。

〔註 81〕 參焦循·楊家駱主編:《雕菰集·與孫淵如論考據著作書》,頁 212～214,及本論文第二章所述。

三、強調知識、價值的一貫

　　前文已言，焦循治學重視實證，講求與聖人性靈步步合貫以求通，〔註82〕其目的是爲了探究聖人之道。理解聖人之道，究竟是一種知識性的探索？或是價值回歸呢？此或可以再詳加辨析。

　　清代的學術發展，到了毛奇齡（1623～1716）之後，考據學可說已臻完熟，以《易》學來說，惠棟（1697～1758）《易》學有存古之功，爲有清一代樸學派漢易的代表，〔註83〕惠氏於文字考據上有所發展，但也標誌著易學理論研究，已走上一條狹窄的道路。焦循因不滿惠氏所言，〔註84〕另以「旁通、相錯、時行」三原則，建立易例，對卦象、卦爻辭做了全面性的解釋，並利用實測、天元術、轉注假借之法以解《易》，認爲《周易》六十四卦、三百八十四爻的運動，正如天體運動一樣，可得其規律。他用代數方程式中的「比例」之法以釋《易》之「齊同」，對象數派進行批判，而另有創新發明，可以說，焦氏論學在科學方法的應用上，明顯是超越前人的。焦循曾表示，治經要「證之以實，而運之於虛」〔註85〕，強調治學方法的落實，此是「證之以實」；但運用這些徵實的研經方法，以解釋理解經典，卻是「運之於虛」；重新活化經典的價值、增加經典的解釋力，無疑是他更重要的關注。

　　以《易經》來說，《周易》在古代原爲卜筮之書，《易傳》則在闡發性命天道的形上思維處做出貢獻，到了焦循，他更指出「《易》之一書，聖人教人改過之書也」〔註86〕，直接把《周易》理解解釋成是一本純粹的道德之

〔註82〕　參本論文第二章所論。

〔註83〕　根據《四庫總目提要》及《續四庫提要》所載，明代的《易》學著作近二百種，清代則有四百六十多種。其中可大致分爲兩個階段：一是宋《易》階段，由明初至清初；一是漢《易》階段，從清全盛期至清末。此中，惠棟的《易》學著作，可略分爲輯校整理漢《易》的《易漢學》、《易例》、《周易古義》、《新本鄭氏周易》及推演闡發易理的《周易述》、《周易本義辯正》兩部分。有關惠氏的易學特色，可另參孫劍秋：〈惠棟《易》學著作、特色及其貢獻述評〉，（臺北：〈國立臺北師範學院學報〉第 16 卷第 1 期，2003年 3 月），頁 55～78。

〔註84〕　〈焦循致王引之書（二）〉有：「東吳惠氏爲近代名儒，其《周易述》一書，循最不滿之」，收入賴貴三編著：《《昭代經師手簡》箋釋——清儒致高郵二王論學書》，（臺北：里仁書局，1999 年 8 月初版），頁 208。

〔註85〕　參焦循撰，楊家駱主編：《雕菰集》卷十三〈與劉端臨教諭書〉，頁 215。

〔註86〕　參焦循：《易圖略》，頁 359。

書。由此可見，清初以來的經世思想，仍在焦循身上保存著，只不過，他走的不是一條「學而優則仕」的道路，也不是王夫之（1619～1692）、顏元（1635～1704）那種大力抨擊時局、甚至親自參與革命的路線，焦循透過經典注疏，表現其思考關心，傳遞並散播聖人之道；其所重者，也不是聖人之道的「回歸」或「延續」等問題，〔註87〕討論聖人之道、意義世界「是」什麼；而是在自己所處的生活世界中，務實地思考聖人之道「該發揮」什麼作用，站在當時的學術眼光中，討論聖人之道「該當如何」的問題。所以說，即使「《易》更三聖，世歷三古」〔註88〕，三聖三古的時空背景不同，卻仍有其一貫的思想；以此一貫之思相通，則由三聖三古延續到今日，亦當有其一貫。如此，由古到今，由已知推得未知，易道之真精神、真價值方得以顯露。

　　非常特別的是，焦循這套意義價值體系的建立，並不講一種絕對、唯一的準繩，而是落實於當世，和時代相接楯的價值。他認為，得聖人立言之旨的目的，是為了端正立身經世之法，而每一個不同時代中的典章制度、禮法規範雖有相同處，但顯然也有相異處，因此不可「執一」，而應求通、明變，所以他關切生活、討論學術問題、研究時人看重的數學、考據學，在經史考證、水地天算上雖有所成，卻仍不忘一己的堅持，標舉意義、價值、理想，主張道德、改過遷善，走一條真正能貫通不同時代，卻仍為所當為的道路。

〔註87〕林慶彰先生指出，從明末到清初，在經學史上有一很明顯的「回歸原典」運動。他認為，所謂的「回歸」含有兩層意義：其一，以原典為尊崇和效法的對象，這是因為原典含有聖人之道在內，「回歸原典」便是「回歸聖人之道」；其二，以原典作為檢討的對象，詳細考辨原典是否與聖人有關，如果無關，其原始的面貌為何？「回歸原典」便是「回歸經典的本來面貌」。若以明末清初的經典辨偽來說，其實是學者為了解決程朱、陸王的義理紛爭，提倡回歸孔孟原典，藉著辨偽、考證工作，釐清何者才是儒家經典的原貌，以辨偽為手段，以達到「回歸原典」目的的學術運動，可視為一種儒學內部的自清運動。參氏著：〈中國經學史上的回歸原典運動〉，本文原是林先生於 2006 年 5 月 8 日在日本長崎「九州中國學會大會」的主題演講，另收於北京：《中國文化》30 期，2009 年，頁 1～9。其後楊晉龍發表〈中國經學史上的回歸原典運動簡評〉、劉柏宏發表〈林慶彰先生〈中國經學史上的回歸原典運動〉一文述評〉，林先生亦有相關的文評回應，楊文、劉文及林先生的回應文〈對楊、劉兩先生文評的回應〉，均收入（臺北：中研院《中國文哲所通訊》第 16 卷第 3 期，2006 年 9 月），頁 145～157。

〔註88〕語見《漢書・藝文志・六藝》：「易道深矣，人更三聖，世歷三古」。參班固撰，顏師古注，陸費逵總勘：《漢書》卷卅，第四冊（四部備要本），（臺北：臺灣中華書局，1965 年臺一版），頁 11。

第五節　本章小結

焦循的學侶阮元，曾大力提倡一種實事求是的學風，他說：

> 士人讀書當從經學始，經學當從注疏始，空疏之士、高明之徒，講注疏不終卷而思臥者，是不能潛心摩索，終身不知有聖賢諸儒經傳之學矣。至於注疏諸義，亦有是有非，我朝經學最盛，諸儒論之甚詳，是又在好學深思、實事求是之士，由注疏而推求尋覽之也。〔註89〕

阮元稱讚焦循為「通儒」，和他這種務實的學問主張顯然很有關係。從研經、治經次第上說，阮、焦二人的看法幾乎全同，上引「好學深思」一語，亦是焦循所謂研經貴有「心得」的另一種表述。此中可見，「好學深思」的基礎，是建立在「實事求是之士」之上，經由注疏推求尋覽而來的，此亦同樣指出焦氏所言「心得」之為可能，是有其穩實、可依循的路徑的。

或者可以說，焦循著書近三百卷，在他身上關於數學、天文、地理、博物、醫學等眾多的知識養分，不過是其達成融會貫通學問宗旨，落實其治學主張的輔助而已，因為他認為，這些不同領域的學問，都有可能資成儒者之學。〔註90〕

焦氏主張會通百家之說以解釋經典，有不少駁斥漢學、考據之學的論調，但仍強調明乎聲音訓詁等小學的優點；而他個人博學明辨、精研虛受、取材多方的學問養成，特別是其數學、天元術的研究專長，則幫助他獨闢蹊徑，另開個人注易的新體例、新路徑，用數學形式命題的普遍特徵研治經典，並將之做為衡量客觀世界的準則，試圖將自然世界與道德世界聯繫起來。牟宗三先生說，焦循是中國的斯賓諾薩（Spinoza，1632～1677），〔註91〕從焦氏治學方法論的特色上看，牟先生之評，的確深有所見。

〔註89〕 參阮元撰，鄧經元點校：《揅經室集·下》〈江西校刻宋本十三經注疏書後〉，（北京：中華書局，2006 年重印），頁 620～621。

〔註90〕 焦循說：「天算之學有二端⋯⋯明其義蘊，貫而通之，闡發古先，以啓來者，儒者之學也。」參氏著：《雕菰集》〈修補六家術序〉，頁 247。

〔註91〕 牟宗三說：「焦氏能從周易方面以幾個數學式的公理推演出全部的道德思想，則名之為中國的斯賓諾薩，誰曰不宜。」參氏著：《周易的自然哲學與道德函義》，頁 273。

第四章 焦循的文化政治理想
——焦循的論語學建構

第一節 前 言

前文已就焦循治學的方法論做過說明，可見焦循哲學體系之建構，和其所主張的方法意識是緊密相合的，焦循主張治學需「證實運虛、虛實相參」，證之於他的多部哲學性論著，這種運用實證精神以研經治經的傾向是很濃厚的。

焦循畢生所涉甚廣，特別是對經史的考證不乏有見，故前章以較多篇幅討論焦循的注經特色，並以《周易》、《詩經》、《尚書》、《論語》、《孟子》為例，說明焦循的經注方法，目的即在突顯焦循哲學的特色及貢獻所在。

復次，揚州學術本以通博為特色，對古代學者來說，其生活型態或面對知識的態度，均和今日不同，因此，文學可以是一種純粹的遊藝欣賞、是生活的調劑，也可以上升到文以載道、明道的層次；同樣的，對形上世界的討論或關注，可以是一種面對變亂時代的逃避慨歎，提供一個精神境界的出口，如玄學；也可以是形塑一套意義價值，提供人們安身立命之道，如理學；析明焦循的學術貢獻，還其合理評價，是本論文注力之所在，亦是本文所欲揭櫫的重點。焦循雖未能脫離考據時風，以考據為個人的治學方法，但卻不為考據所限，有因有創，且「創」更勝於「因」。他以訓詁為基底，對現實的倫理世界提出反省，盼能提供一套「有補世教」的理論，這套理論甚至影響了嘉道以後諸子學的復興。放在清代哲學的發展上觀察，焦循哲學則扮演了將

虛理具體化、實象化的積極作用，可視爲對理學意識型態的回應，對社會、政治哲學或倫理學核心論題的轉變，有其指標性的意義。

又，焦循於哲學思想上的表述多集中表現在《論語》、《周易》及《孟子》上，本論文第二章，已將焦循的學行歷程，依時間先後爲序，概分爲三期，其中《孟子正義》爲晚期作品，可視爲個人思想的總集成；「易學三書」中的《易圖略》、《易章句》均晚於《論語通釋》，《易通釋》則約與《論語通釋》爲同期，焦循將其解釋《周易》、《論語》的作品皆題名爲「通釋」，且此二書的分章定篇方式，均係針對原典之全幅內容，另抽繹出核心論題，詳加闡釋，就其作意上言，講求對《論語》、《周易》進行通盤理解的態度，應是沒有疑議的。

本論文因考量焦循著書年代的先後順序，及書中所涉範疇之詳略，僅以焦循論語學、易學、孟子學爲序，分別討論焦循哲學於政治社會、學術文化，人性論、倫理學等不同側面，以整全焦循哲學的整體面貌。

焦循的「論語二書」，雖其成書年代相隔有一段時間，但從二書內容來看，皆是爲了對應時代需要而來；焦循對《論語》注疏上的意義闡發，明顯有陳揚己見之用心。透過他對《論語》的詮釋來觀察，正可凸顯出其有別於乾嘉學者或一般經學家的一個側面，亦即詮釋者由經典注疏、文本詮釋，承繼並發揚聖人理想，試圖建構一己「一貫」哲學的可能。

第二節　焦循「論語二書」的體例及版本

學界關於焦循《論語》學的研究甚乏，所可見者，僅爲單篇論文，且又多爲討論焦氏「《論語》二書」的版本考釋，如胡適、何澤恆等〔註1〕；賴貴三先

〔註 1〕　關於《論語通釋》的版本考訂，首推胡適：〈與馬幼漁先生書——焦循的《論語通釋》〉，《胡適文存》第三集卷七，（臺北：遠東圖書公司，1971 年 5 月三版），頁 596～597。其後錢穆：《中國近三百年學術史》第十章，續有考辨。另，何澤恆先生：〈焦循論語學析論〉亦有進一步考訂，參氏著：《焦循研究》，（臺北：大安出版社，1990 年 5 月一版一印），頁 89～104。有關《論語通釋》的版本考訂，另可參〔日〕坂出祥伸‧楊菁譯：〈關於焦循的《論語通釋》〉，（臺北：中研院文哲所《中國文哲通訊研究》第 10 卷第 2 期，2000 年 6 月），頁 107～118。柳宏：〈焦循《論語通釋》著年考辨〉（江蘇：揚州大學學報（人文社會科學版）第 8 卷第 3 期，2004 年 5 月），頁 48～53。又，陳居淵：〈論焦循的《論語》學研究〉，收入《雲南大學學報》（社會科學版）第六卷第一期，2007 年 1 月，除版本考釋外，另言及焦氏經學思想。

生錄入毛氏汲古閣線裝刊本，則可視為焦氏論語學文本之內容補遺〔註2〕；其他如錢穆、梁啟超之說，其所論者，僅於焦氏《論語》注疏之一、二而未及全貌；亦有完全站在反對立場，認為焦循全無哲學可言者；〔註3〕推究學界長期忽略焦氏「論語學」的原因，除焦氏個人專勒成書，為學界推重者為「易學三書」及《孟子正義》兩種外，焦循「論語學」本身材料不多，其版本、卷次問題，亦是造成研究困擾之所在。事實上，就焦循哲學思想的啟蒙來看，焦循《論語通釋》不啻為其初試啼聲之作，梁啟超謂：「雖寥寥短冊，發明實多」〔註4〕，從一定程度上觀察，焦循畢生學術力主通貫，其論語學與易學、孟子學，亦頗有通貫處可說。透過對焦循《論語通釋》、《論語補疏》的梳理與分析，正可發現焦循在《論語》上的專論，雖未見其卷帙浩繁，但仍不掩其特殊的詮釋眼光，研究者實不應因其卷秩多寡而遽為輕重。

　　復次，焦循在完成《論語通釋》初稿後，其後於數年間，陸續寫成《論語補疏》，並於晚年重新修訂其稿本，由此可見他對《論語》的關注是有其持續性的，嚴格來說，《論語》作為夫子之語的直接紀錄，對焦循畢生闡揚經學、儒學思想，延續聖人道統來說，無疑一直扮演著關鍵性的地位。

　　焦循曾謂平生對戴震《孟子字義疏證》最為心儀，〔註5〕故仿東原之作，采擇前人所言，加以己意裁成損益，專為《孟子正義》一書。其實《正義》與《疏證》的體例頗有不同，真正仿《疏證》之體而成書者，實為《論語通釋》。《論語通釋》全書分釋《論語》書中的主要論題，以篇名標明論述範疇及界說，頗有闡述己見之思。至於，焦循另一論語學著作《論語補疏》，在書撰上，則先錄何晏《集解》，後加以辨證，體例則介乎《通釋》與《正義》之間，兼含意義闡釋及字句辨析兩方面。《論語補疏》是焦循《六經補疏》系列作品之一，主要是分辨注疏異同之作，該書係繼《論語通釋》而作，故里堂

〔註2〕　可參賴貴三：〈焦循手批孝經、論語、孟子鈔讀記〉，《焦里堂手批十三經注疏》第十四章，（臺北：里仁書局，2000年3月），頁993～1033。

〔註3〕　〔日〕坂出祥伸以為：焦循的《論語》解釋，……在那裡超越字義的解釋，還談不上是他自己的哲學思想。參氏著、楊菁譯：〈關於焦循的《論語通釋》〉，（臺北：中研院文哲所《中國文哲通訊研究》第10卷第2期，2000年6月），頁107～118。

〔註4〕　參梁啟超：《中國近三百年學術史》第13章〈清代學者整理舊學之總成績（一）〉，頁178。

〔註5〕　焦循謂：「循讀東原戴氏之書，最心儀其《孟子字義疏證》。」參焦循撰，楊家駱主編：《雕菰集》卷13〈寄朱休承學士書〉，頁203。

曾表示，著作此書別有作意；又因其書作於其易學思想完熟之後，故除駁注以外，亦極申《論語》中參伍錯綜，引申觸類處之旨，除可與《通釋》互為發明，亦可窺焦循哲學之總體面貌。

目前所見焦循的《論語通釋》有二種不同版本，一是前清刊刻的木犀軒本，收《通釋》15 篇；一是焦氏叢書本，12 篇。依錢穆、何澤恆考訂，二種版本在焦循生前皆僅有稿本，未嘗刊刻，木犀軒本雖刻行甚晚，然當為是書初刻。〔註6〕此外，《論語補疏》則有三種：分別是手稿本二卷，成於嘉慶 19 年甲戌（1814），今有文海出版社影印清代稿本百種匯刊第 21 種；焦氏叢書的三卷本，收在《六經補疏》20 卷之中，鑴刻於道光 6 年丙戌（1826）；及皇清經解本，成書於道光 9 年（1829），分二卷。據何澤恆考證，叢書本和經解本僅是收刻是書時，裁定校改不同而已，雖刻行時間有先後之異，但就其內容言，此二本可視為相同。若手稿本和叢書本比觀對證，則可知稿本為初稿，叢書本為晚出的修訂本。〔註7〕本文所論，因環扣著焦循論語學建構的最終關懷，為詳明焦循哲學全貌，當以焦循重新修正後的版本為佳。

又，木犀軒本的《論語通釋》，現典藏於國立臺灣師範大學圖書館，為大陸東北大學寄存書，今有藝文印書館影印收入嚴靈峰編《無求備齋論語集成》第 22 函；叢書本的《論語補疏》，則典藏於國立臺灣大學總圖書館善本書室，共 23 種 41 冊，為清嘉慶道光間江都焦氏雕菰樓刊本，今有新文豐出版社影印，收入《叢書集成三編》第 13 冊。本文所論焦循之「論語二書」，《論語通釋》以木犀軒本 15 篇為定，《論語補疏》則採叢書本三卷為準。〔註8〕

第三節　《論語通釋》、《論語補疏》的內涵要義

今所見木犀軒本的《論語通釋》，較焦氏叢書本多出〈異端〉、〈多〉、〈據〉三篇，比對二書安篇定章順序，亦有所不同，多出的三篇，係焦循晚年由《論語補疏》補入者，就全書內涵上說，木犀軒 15 篇本更符合焦氏設意之所在。〔註9〕

〔註6〕 關於《論語通釋》的版本考訂，經何澤恆進一步考訂，木犀軒本為是書初刻。參氏著：《焦循研究》，頁 89～104。

〔註7〕 參何澤恆：《焦循研究》，頁 105～114。

〔註8〕 以下木犀軒本《論語通釋》皆簡稱《通釋》，叢書本《論語補疏》皆簡稱《補疏》，為避免行文繁冗，謹詳其條目，不另注出頁數。

〔註9〕 胡適認為：「我看焦氏此書，卻不能不說原本最可貴（此即今之 15 篇本），而

焦循曾自言做《通釋》的動機，說：

> 余嘗善東原戴氏作《孟子字義考證》（即戴氏《孟子字義疏證》），于
> 理道、性情、天命之名，揭而明之若天日，而惜其于孔子一貫忠恕
> 之說未及闡發。數十年來，每以孔子之言參孔子之言，且私淑孔子
> 而得其指者，莫如孟子。復以孟子之言參之，既佐以《易》、《詩》、
> 《春秋》、《禮記》之書，或旁及荀卿、董仲舒、揚雄、班固之說，
> 而知聖人之道惟在仁恕。仁恕則爲聖人，不仁不恕則爲異端小道，
> 所以格物、致知、正心、誠意、修身、齊家、治國、平天下，無不
> 以此。〔註10〕

焦循在這段話中指出，一般人治《論語》，犯了研經方法上的誤謬。由於讀
《論語》時，沒能以孔子之言參孔子之言，並參孟子之言，佐以《易》、《詩》、
《春秋》、《禮記》之書，甚至旁及荀卿、董仲舒、揚雄、班固之說，故不能
得夫子之道。本論文第三章中曾指出，焦循強調由本證而旁證的治學方法，
此又爲一明證矣。焦循這種講求徵實博考的研經方法，乍看似是一種死材料
的機械式搜求，但焦循眞正可貴之處，卻是在這些舊材料中，找到合於當世
之思的新發現。

焦循說：聖人之道就是仁恕、忠恕。〔註11〕戴震《疏證》於理道、性情、
天命之義的說明，雖已甚透闢，但未及於夫子的一貫忠恕之說；由此可以發
現，他已無意就「理道、性情、天命」這些哲學範疇，再加細論；焦循於是
另擇《論語》中的其他核心論題詳加析說，特別是「一貫忠恕」之旨，更是
其慧見發明所在，此由木犀軒15篇本以〈一貫忠恕〉爲首，可以併見。

至於《論語補疏》，雖於《六經補疏》系列中，爲分辨注疏異同最尠之

定本（12篇本）不足惜。焦氏原本中很多露鋒芒的話，可見他作此書所以力
主忠恕容忍，是爲了當日門戶之爭而發的」參氏著：《胡適文存》第三集卷七，
〈焦循的《論語通釋》——與馬幼漁先生書〉，（臺北：遠東圖書公司，1971
年5月三版），頁596〜597。胡適雖於焦循原本、定本考據有失，但卻亦明白
表示焦循《通釋》十五篇本猶勝十二篇。此外，何澤恆亦同時主張：「十五篇
本更符合其書旨之輕重。」參氏著：《焦循研究》，頁102。

〔註10〕見焦循：《論語通釋・序》。

〔註11〕焦循《雕菰集》亦載〈論語補疏序〉，然此處文字略有出入。剋就「忠恕」二
字言，文集爲：「而惜其于孔子一貫仁恕之說，未及暢發」；此處則做「于一
貫忠恕之說，未及闡發」；雖於夫子之道的說明，仁恕、忠恕並無二別，但由
焦循此處的改動，可見「一貫忠恕」二字更合《論語》原文，焦循晚年所做
的更動是有其意義的。

作，但該書成於焦循晚年，其書自序指出，《補疏》之作係為加廣對《通釋》的闡發，析明治《論語》之法，並以《論》、《易》與《孟》相提並論，由此亦可見，焦循做《補疏》時，其思想已在《周易》與《論語》間獲得通貫了。〔註12〕

茲將二書內涵另詳說如下：

一、主一貫忠恕

前文已言，焦循於《論語》的最要論，即為「一貫忠恕」之說。故木犀軒本《通釋》將「釋一貫忠恕」條，自第四篇移居卷端第一篇，又增加「異端」一篇居次，以為輔助，正反論述，相觀並釋，可謂設意鮮明。〔註13〕

《通釋》「釋一貫忠恕」第一條有：

> 孔子以一貫授曾子，曾子云：「忠恕而已矣！」然則一貫者，忠恕者何？成己以及物也。……凡後世九流、二氏之說，漢魏南北經師、門戶之爭，宋元明朱、陸、陽明之學，近時考據家漢學、宋學之辨，其始皆緣于不恕，不能克己舍己，善與人同，終遂自小其道而近於異端。使明于聖人一貫之指，何以至此？〔註14〕

〔註12〕木犀軒本《補疏・自序》言：「自學《易》以來，於聖人之道稍有所窺，乃知《論語》一書，所以發明伏羲文王周公之恉。蓋《易》隱言之，《論語》顯言之。其文簡奧，惟孟子闡發之最詳最覈」、「余向嘗為《論語通釋》一卷，以就正於吾友汪孝嬰，孝嬰苦其簡而未備。迄今十二年，孝嬰已物故，余亦老病就衰，因刪次諸經補疏。定為《論語補疏》二卷，略舉《通釋》之義於卷中，而詳言其大概如此。俟更廣《通釋》以求詳備：或余不詳及，俾吾子孫知治《論語》之途徑宜若是，庶乎舉一隅以三隅反也。」叢書本至「詳言其大概如此」收結，以下俱刪。據何澤恆考釋，焦循於此12年間所思慮者，在增而不在刪，並以木犀軒本為《通釋》定本。參氏著：《焦循研究》，頁100～101。由此可見，焦循晚年實著意於加深加廣對《通釋》的闡明，以《補疏》與《通釋》互為發明；並詳發治《論語》之途徑。此中，以《易》與《論語》相互闡發聖人之道的用心，亦是很明確的。又，焦氏叢書本《補疏・序》多《雕菰集・論語補疏序》多出「以孟子釋論語」以上64字，此亦可見焦氏晚年思想的更變。

〔註13〕木犀軒本《通釋》的篇目，依序是：〈一貫忠恕〉、〈異端〉、〈仁〉、〈聖〉、〈大〉、〈學〉、〈多〉、〈知〉、〈能〉、〈權〉、〈義〉、〈禮〉、〈仕〉、〈據〉、〈君子小人〉等15篇；叢書本的篇目，則是：〈聖〉、〈大〉、〈仁〉、〈一貫忠恕〉、〈學〉、〈知〉、〈能〉、〈權〉、〈義〉、〈禮〉、〈仕〉、〈君子小人〉；其中〈異端〉、〈多〉、〈據〉三篇，是里堂晚年增廣補入者，由篇目次序之更動及增廣補入的三篇，亦可併見焦循晚年思想的變化。

〔註14〕見《通釋》，「釋一貫忠恕」第一條。

夫子曾自言：「參乎！吾道一以貫之」，曾子則曰：「夫子之道，忠恕而已矣。」
〔註15〕焦循認爲夫子言「一貫」即是忠恕，用「一」來貫通萬事萬物，容天
下萬善，此中所謂忠恕、一貫，都是一義。宋儒解釋「忠恕」二字，多謂爲
孔門心傳，惟曾子得其眞旨；里堂以爲：舜「以一心而同萬善」、「一貫即爲
聖人」〔註16〕，並舉同於宋儒「一貫」之「貫」，爲「貫通」之意。所以就「貫」
字來說，里堂之見和宋儒所言並無大別，皆以爲是「貫通」之意。但一貫如
何可能？里堂偏重在知行上說，強調問學的重要，尤其特別重視學術源流，
謂漢宋之別、異端之學，都和一貫之旨不明有關，這顯然是里堂個人的發明，
既不同於宋儒，也不同於《論語》所言，因爲《論語》中未將「一貫」和「異
端」對立來看，是很明顯的；春秋時代的異端之學，和焦循所說的異端有別，
亦是很明顯的。

　　方其時，焦循的學侶阮元，也曾對《論語》中「一貫」之旨，有所辨析。
他說：

> 《論語》「貫」字凡三見，……此三「貫」字，其訓不應有異。元按：
> 貫，行也，事也。…三者皆當訓爲行事也。「一」與「壹」同，壹以
> 貫之，猶言壹是皆以行事爲教也。……故以「行事」訓「貫」，則聖
> 賢之道歸于儒。以「通徹」訓「貫」，則聖賢之道盡于禪矣。〔註17〕

阮元將《論語》中有關「一貫」的說解，皆訓爲「行事」；對比於以「通徹」
訓「貫」者來說，認爲凡訓「通徹」者皆近於禪，這種提法當然是意有所指
的。阮元意在批評宋明儒者，不講實事只重「通徹」天理的差謬，由「一貫」
之「一」轉言爲「壹」，由「壹」再講「行事」，阮元將「一貫」的行事實踐
解爲儒家聖賢之道，並強調此一聖賢之道非爲禪，當然顯現出他的學術立場。

　　阮元在〈大學格物說〉中，另提及「一貫」是這麼說的：

> 聖賢之道，無非實踐。孔子曰：「吾道一以貫之。」貫者，行事也，
> 即與格物同道也。先儒論格物者多矣，乃以虛義參之，似非聖人立
> 言之本意。元之論格物，非敢異也，亦實事求是而已。〔註18〕

阮元在這條中也明白指出，聖賢之道就是實踐；所謂實踐，即當實事求是，

〔註15〕語見《論語・里仁》。
〔註16〕語參《補疏》卷下，〈衛靈公〉「予一以貫之」條，頁637；與此同義者，尚可
　　　　參《雕菰集》卷九〈一以貫之解〉，頁132～133。
〔註17〕參阮元：《揅經室集・上》〈論語一貫說〉，頁53～54。
〔註18〕參阮元：《揅經室集・上》，頁55。

不當妄參虛義，一貫行事與格物同道。阮元側重一貫之「貫」的解釋，但卻不講「如何貫」之，而僅著眼於對比於虛理訓釋的立場，強調儒道行事落實的一面，除可概括視為清儒力倡實學的一體傾向外，亦可視為他對漢宋立場的說明。

若和焦循言「一貫」的主張來說，阮元和里堂都共同有面對當時學界爭擾的傾向，但焦循的說解卻明顯更細緻開闊一些。首先，里堂對漢宋學問採取一種兼容並蓄的態度，既重「徵實」也講「心得」；阮元主張格物行事，但於「如何格物」、「如何貫之」卻未有說明。其次，焦循言「一貫」之內涵，由道德推及政治文化多所關注，而在阮元，僅概括言於實事而已，此必須再加說明。

焦循另於《通釋》中說：

> 《莊子》引《記》曰：「通於一而萬事畢。」此弼、晏所出也。夫通於一而萬事畢，是執一之謂也，非一以貫之也。人執其所學而強己以從之，己不欲則己執其所學而強人以從之，人豈欲哉？……聖人因材而教育之，因能而器使之，而天下之人各得聖人之一體，共包函於化育之中。「致中和，天地位焉，萬物育焉。」此一貫之極功也。
> 〔註19〕

本論文第三章中，已針對焦循此條加以辨析，此處不另重複。焦循於此，運用《莊子》「通於一而萬事畢」之說，以釋孔子一貫之道，明顯非夫子一貫之旨；里堂將《莊子》中的「通於一」解釋成「執一」，且言「執一」是「執其學」，表面上看起來，似是由經典內部徵考而來的結果，事實上卻是為了闡釋己說。焦循顯然更著意於學的一面，「人執其所學而強己以從之」、是己非人，是里堂所深斥者，故里堂另外強調，要因己之所欲推知人之欲，要因材施教，因「能」而「器」使之，使天下人共同涵化於聖人之教，便能收一貫之極功。

焦循又說：

> 聞一知十，聞一知二，何也？由一以通於十，由一以通於二也。若執一以持萬，何二與十之有？聖賢之學，由一以推之，有能推至十者，有不能推至十者。推至十而後為物格，而後為盡性。格

〔註19〕見《通釋》「釋一貫忠恕」第二條。與此同義而異文者，尚有《補疏》卷下，〈衛靈公〉「予一以貫之」條，頁637；及《雕菰集》卷九〈一以貫之解〉，頁132～133。

> 物者，行恕之功；盡性者，一貫之效。《大學》謂之絜矩，《孟子》
> 謂之集義，其功在克己復禮，其道在善與人同。由一己之性情，
> 推極萬物之性情，而各極其用，此一貫之道，非老氏抱一之道也。
> 〔註20〕

此條仍說「一貫忠恕」之道。里堂將「一貫」之「一」，指向「通」，故由一通向十、通於二，「十」是就物之總體說，言萬事萬物之至極；「二」則就我與物的分別對象說，是物我、人己的明辨分別。聖賢之學由一以推之，但有能推至十者，有不能推至十者，若推至極數十，則能格物盡性，此格物盡性，便是忠恕一貫具體的功效，故不論《大學》中的「絜矩之道」，孟子的「集義」，推其究極，便是善與人同。就具體的效驗上看，於人的功效是克己復禮；對萬物來說，便是各極其用。焦循把「一貫」和「執一」對比來說，謂「執一」者不能通，「一貫」者能通；換言之，一貫者有功效、器用，而執一者，執一而非百、執一以持萬，最後則會賊害於道。

此中，「一」具貫通之義，由一而「知二、知十」，使明「二」的相對面，「十」的整全面；「知」由學習而來，要博學能推；焦循強調，能知之外還要能通，以一貫通，且要深思體悟，通辭於道，不執於一，而能以一持萬，才能順成一貫之效。

〈釋仁〉第一條說：

> 孔子告子貢以「己所不欲，勿施於人」爲「恕」，告仲弓又以「己所
> 不欲，勿施於人」爲「仁」。《記》曰：「恕則仁也。」《中庸》曰：「忠
> 恕違道不遠。」《孟子》曰：「彊恕而行，求仁莫近焉。」求仁必本
> 於彊恕，求仁莫近，則違道不遠也。約我以禮，即復禮。克己復禮，
> 即己所不欲，勿施於人。勿施即勿聽、勿視、勿言、勿動也。勿聽、
> 勿視、勿言、勿動，克己也。非禮則勿聽、勿視、勿言、勿動，是
> 視聽言動者，皆禮也，是復禮也。約之以禮，亦可以弗畔矣夫！弗
> 畔即不違道。《後漢書》臧洪云：「使主人少垂忠恕之情，來者側席，
> 去者克己。」以克己爲忠恕，甚合孔子之指。〔註21〕

在這一條中，焦循洋洋灑灑舉了《論》、《孟》、《中庸》、《後漢書》中的句子，來說明夫子之「仁」究何所指？其實不外一「恕」字。焦循從人之「克己」

〔註20〕見《通釋》「釋一貫忠恕」第四條。
〔註21〕見《通釋》「釋仁」第一條。

上說，強調視、聽、言、動行爲的節制，可見忠恕的表現，必牽涉情性上的「克己」；復禮之所以可能，正是因爲「己所不欲而勿施於人」，由我之善與人同，而能推情於勿施，使彊恕而行，行仁踐禮而合於道。由「克己」之視聽言動不違禮、而後復禮。焦循在本條最後，甚至明白指出，「以克己爲忠恕，甚合孔子之指」，可見他提倡仁、恕、禮合一的主張。

〈釋仁〉第二條說：

> 子貢問博施濟眾爲仁。……博施以濟眾，有己之見存也；立人達人，無己之見存也。民無能名堯之大，所以如天。孔子曰：「有鄙夫問於我，我叩其兩端而竭焉。」其兩端，鄙夫之兩端也。不使天下之學皆從己之學，不使天下之立達，皆出於己之施。忠恕之道至此始盡，聖人之仁至此始大，一貫之指至此合內外出處而無不通。以此治己，以此教人，以此平治天下；均是仁也，均是恕也。〔註22〕

在這一條中，焦循將忠恕之道、聖人之仁轉言爲「學習」的面向，所謂博施濟眾之仁恕，其實全在「不使天下之學皆從己之學」而已。眞正的「一貫」，不僅是一種情性上的道德修養而已，還包括一種開放兼容的學術態度，既能「有己之見存也」，又能「無己之見存也」，所謂忠恕之道、聖人之仁的實踐光大，必有賴於這種立人達人的開闊胸襟，如此才能「合內外出處而無不通」。由此可見，焦循闡釋夫子「一貫忠恕」之說，除主張仁禮一貫的道德面向外，還包括對當世學界不能一貫，各是其是、各據其學，以異己者爲異端的批評。

換言之，焦循意義下的「一貫」，即是一個「通」字。此「通貫」雖包涵個人內在道德修養上的盡性推情，但更多的是實踐意義上的踐禮復禮，由「克己復禮」、「善與人同」而實踐道德上的忠恕、仁禮一貫。另外，「通貫」也包含知識學問上的通達，使博施濟眾，融攝諸學，使聞一知二，由一推十。「知」、「推」講求一種深思明察的判斷力，必有博厚積學的根柢，方能顯其明見、通見，才能以一執萬，這種強調知識學問思想上的通貫，可說是歷代哲學家中所寡有者。

然而，如何將客觀的知識學問之見，轉爲一種仁恕道德的施治踐履，依焦循，便是在學術立場上「不執一」。在面對生活世界和歷史社會時，正視知識和價值的整體性、連續性，而不是知識道德各自斷裂，當是由「知」通向「明」，且不導致執一的進路。〔註23〕因爲「知之明昧」，重點不在知識分量

〔註22〕 語見《通釋》「釋仁」第二條。

〔註23〕 焦循認爲：執一無權之知，僅是「知其一端」。此中之弊，除於知識學問的探

上的多寡，而在智慧之開啓；而知識道德相貫通，也不是講求對事實的認取而已，道德知識固有進於道德修養之處，但透過博物知識的融貫，進而追尋超越實證的智慧，既正視現實世界的整體性，也正視在生活脈絡中的眞存實感，講人我、學術社群、倫理位階中的合宜溝通，才是知識明通的眞正要求。

二、斥異端據守

關於「異端」之害，焦循是這麼說的：

> 唐宋以後，斥二氏爲異端，闢之不遺餘力，然於《論語》攻乎異端之文未之能解也。惟聖人之道至大，其言曰：「一以貫之。」又曰：「焉不學無常師」又曰：「無可無不可。」又曰：「無意，無必，無固，無我。」異端反是。孟子以楊子爲我，墨子兼愛，子莫執中爲執一，而賊道執一即爲異端。賊道即斯害之，謂楊墨執一，故爲異端。孟子猶恐其不明也，而舉一執中，之子莫然，則凡執一者皆能賊道，不必楊墨也。聖人一貫，故其道大；異端執一，故其道小。……善與人同，同則不異；舜以同爲大，故執一者異。……執一則人之所知所行與己不合者，皆屏而斥之，入主出奴，不恕不仁，道日小而害日大矣。〔註24〕

焦循首先從學術流衍上分辨，唐宋時期的異端之學爲佛、老，孟子之時的異端是楊朱和墨翟，並批評異端執一則道小，凡執一者，皆賊道者也。純就《論語》本身上看，夫子所謂「一以貫之」、「學無常師」、「無可無不可」，並未具體點明何者爲異端之學。但焦循卻說，那些執一之說者，就是異端；甚至如子莫子，一味據守執中，便會淪爲執一的偏差，因爲執一者，皆會賊道害道，皆不能通。落在不同的時代上看，每一個時代裡，都有害於道的楊墨者流，故亦不必眞楊墨也。聖人之道是仁恕，若異端執一者，不仁不恕，亦將賊害聖人一貫之道。

異端生於執一，執一則不仁不恕而違一貫，從乾嘉時期的學術表現上說，

取不夠通博外，更重要的是「知之不明」，不能將客觀具體的知識，轉爲「智慧之明見」。這是因爲執一之人，將「知」之認取辨識、與「價值」的體會感悟，各自「斷裂存在」，因此落入「識知」，只講了別、分判，最終落入「知之蔽」，終不能得到「知明」的智慧。事實上，知識、價值亦常是循環辯證，或一體兩面的，應「連續」之。解決之道是，當「推極萬物之性情」、「善與人同」，格物盡性，便能收知識、價值的一貫之效。

〔註24〕語見《通釋》「釋異端」第一條。

那些在學問上，據守漢學的考據之人，便是里堂所深斥的執一之人。

「釋據」第一條說：

> 孔子曰：「志於道，據於德，依於仁，游於藝。」惟德曰據德，貴實
> 有諸己，故據之不可終食之間違仁。故曰依藝則游而已，謂之游則
> 不據矣。近之學者以考據名家，斷以漢學，唐宋以後屏而棄之，其
> 同一漢儒也，則以許叔重、鄭康成爲斷，據其一說以廢眾說。荀子
> 所謂持之有故，持即據之謂也。孔子一貫之道，自楊、墨出而充塞
> 之，故孟子力闢以存孔氏之學。荀子謂人之患蔽於一曲而闇於大理，
> 於是非十二子。由秦及漢，儒道消亡，聖人之教微。武安侯爲丞相，
> 黜黃老名刑百家之言，延文學儒者，而經學遂興。……班固論諸子
> 曰：「九家之說蜂出並作，各引一端，崇其所善，其言雖殊，辟猶水
> 火，相滅亦相生。若能修六藝之術，而觀此九家之言，舍短取長，
> 可以通萬方之略。」然則九流諸子各有所長，屏而外之，何如擇而
> 取之？況其同爲說經之言乎！老氏者，後人所斥爲異端者也，孔子
> 則就而問禮焉。「述而不作，信而好古。」且曰：「竊比於我老彭，
> 未嘗屏之也。」於此見聖人之大，而一貫忠恕之道，由此其推也。
> 〔註25〕

此條中，里堂以爲惟「德」可據，至於「藝」則游矣。因爲德貴者有諸己，
不可終食之間違仁，「據德依仁」爲立志求道、修身行事的軌範，自當據之；
而那些游於藝的學者，比如考據學家，論學全以漢學爲斷，據一說以廢眾說，
使儒道消、聖教微，而一貫忠恕之旨不明，則不當據；由此可見，從道德層
面上說，惟德爲可據，且必當據之；而從治學態度、知識的汲取上言，則不
當以一說廢眾說，一味據守，而當如班固所論，需廣博的修習六藝之術，方
能通萬言之略。

此條所論尚可從以下兩個方向來觀察，一是治學方法論上的，一是學術
發展過程的變異。從學術發展過程上觀察，焦循歷述孟荀以下的學術紛歧，
造成各家歧見的原因，是由於各家學者「執一害道」，各引一端所致，因爲執
一者不能通，故使聖人一貫之旨不明。先秦時期，不論是孟子之闢楊、墨，
荀子之非十二子，或是近世一味以許、鄭爲斷的漢學家，都是一種執一據守
的異端之學。

〔註25〕 參《通釋》「釋據」第一條。

　　從治經方法上說，焦循以爲，自漢以下，諸儒之中，獨康成能通，故稱鄭氏，然而魏晉以降之經師述鄭者，卻犯了執多猶執一之害。蓋魏晉以來的經師，不論是執持鄭說而屏其餘，或別有所據以屏鄭，其實都犯了治學方法與態度上的據守，特別是與里堂同時代的學者，全以漢學、鄭許爲斷，據一說以廢眾說，在里堂的眼光看來，這種「藝」上的門戶之見，實不必要，因爲舉凡屬於「藝」者，皆當游而不當據。〔註26〕

　　焦循力陳夫子「一貫忠恕」之說，他提出，眞正的一貫之道，是在志道據德上有所堅持，貴有諸己，無終食之間違仁，不是在學問上據守，所謂知識學問上的一貫，是一種兼容的通見，因此能取眾說之長，如孔子問禮於老聃般，甚至能互相論學，彼此相觀增善，這樣的一貫，才是貫通道德學問兩端的一貫，是德智的一貫，也是克己知明的實踐。

　　「釋據」所論，係爲里堂晚年增入《通釋》者，除可與〈異端〉諸篇互爲發明外，亦可見焦循晚年對這種學問上據守的厭棄。里堂告訴其子廷琥學經之法時，也曾辨析過這種「執一害道」之弊。焦循說：

　　　　近之學者，無端而立一考據之名，羣起而趨之。所據者漢儒，而漢
　　　　儒中所據者又唯鄭康成、許叔重。執一害道，莫此爲甚。〔註27〕

這條指出，當世學者徒立考據之名，說經僅依漢儒中的鄭玄、許愼爲定，便是一種執一之見，焦循甚至痛心地表示：「執一害道，莫此爲甚」，其痛惡考據家之執一廢百的態度，可說十分鮮明。

　　除此之外，焦循還曾經對學友王引之（1766～1834）有過以下表示：

　　　　循嘗怪：爲學之士自立一考據名目，以時代言，則唐必勝宋，漢必
　　　　勝唐；以先儒言，則賈、孔必勝程、朱，許、鄭必勝賈、孔。凡許
　　　　鄭之一言一字，皆奉爲圭璧，而不敢少加疑辭。竊謂：此風日熾，
　　　　非失之愚，即失之僞。必使古人之語言皆佶厥聱牙而不可通，古人
　　　　之制度皆委屈繁重而失其便。譬諸懦夫不能自立，奴于強有力之家，
　　　　假其力以欺愚賤；究之其家之堂室、牖戶，未嘗窺而識也。若以深
　　　　造之力，求通前儒之意，當其散也，人無以握之；及其貫也，遂爲
　　　　一定之準，其意甚虛，其用極實，各獲所安，而無所勉彊，此亦何

〔註26〕里堂另有《劇說》、《花部農譚》諸作，其所發之論，亦爲當時經學家所罕見
　　　　者，其學問方向不執於經，而能游於藝，亦可一併得見。
〔註27〕參焦廷琥：《里堂家訓》卷下，頁670。又見《事略》引。

> 據之有？古人稱「理據」、「根據」，不過言學之有本，非謂據一端以
> 爲出奴入主之資也。據一端以爲出奴入主之資，此豈足以語聖人之
> 經，而通古人聲音訓詁之旨乎？〔註28〕

焦循指出，當世的考據學者，空以考據之名上溯古之先儒，以爲凡古必勝，唯許鄭必尊，且奉爲圭臬不敢懷疑，這種好古尚古，唯漢是從的風尚，不僅造成泥古拘執、既愚且僞之弊，而且完全沒辦法得見眞理內容，因爲考之語言，據之制度，求文字聲音上的佶厥聱牙或制度上的委屈繁重，畢竟都是不究極的。聲音訓詁的重點在求通，典章制度的施行，重點在求其便，若只從表面上考據，不究其學問根柢，根本算不得進入學問的牖戶堂室，不過徒在外頭窺探而已。

　　焦循認爲，爲學者必以深造之力，求「通」於前儒之意，以「貫」學問的內蘊，掌握學問的本源以爲準則，且無所勉強，如此所探知的知識學問，才是虛意與實用並參並見的；以聲音訓詁爲用，重點在求能貫通於經意，如果只是徒據一端，不知貫通，亦不過如懦夫奴於強有力之家，只是假其力以欺愚賤，空據出奴入主之資，何以語聖人經旨！學問當然是有本源的，亦即所謂「理據」、「根據」者，在探究知識學問的過程中，查考文字制度或不可免，但在利用聲音訓詁之法外，更重要的是探求貫通聖人經旨，否則一味考據，步步推古，亦不過入主出奴，焦循對當時考據學者的批評，可說十分痛切。

　　另外，〈釋知〉第一條說：

> 蓋異端者，生於執一；執一者，生於止知此而不知彼。止知此而不
> 知彼，知之爲知之，不知爲不知，則不執矣。知其所知，知也；知
> 其所不知，亦知也。執一者，知其一端，不復求知於所不知。不求
> 知於所不知，非力不足以知之也；以爲此不知者不必知者也。不必
> 求知而已知其非也。……或論力，此曰甲強，彼曰乙強。此不識乙，
> 彼不識甲；先入者主之也。已而互識之，復論力。此曰乙強，彼曰
> 甲強。此於甲非深知，彼於乙非深知；新者得而間之也。若是者，
> 皆不知者也。〔註29〕

此條直接析明異端由「執一」而來，所謂「執一」是一種學問態度上，知此

〔註28〕語見〈焦循致王引之書（一）〉，收入賴貴三編著：《昭代經師手簡箋釋——清
　　　　儒致高郵二王論學書》，頁201。

〔註29〕參《通釋》「釋知」第一條。

而不知彼的據守，問題就出在這種「知其一端」的執持，不是一種能力上的未足，而是一種態度上的自以爲強、自以爲是，認爲凡不知者，皆不必知而不復求焉，僅以先入爲主爲知，不求其眞知；或以新得爲知，不求其深知；學非眞知，又不深知，進而形成一種知識上的執一之見，治學態度如此、方法如此，故爲異端之學也就不足爲奇了。

於此可見，焦循對異端據守的批評，當係爲補充一貫之說而來。從正面來看，那些在道德修養、知識學問上能通貫之人，必不強人之所知所行必與己相合，亦必有「知之爲知之，不知爲不知」的開放態度；從反面上說，凡異端之學者，入主出奴，據一廢百、蔽於一曲，不僅違背仁恕，亦將因執一而賊道害道，不僅無法通貫前儒學問，語聖人之經，這種自甘於「不必知」的誤謬，更是人人所當詬病討伐者，焦循藉訾議異端之學，以言當世考據學者之弊，可謂設意明顯。

三、論聖人事功、君臣之道

焦循強調夫子之道惟在仁恕，所謂一貫者，實乃仁禮一貫、忠恕一貫、性命一貫，人己、物我一貫，非執一持萬，而是兼容諸學的德智一貫。夫子言一貫的目的爲何？即是極一貫之功，所謂「致中和，天地位焉，萬物育焉」者。只不過，焦循言「致中和」之道，並不從個人心性修養上說，也不談論一種精神境界型態，而是從具體、現實生活上的政治型態、社會文化、人文教養上說。

他說：

> 或謂孔子重事功，非也。「行己有恥，使於四方，不辱君命，」才德兼也。「宗族稱孝，鄉黨稱弟，」則寧舍才而取德矣。「言必信，行必果」，硜硜小人猶勝於從政之斗筲，孔子豈專重事功哉？然則栖栖者何也？曰仁也。聖人以及物爲心，非天地位、萬物育不足以盡及物之功，非得君、不能以盡安人安百姓之量。故語丈人曰：君子之仕也，行其義也。行其義者，即行義以達其道也。〔註30〕

焦循在這段話中，先引《論語‧子路》中，夫子答子貢之問，說明其對知識份子的要求。孔子言士凡爲三層：第一種是「行己有恥，不辱君命」者，即是能整飭己身，而才足以有爲者，是士人中的第一等人。其次是「孝弟之士」，

〔註30〕參《通釋》「釋仕」第一條。

比起前者，孝弟之士則於己立之外，才略不足，故列於次。第三種是「言信行果」之士，這種人雖在才識上有所不足，然亦尚有行，故又列於孝弟之次。

此中，所謂「行己有恥」，是道德表現上的概括說明，其「使於四方，不辱君命」，除不悖德義之外，更戮力於國事，推重其事功，故孔子首先回答可謂士矣。子貢素爲孔門弟子中的善問者，好探究隱微要義，又復問。孔子回答：「宗族稱孝焉，鄉黨稱弟焉。」將士之所以爲士的要件，落在人倫孝悌、鄉黨之愛上說，從德行是否昭著上觀察。第三種，「言信行果」者，近乎倔強，仍堅持其善者，亦爲士人之列。

子貢有感當時的從政者皆無所表現，故借問士以觀夫子之批判。孔子依其三問，次第以三型，正是綜觀現實情境而言之準則，至於當今之從政者，夫子則評爲斗筲之人、市井之徒，不得躋名爲「士流」，孔門重德之篤實學風，夫子於現實政治之觀察，氣度之昭昭，於此可見一斑。

焦循以爲，夫子畢生栖栖遑遑遊說仁政，正是本其得君及物之心，以求盡物安人之功，此及物安人而安百姓的理想，當然是一種事功的表現，而安人安百姓之量，係由得君而來，得君任仕，方能行義達道，實現經世的理想。夫子之言事功，從爲君子之仕上得見，其事功表現，是一種行義達道的理想實踐，更是謀道不謀食的經世關懷，由此可見，若說夫子不專重事功則可；但說夫子全不重事功，則有所差謬。

焦循接著申述孟子批評楊朱爲我、無君的看法說：

> 楊子爲我，孟子以爲無君，欲潔其身則爲我之謂也。亂大倫則無君之謂也。蓋聖人之學，舍己以從人；聖人之心，修己以安人。子使漆雕開仕，開曰：「吾斯之未能信。」未能信者，未能信及物之功也。子路之治賦，冉有之理財，共職而已，不可爲仁。未信而不欲仕，則志不在共職而已。此夫子所由說也。惟孔子自信其能位天地、育萬物，有安人、安百姓之量而後仕以行其道。然不合則行，未嘗終三年淹然，則聖人之仕，欲行其及物之功，而非徒異於沮溺丈人不仕而已也。孟子善學孔子，亦善言孔子兆足以行矣，而不行而後去，眞知孔子哉！隱居以求其志，行義以達其道，吾聞其語，未見其人。然則隱非徒隱，仕非徒仕。徒隱則老

農而已矣！徒仕則鄙夫而已矣！〔註31〕

在這條中，焦循由孟子批評楊朱爲我、無君開始，而言聖人之學、聖人之心。接下來，舉漆雕開、子路、冉有爲例，分析共職之仕與聖人行道之仕的差別，最後指出及物而安人才是爲仕的最終關懷。仕非爲仕，而是爲了及物行道，完成位天地、育萬物的理想；隱亦非隱，而是爲了養志求志，能得君行義；此自亦是事功的表現。

焦循認爲，楊子「爲我」，是重視個人修養「潔其身」的表現，楊子無君之過在「亂大倫」，忽視君臣之分；「潔其身」強調修己固然應該，但卻錯在沒能於修己之外得君安人。學而優則仕是自古以來每個知識份子所當戮力從事者，然爲仕尚有層次高下之分，若治賦、理財者，僅是「共職之仕」，雖有用於世，尚未信及物之功；孔子志不在「共職」，而在踐仁行義以達其道，故他和長沮、桀溺、荷蓧丈人之不同，不僅是仕隱之別而已，還在夫子能行仁行道，爲聖人之仕，非爲老農之隱；夫子志不在共職，故不合則行，若老農，則徒隱居修己而已，兩相比較，其進退出處之用心，昭然若揭。

非常特別的是，焦循在此特別分析了「爲仕」的內涵，顯然他認爲，「仕」不只是階級身分的概念而已，必有其職份上的理想義，此理想義的實現，必繫於得君之委託，然若理念不合則可去，所以聖人之仕雖未嘗終三年淹然，但並不是違背倫理，而是在行道與否的價值判斷上，做出了不同的選擇，這是「仕」以行道的堅持，也是不合則行的眞意所在。

《補疏》卷上說：

> 邱光庭〈兼明書〉云：「皇侃曰：犯上謂犯顏而諫。言孝弟之人，必不犯顏而諫。明曰犯上，謂干犯君上之法令也。言人事父母能孝，事兄長能弟，即能事君上，能遵法令，必不干犯於君上也。」今皇侃引熊埋云：「孝弟之人，志在和悅，先意承旨，君親有日月之過，不得無犯顏之諫。然雖屢納忠規，何嘗好之哉？」邢《疏》謂皇氏、熊氏違背注意。蓋以注言「凡在己上」，則不專指君親。乃凡在己上之人，必恭順而不欲犯，其不好犯君親益不待言矣。皇、熊切言之，與注意亦不爲違背。蓋犯顏而諫，在唐宋以後視爲臣道之常，而聖人則以爲忠誠之變。如龍逢、比干，不得已而爲之，故雖或犯顏直諫，而心實不好也。《漢書‧蓋寬饒傳》云：「好言事刺譏，奸犯上

意。」奸，顏師古音干，干犯上意即犯上。又〈敍傳〉云：「初，成
帝性寬，進入直言，是以王音、翟方進等繩法舉過，而劉向、杜鄴、
王章、朱雲之徒肆意犯上。」《後漢書・荀彧》亦云：「田豐剛而犯
上。」犯上爲犯顏而諫，古之通義也，皇侃本之耳。〈表記〉云：「事
君可貴可賤，可富可貧，可生可殺，而不可使爲亂。」鄭注云：「亂
謂違廢事君之禮。」爲亂即此所云作亂，非必悖逆乃爲作亂也。皇
氏、熊氏尚知古人事君之禮，故用以解說此經。邱氏生於唐，遂覺
犯顏而諫不可爲犯上，增出法令二字。顧孝弟之人不犯法令、不悖
逆，何待有子言之？先軫怒秦囚之歸，不顧而唾，於箕之役，則曰：
「匹夫逞志於君而無討，敢不自討乎？」免冑入狄師而死。軫之犯
顏，固出於一時忠憤，而自咎如此。有子所云犯上，正軫之所云逞
志於君爾。自有子之意不明，爲人臣者遂以犯顏而諫爲常。至明人
有以理勝君之說，始以不平歸咎於君。極於撼門而哭，指斥以鳴其
直，由犯顏至於違廢事君之禮，身入於亂而不自知。有子以好犯顏
者，究其歸於作亂，而探其本於孝弟，所以立千古人臣之鵠者微矣。

〔註32〕

焦循在本條中首先替皇侃、熊埋辨誣，他指出，邢昺言皇、熊二人違背注意，
其實並不正確。邢《疏》謂「上，謂凡在己上者」；皇、熊則以「上」爲「君
親」，「犯」謂「犯顏諫爭」；若以今語說之，則是邢昺認爲皇、熊二人所論，
狹隘化了「上」的範圍，因爲「凡在己上」並不專指「君親」，「犯上」亦不
必然是「犯顏而諫」而已。焦循指出：以「犯顏諫爭」爲「犯上」始於熊埋，
「君親有日月之過，不得無犯顏之諫」，可見雖有所諫爭，但卻是出於不得
已的。皇侃引熊說而申其意，邱光庭則以「犯上」爲「干犯君上之法令」，
所說則更見偏狹；其實《集解》並未指「犯上」爲「諫爭」，朱注以「干犯
在上之人」〔註33〕，義同《集解》，從「犯顏而諫」、「干犯在上之人」、「干
犯君上之法令」等訓解的不同，可以看見駁諫爭之說，已將干犯的面向，縮
小到實事的範圍。

　　焦循本皇、熊之見而疏說之，他舉龍逢、比干之事，以爲忠誠之變出於
不得已，並詳引漢人諸說以證，用來駁斥邢注批評皇、熊專以君親爲上爲非；

〔註32〕參《補疏》卷上「其爲人也孝弟，而好犯上者鮮矣」條。
〔註33〕參朱熹：《四書章句集註》，（臺北：五洲出版社，1981年10月），頁1。

他還引用了《左傳》先軫怒秦囚的例子，說明臣道不當由犯顏而違廢事君之禮，皇、熊所說尚知古人事君之禮，指出皇、熊所說不僅與注意不相違背而且還很切要。

焦循認為，邱光庭生於唐，以為犯顏而諫不可為犯上，另增出法令二字，反而是曲解了文意。表面上看來，焦循的分析，似是維護熊埋之見，析明經義本旨，詳辯漢人之說，以「犯上」為「犯顏而諫」，是古之通義，正是「訓詁明而義理明」的釋經之法；事實上，在這種訓釋經義作法的背後，焦循係為慎君臣之大防，倡言君臣之禮；甚至是個人在哲學思想上欲「以禮代理」的表現。

因為本句若從純從《論語》的文脈上考察，「犯上」解為「干犯己上者」的訓釋較寬。孔門論父子、君臣之道各有所宜，父子之間不責善，至於君臣則以義合，君事臣以禮，臣事君以忠，孟子更說：「君有大過則諫，反覆之而不聽，則易位」，此之謂貴戚之卿；「君有過則諫，反覆之而不聽，則去」，此之謂異姓之卿；〔註34〕然而焦循卻以犯顏諫爭為違背臣禮，豈不知孔門君臣大義？由此可見，焦循此處的說解係有意為之矣。

《通釋》〈釋禮〉第二條說：

> 明儒呂坤有《語錄》一書論理云：「天地閒惟理與勢最尊，理又尊之尊也。廟堂之上言理，則天子不得以勢相奪。即相奪而理則常伸於天下萬世。」此真邪說也。孔子自言事君盡禮，未聞持理以與君抗者，呂氏此言亂臣賊子之萌也。〔註35〕

焦循批判呂坤之說，謂凡言「理常伸於天下萬世」者，將導致亂臣賊子之萌。他指出，孔子曾自言事君盡禮，未聞「持理抗君」，就是最好的說明。依呂坤，係主張「以理勝勢」，強調「理尊又尊、理伸萬世」之意；而焦循，則認為「理足以啓爭，而禮足以止爭」〔註36〕。焦循避言君道而嚴於臣道，斥理而言禮，以恭順不違君上為禮，似詳君臣倫理之位階，力求君臣禮分，其實反而是維護了呂坤所說的「勢」。置於孔門義理上說，孔子主張仁禮不二，君臣之禮亦不違仁，一味順從之禮亦不過妾婦之道，但焦循另從禮的作用處闡發，從具體的政治事務上，強調「用禮的過程及結果」，主張「禮讓理爭」，

〔註34〕語見《孟子‧萬章下》
〔註35〕見《通釋》「釋禮」第二條。
〔註36〕語見《通釋》「釋禮」第一條。

不僅是刻意排斥理學末流，使思想流於空疏之弊，也有將虛理之說拉回現實，落實於生活的考慮在內。

第四節　焦循論語學的特色及貢獻

一、以禮止爭的文化政治理想

　　特別要說明的是，焦循強調事君盡禮，指出知識上論理和倫理上論禮的差異結果，亦顯見焦氏哲學中的經世思想。「理」在宋儒如程朱者流，多爲形上價值的闡釋，是天理、天道，具尊之最尊的根源義；到了戴震，「理」則爲事理、物理、條理，爲「事物當然之則」，焦循論「禮讓理爭」，顯然是有意捨棄前者的形上意義，而僅就現實之效驗、法則處辨析。他說：

> 君長之設，所以平天下之爭也。故先王立政之要，惟在於禮。故曰：能以禮讓爲國乎？何有天下？知有禮而恥於無禮，故射有禮，軍有禮，訟獄有禮；所以消人心之忿而化萬物之戾。漸之既久，摩之既深。君子以禮自安，小人以禮自勝，欲不治得乎？後世不言禮而言理，九流之原，名家出於禮官，法家出於理官。齊之以刑，則民無恥；齊之以禮，則民且格。禮與刑相去遠矣，惟先王恐刑罰之不中，務於罪辟之中，求其輕重，析及豪芒，無有差謬，故謂之理。其官即謂之理官，而所以治天下，則以禮不以理也。禮論辭讓，理辨是非。知有禮者，雖仇隙之地，不難以揖讓處之。若曰：雖伸於理，不可屈於禮也。知有理者，雖父兄之前，不難以口舌爭之。若曰：雖失於禮，而有以伸於理也。今之訟者，彼告之此訴之，各持一理，讟讟不已。爲之解者，若直論其是非彼此，必皆不服。說以名分，勸以孫讓。置酒相揖，往往和解。可知理足以啓爭，而禮足以止爭也。是故克己爲仁。克己則不爭，不爭則禮復矣！〔註37〕

焦循認爲，立政之要，惟在於禮，並指出「禮」有教化、感染人心的作用，正因禮的應用範圍廣泛，故舉凡生活上的方方面面，包括射箭、軍事、訟獄等，無不包括在內。君長在生活中用禮感發人心，消忿化戾，便能使君子小人自安自勝，克己遜讓，故能平息爭端。「禮」重視積漸、相摩的人文教養，

〔註37〕語見《通釋》「釋禮」第一條。

是道德上的感化認同，倫理名分上的自我節制，故能克己禮讓而不爭。至於「理」，焦循則將之與「法」相連，「理」是法理、事理，理以刑治，講量刑、責罪的輕重，必究以毫芒，察以差謬，故理是禮的救濟之法，論以法理、齊之以刑，雖有可能在表面上解決了各持一理的譊譊爭端，但最後必定雙方皆不服。

　　然而，禮論辭讓，理論是非，前者側重倫理名分位階，後者講求道理曲直之判斷；若能直言伸理，是否會導致禮屈而失禮呢？焦循強調，「禮」在勸說以名分、遜讓的情感教化外，另外還包括了認知上的理性作用，「知有禮者，雖仇隙之地，不難以揖讓處之」，由知禮而行禮，而寬和於事理，使爭訟的雙方置酒相揖相讓，止爭和解。故直論理者則以啓爭，若以禮代理以治天下，則天下不爭矣。

　　然此間猶有可再論者，焦循認為，理論是非，必導致爭訟的雙方各持一理，譊譊不已，聽訟者雖用一己之聰明判斷，猶不免論其刑罰。故他主張，必導之以德，齊之以禮，回到道德教化的層面上考量，從個人「以禮自約」、「始而克己復禮」上著手〔註38〕，因我能約己，故能有以及人，因我能讓、明禮分之節制，固推知爭訟在前，當勸說以禮，彼亦能自克而讓，所謂仁者之心，仁恕禮一貫相表裡，正是此意。

　　焦循試圖將現實生活中的爭擾，都收攝在倫理辭讓、道德典章的譜系中解決，求德禮價值的一致，而不論政刑、理辨，當然是很理想性的作法。君長止爭以禮不以理，並非不重視是非，而是在具體可見的是非判斷上，另尋一更高、更珍貴的道德價值，凡能克己之人必不爭，亦必仁恕，「約己斯不執己」，既不執己不執一，又何爭之有？從人情上說，禮義之生既由滿足人們欲望而來，〔註39〕欲望得到合適的條理節制，也就不爭了。人之爭訟不外不明一貫之旨，不恕不仁，不明「人各一性，不可彊人以同於己，不可彊己以同於人」〔註40〕，故以禮止爭，以禮代理，強調禮儀的標準、格式，達到

〔註38〕《通釋》「釋禮」第四條：「以禮自約，則始而克己以復禮，既而善與人同，大而化之。禮以約己，仁以及人。約己斯不執己，斯有以及人。仁恕禮三者相為表裡而一貫之道視此。」

〔註39〕焦循引荀子曰：「『人生而有欲，欲而不得則不能無求，求而無度量分界則不能不爭，爭則亂，亂則窮，先王惡其亂也。故制禮義以分之，以養人之欲，給人之求。』……兩家之說（荀子、班固）禮可謂要矣。」參《通釋》「釋禮」第五條。

〔註40〕參《通釋》「釋異端」第四條。

教化民風，敦厚民俗，規範行為的作用，自是解決糾擾的最好辦法。

　　還要再特別說明的是，焦循所處的時代，正值乾嘉盛世，經濟繁榮，人民生活安定之際，但另一方面，風俗也更形鋪張浪費，繁瑣細碎，當時婚喪嫁娶造成了高額消費，因風水地理託言不葬停喪的迷信風俗愈演愈烈，時風惡俗所及，往往讓一般百姓窮於應付，若有所違，亦招致宗族鄉黨的訾議，焦循倡言復禮，回歸禮制本身，禮儀必因人情而制，以禮約己、以禮分自安，無疑有其深刻的用心所在。

　　復次，焦循所提出的禮讓態度，還有導民情性，教民守分的作用。他根據《儀禮》制度，畫成格式做成棋盤，教人在對弈的過程中，兼習禮制，凡朝廟庠序、墻墉戶牖，皆布列在棋盤上；賓介主人、圭璋鼎俎、各式服冠，皆有不同的棋子代替，「子弟門人，或用心於博弈，思有以易之，為此格，演之者，必先讀經，經熟其文，熟其節，可多人演之，可少人演之，可一人演之，格有定不容爭也，不容詐也，雖戲也而不詭於正，後之學禮者，或有好焉。」〔註41〕從時人好博弈的習尚上，予以改正，使人民在遊戲活動中，習得禮制規範，因禮的形式不容逾矩，在遊戲中潛移默化，寓教於樂，使詳制度、守規範，使奸偽不生，不爭不詭。

　　揚州學派中，除焦循外，尚有淩廷堪，他有〈復禮〉三篇；另外，阮元在廣東借宣揚陳建的《學蔀通辨》，以推廣朱子中年講理，晚年講禮的禮學思想，提倡禮制的具體實踐，以揖讓教化百姓、改正民風，都可視為強調禮教制度，使人民德禮一致，以落實文化政治理想的表現。

　　這套以德導民，以禮齊民的政治舉措，強調事君盡禮的主張，似是針對臣民而發，然究其實，仍是為國者所當據守者。前文已言，焦循主張惟德當據，於藝則游而已矣，據德、執禮，其實一也，「執禮，猶據德也。若《詩》、《書》則不執矣。」〔註42〕立政本於禮，則民不爭；施政本於禮，則能止訟；止訟不爭，則國家平治。仁恕禮一貫，以禮教民、育民、化民，仁政理想的落實，便由人文禮教的化育間得見。

二、解析辨正經義以回應時代

　　復禮的文化政治，屬於道德範圍，禮以止爭，重點在止訟，爭訟之起，

〔註41〕參焦循撰，楊家駱主編：《雕菰集》卷十七〈習禮格序〉，頁288～289。
〔註42〕參《通釋》「釋據」第二條。

除了情性未被滿足外，還有學術意見上的聚訟爭端，以乾嘉時期來說，各學派間的不同見解，導致經說紛歧、經義不彰，常是爭端的焦點。焦循主張《論語》的核心是「一貫」，強調夫子「一貫忠恕」之旨，並斥異端之學，重點即在釐清辨正這些學問知識上的爭訟據守。

何澤恆以為，《通釋》中所論，均是焦循針對漢宋之爭的時弊而發，特別是「釋異端」、「釋據」最明顯。他說：

> 近時學者自稱漢學家考據以排宋為發端之辭，則其下之言漢晉經學家知據不知通之弊云者，實皆緣其所謂近之學者而為之比也。然則亦可謂里堂於《論語》之種種申論，其最要宗旨之所在，乃在針對時弊而發。〔註43〕

何先生指出，里堂此處批評了當時漢宋學者在治經態度上的差謬，厭棄二家相互攻訐，知據不能通的看法，誠為有見。然前文所說，「里堂於《論語》之種種申論，其最要宗旨之所在，乃在針對時弊而發」，則又似未足。另再說明如下。

焦循認為，在學術上固不應當一味據守，然在行事為人的道德修養上，卻有需要守住的地方，故里堂先倡言惟「據德」、「依仁」，從夫子思想內涵的核心處，另標出「一貫之道」為仁的宗旨，不僅有效排除了朱注：「仁」為「心之德，愛之理」的闡釋〔註44〕；許慎主張：「仁，親也，從人二」，段注：「相人偶之人」的分析；〔註45〕且是重新回到《論語》本身，以「吾道一以貫之」來回應當時經說的紛歧、甚至對立。

「一貫者，忠恕也」，「志」則立一貫之道，「據」則守諸己之德，以「仁」為準據，於「藝」則游而已矣。這種「回歸經典」以立說的方式，實不可僅視為一種針對時弊而發的時代之聲而已。因為就方法論上言，焦循不僅試圖

〔註43〕參何澤恆：《焦循研究》，頁131。

〔註44〕語見黎靖德編：《朱子語類》第三冊，卷51「孟子見梁惠王章」。正淳問：「『仁者，心之德，愛之理。義者，心之制，事之宜。德與理俱以體言，制與宜俱以用言否？』……曰：『『心之德』是渾淪說，『愛之理』方說到親切處。『心之制』卻是說義之體。」（臺北：正中書局，1973年12月臺三版），頁1932。朱子在他「心、性、情」三分的義理規模下，提出對「仁」、「義」二字的具體解析。但在朱熹的脈絡下，「仁」雖為心之德，卻也包含了「心之德，愛之理，心之制，事之宜」四者。

〔註45〕許慎撰，段玉裁注，魯實先正補：《說文解字注》第八篇上，（臺北：黎明文化圖書公司，1986年10月增訂二版），頁369。

去解決經典內部意義分歧的問題，建立己說；對於夫子之道的發明，亦不再純粹從義理內涵或純由文字訓詁上去檢視，焦循以一種「學術發展過程」的眼光來看待經典，具體指出歷代解釋《論語》之所以不足，都是因為「據守」、執於一端所致，執於一端者為異端，不執一端者能通，他屢屢在《通釋》、《補疏》中，提及有關學術遞變的說明，其用意便是經由學術遞變的歷史脈絡，指出何種說法才是《論語》的真正面貌，而此「一貫」，亦是符合經義內涵者，這種經義的回歸，雖可視為一種面向時代挑戰的回應，但就儒學內部思想的發展來觀察，無疑更深具意義。焦循之釋「一貫忠恕」，斥異端據守，直接標幟出經典詮釋的內涵，可擴及學術本身遞變的視角，此一關注，不論在方法論上，或思想內涵上，均影響到經典的解釋效果。

儒學經過宋明義理化的發展後，到了有清，官方基本上仍維繫著朱子學的系統，而乾嘉學者的考據學，在當時已漸漸匯聚成一股學術力量，焦循面對時局，有意兼採漢宋，通過一己的體悟，闡發他對聖人思想的理解，不啻是對治時代之病的音聲。焦循畢生投注最多心血者，在其「易學三書」，其後又有《孟子正義》，為個人思想的最後奠基之作，里堂的《通釋》、《補疏》補強定稿於「三書」後、《正義》前，正是里堂思想的重要接榫點上，若從思想內涵上觀察《通釋》、《補疏》二書，其中對一貫、忠恕、斥執一、據守的討論，直接可以看見焦循在治經方法上，不但力主貫通，其關於《論語》的詮釋，更有強調以一己性情推及萬物，極一貫之效、竟一貫之功的實踐向度。

或者也可以說，關於《論語》所欲接櫫的核心價值，焦循從夫子思想內部，抽繹出「一貫」之旨，且主張「一貫」才更符合孔子思想的真理內容。「一貫」是仁禮一貫、忠恕一貫，也是德智一貫、學思一貫。非常特別的是，焦循在說明「一貫」之旨的重點時，並不在分析釐定哲學範疇與界說，而在說明各範疇與範疇間如何相通、如何一貫的把握與理解。從政治上說，個人的忠恕修己，可透過禮制的實踐被表現出來，故君上治民教民以禮，禮制便發揮了安定政治社會的力量，仁以修己，禮以治人，故仁禮一貫。從經義的內涵上說，焦循刻意避開純粹義理式或考據式的解經方式，以本經為出發點，兼採漢宋，提出個人的心得，此不獨是研經方法上的突破，經義的回歸，且是站在自己的時代位置，重新面對經典，揭示經典的時代價值。換言之，經義的把握、解釋、分析，總是應用的，對應自己所處的時代，由此向度而言，德智之一貫，便不是德智雙彰的簡單對應而已；德禮的一貫，也不是一

種內在的修己涵養而已；所謂道德修養、知識學問之兼修完備，總是必須和時代相扣合的。

第五節　本章小結

　　焦循所建構的「論語學」，除釐清經義內涵，揭示夫子「一貫」思想外，更重要的，是經由釋經解經以構畫個人的思想譜系。

　　從學術內部的發展脈絡來看，明末王學末流未能繼承王學精髓，使經注淪爲講疏家的高頭講章，清初經世思潮興起，則轉以強調崇實致用的目的；另一方面，統治者爲鞏固自身政權，加強對漢人的統治，力倡理學，號召尊孔讀經，更將崇儒重道列爲國策〔註46〕。當時曾發生有一名劉姓男子，假冒爲明崇禎太子，後遭覆勘識破爲僞之事，世祖特令內院頒令傳諭內外：「有以眞太子來告者，太子必加恩養；其來告之人，亦給優賞。」〔註47〕顯見朝廷刻意安撫前朝漢人的用心。以康熙皇帝來說，他雖學本程周，倡導程朱理學，但他卻屛棄了宋儒談心性理氣的道學層面，而強調實用，認爲「理有實用」、「心平則事理得識，……綏理民庶，致國家太平」、「吾世世子孫當孝於親悌，於長其在禮法之地」〔註48〕，提倡理學的實用面，標舉禮法孝悌，藉以攏絡知識份子，鞏固其統治地位。

　　由言「理」的實用層面，強調經世宰物的實踐方向，從理學轉爲研究禮學，遂很自然地成爲一種穩實思想內涵的學術延續。戴震曾指出：義理不可捨經而空憑胸臆，其要在於存乎典章制度，他說：「夫所謂理義，苟可以捨經而空憑胸臆，將人人鑿空而得之，悉有於經學之云乎哉？惟空憑胸臆之卒無當於賢人聖人之理義，然後求之古經。……古經明則賢人、聖人之理義明，

〔註46〕《大清世祖章（順治）皇帝實錄》第二冊，卷90（「順治12年（1656）三月（壬辰）」）諭兵部：「歷代帝王大率專治漢人，朕兼治滿漢，必使各得其所，家給人足，方愜朕懷」、（壬子）諭禮部：「朕惟帝王敷治，文教是先，臣子致君，經術爲本。……今天下漸定，朕將興文教、崇經術，以開太平。……凡六經諸史有關道德經濟者，必務研求通貫，明體達用，處則爲眞儒，出則爲循吏，果有此等實學，朕當不次簡拔，重加任用。」見前揭書：（臺灣：華文書局，1968年9月再版），頁1070、1080。

〔註47〕《大清世祖章（順治）皇帝實錄》第一冊，卷12，「順治元年（1644）十二月（辛巳）」，詳載此僞裝事。見前揭書，頁143～1440。

〔註48〕參不著撰人：《大清十朝聖訓》第一冊，（臺北：文海出版社，1965），頁18～19。

而我心之同然者，乃因之而明。賢人、聖人之理義非它，存乎典章制度者是也。」〔註49〕強調理義必從經學本身得來，不可鑿空妄測。淩廷堪在戴震的思想脈絡下繼續發展，由禮而推之德性，辟蹈空之蔽，淩氏捨理而言禮，雖其所論亦或不免過激，〔註50〕但卻也讓與之交遊甚密的焦循、阮元等，受到很大的啟發，頗有同調之鳴。

特別是焦循，將夫子之仁，總之以「一貫」，而言忠恕一貫、德禮一貫、克己治人一貫；知識學問上，由博而約，以一通多，講經緯萬端、規矩的一貫。《通釋》一書，言「一貫忠恕」處凡有五條，據前所引，皆在藉由發明夫子之意，以非議執一之說。「執一由於不忠恕」〔註51〕，執一者不明一貫之旨，不仁不恕則為異端小道，里堂認為，方其時，學術界考據之風大行，考據家的漢宋考辨，亦緣於不忠恕，故自小其道而近於異端，里堂的這些批評，可說是很直接而明白的。

何澤恆以為：

> 里堂乃旁通之於一貫忠恕而別出新解，謂不能一貫而執一，斯為異端而為害。……里堂所謂「執持不能通」者，通即貫，故其論一貫所以必兼言異端者，正以二義之可以相發而相足也。〔註52〕

何氏指出，焦循認為異端者各為一端，彼此互異，執一者即為異端之學，一貫者能通，故說一貫必抨擊異端執一，言忠恕亦必闢異端之學，二者正可以互相發明，可說是很中肯的意見。

此外，焦循還特別揭示禮的重要，他認為，禮是立政之要，君長平天下之爭以禮，必講辭讓、重名分，以禮讓為國，故能化育民人，節人之性。既言禮，必重視教育、學習，知禮、習禮而行禮，「學而後仕，智而後仁」〔註53〕。知

〔註49〕 參戴震：《戴震東原集》卷11，〈題惠定宇先生授經圖〉，（臺北：臺灣商務印書館，1968年12月臺一版），頁51。

〔註50〕 淩廷堪有〈復禮〉三篇，皆力倡禮的重要，並主張由「禮」之實取代道之虛渺。〈復禮上〉說：「聖人之道，一禮而已矣，……禮之外，別無所謂學也。」、〈復禮中〉則謂：「若舍禮而別求所謂道者，則杳渺而不可憑矣。……蓋道無跡也，必緣禮而著見。」、〈復禮下〉有：「後儒之學……謂其言彌近理而大亂真。不知聖學禮也，不云理也。」參氏著，王文錦點校：《校禮堂文集》，（北京：中華書局，2006年3月一版二刷），頁27、30、32。

〔註51〕 語見《通釋》「釋異端」第一條。

〔註52〕 何澤恆：《焦循研究》，頁118～119。

〔註53〕 參《通釋》「釋仕」第二條。

識的探求，要「博而能貫」〔註 54〕，博是博通、博究，以開放的態度兼習各家學問，能博通能專深，而博學之後還要能反約，得其「一貫」之旨而「貫通」之，故博聞多識約禮，亦是一貫。或者也可以說，不論內在的道德修養或知識學問的涵化，「一貫」都是其價值核心所在。

　　焦循晚年改定《通釋》為 15 篇，新增入的三篇〈釋異端〉、〈釋多〉、〈釋據〉共 16 條，全部都在討論學術知識問題，特別是針對治學方法、學習的內容、範圍多有所及，強調經由知識涵養道德、由智通德、知明而德彰的思考是很鮮明的。焦循說：

> 多與一，相反者也。儒者不明一貫之指，求一於多之外，其弊至於尊德性而不道問學，講良知良能而不復讀書稽古。或謂一以貫之即貫其多，亦非也。聖人惡夫不知而作者之不求其知，則重多聞。多聞者，己之所有也。己有所聞，即有所不聞；己有所知，即有所不知；則合外內之跡，忘人己之分。……藝有六，流有九。……雖一技之微，不入其中而習之，終不能知。謂明其一即可通於萬，豈然也哉？〔註 55〕

「一貫」是讀書稽古、博學時習後的體會，是以一貫之、以一通萬，也是一多相參相得、相融相通後的結果。一般學者專講良知良能、尊德性，很容易便會忽視道問學的重要，學者求知若不能通博積學、擴大知識領域，亦不能知、不能貫，必得習、博相與相成，才能因明其所學而有所知〔註 56〕；既知之後而不執，才能產生明智之通見。執多、執一、據守亦一也，知識學問上的偏執，將導致一味執古、泥古，執己自專，當然有害而無益，解決之道，便是不斷讀書以涵養道德，同時以謙虛的態度，繼續廣求、深求學問，才有可能得一貫之旨。

　　總括來說，焦循「論語學」之特出處，在於透過經典詮釋，提出個人的學術主張，此不獨是一種研經解經上方法論上的進步，講求通博一貫的理解，此治經方法亦是對應當代而來的。焦循兼採漢宋，有意在朱注外，另開一《論語》的詮釋系統，非為傳統經典「注疏式」的，亦非朱熹「義理式」的理解，雖然他也不免用了漢學家的方法解經，但卻不是考據學家那種專據

〔註 54〕參《通釋》「釋據」第一條。

〔註 55〕參《通釋》「釋多」第二條。

〔註 56〕《通釋》「釋多」第三條有：「習必繫乎博，博必成於習」。

師法家門或名物訓詁、逐字逐句考釋之類的據守，因爲焦循顯然並不以提供一種正確的、唯一的文本以爲依歸，而在建立自己。

有趣的是，這種特殊的闡釋，並不會造成一種文本意義的跳躍或誤讀，反而能因詮釋者與經典所處位置、所面對的時代不同，融舊鑄新，有更多新的發現和活力。正是由於文本與某個不同具體境遇照面，可以產生眞理，更爲每一位經典詮釋者給出一個詮釋的正當性（Adaequation）位置，因爲「詮釋的正當性，不存在原始意義和這個意義在一個陌生世界的精確復述之間，而是在本文講述的事與該事對之提供答案的當前問題之間。」〔註57〕焦循並不以提供一種確實性、正確性的經典文本意義爲滿足，而是另外發展了不同的理解，並試圖創造一種可能的新價值。

焦循在學術上力倡一貫，明顯擴大了傳統經生儒者的學問範圍，因爲考證經說的方法材料多元加廣，亦因此充擴了汲取知識的能力。此外，焦循也透過他的《論語》二書，提出個人的文化政治觀照，試圖建立德禮一貫的文化社會。「禮」是一種文化教養、人文生活，更是一種風俗習慣的培育養成，焦循認爲，政治清明必繫於禮教，而禮治之所以可能，不由空思冥想而來，必由日常生活的條理規範中，在人己、物我的包涵或通辨中得見，由此而合內外出處而無不通，便能極一貫之功。

焦循強調，「智兼仁則大，大智即爲聖人」〔註58〕，重點不在談聖人如何偉大，歌頌聖人境界，而在人人皆可學爲聖人；君長有責任、也有義務教民從事「聖人一貫之學」〔註59〕，由學而思、而入德入聖〔註60〕。焦循所形構的人文政治圖像，植基於一種務實的思考而來，其禮治社會、民風敦厚的冀望期許，亦是在經濟活絡的社會中才有可能達成者，這些主張，當然有很強烈的時代意識，由其「論語學」內涵的揭示，正足堪證成焦氏的文化政治理想。

〔註57〕 參洪漢鼎：〈詮釋學與修辭學〉收入洪漢鼎，傅永軍主編：《中國詮釋學》輯一，（山東：山東人民出版社，2003年初版），頁11。
〔註58〕 參《通釋》「釋聖」第四條。
〔註59〕 參《通釋》「釋學」第四條。
〔註60〕 《通釋》「釋學」第一條有：「蓋學爲入德之始功，思爲入聖之至境。」

第五章 焦循的自然與道德哲學
——焦循的易學建構

第一節 前 言

　　前文已提及焦循自幼生長在易學世家，曾祖焦源精於《周易》，祖父焦鏡、父焦蔥皆世傳易學，焦循自十九歲立志學《易》開始，至四十至五十三歲間，皆專志於易學。〔註1〕他在研究天文、曆算的基礎下，轉向易學的研究，先後完成「易學三書」〔註2〕及多部易學作品；〔註3〕或者可以說，里堂平生用力最久最多者，都在他的易學研究上。其後，里堂又撰《六經補疏》、《孟子正義》，此中，《孟子正義》為個人學問之絕響，可以說若非植基於他治《易》的工夫根柢，《正義》亦不可成。

〔註1〕　焦循卅九歲中舉人，四十歲北上會試，下第歸里。於四十歲冬還揚州後，自此閉戶不出，專心著述。四十二歲成《通釋》初稿，至五十三歲時，「易學三書」始成。參賴貴三先生：《焦循年譜新編》，（臺北：里仁書局，1994 年 3 月），頁 211～356。見本論文第二章第二節。

〔註2〕　焦循《易章句》、《易通釋》、《易圖略》合稱《雕菰樓易學三書》，共四十卷。今所見傳焦循之「易學三書」有《焦氏遺書》本及《雕菰樓經學叢書》本二種，兩種無甚出入。前者係清光緒二年衡陽魏氏重刊，典藏於中研院史語所，傅斯年圖書館善本室；後者為里堂手稿本，已有文海出版社清代稿本百種彙刊。以下所採用之易學叢編《焦循之易學》，屬《焦氏遺書》本，係鼎文書局據學海堂《皇清經解》本影印，彙刊為「國學名著珍本彙刊，近三百年經學名著彙刊之一」，亦為今日所用之通行本。以下僅分注三書目次、卷數，其餘不再細述。

〔註3〕　有關焦循易學作品成書先後及卷次，已於本論文第二章言及，此處不再贅述。

　　本論文二、三章中曾提及，焦循畢生博通遍覽，治學態度嚴謹，特別是其易學專著，更可見其研治經典在方法論上的凸出和專長。焦循自言其治易方法乃得力於孔子《易傳》「旁通、相錯、時行」之語，引申而比例之，由卦爻辭互相變換，構成易學詮釋路徑，焦氏結合傳統象數易和義理易的特點，建構出個人的哲學系統，打破原本《周易》為卜筮之書的限制，試圖運用邏輯推理，及科學實測的方式以詮釋《周易》，影響所及，不僅在乾嘉時期即見重於當世，即於今日來看，焦循對《周易》內涵的看法，亦是所有易學研究者，不可迴避的主題。

　　只不過焦循易學的最大貢獻，除了本論文第三章所論，構設特殊的易學方法論外，里堂畢生在《周易》經注、撰述上的努力，則可看見焦氏哲學思想中，將自然宇宙以道德化，欲以經注作品代替聖人行教的思考。或者可以說，里堂對《周易》的理解詮釋，不僅是應用實踐、回應當世的；更重要的是，藉由文本再現所揭示的意義世界，是自然與我同在、聖人與我共感的世界。

　　焦循指出，人的可貴，在於人有被教化的可能，《周易》內容紀錄了自然世界，是自然世界的摹本（Abbild）〔註4〕，也是道德之書，經注者、詮

〔註4〕「摹本」（Abbild）和「原型」（Urbild）是一組相對的概念。柏拉圖（Plato, 427-347BC）認為「摹本」與「原型」之間，或多或少有其落後性，此為「存在的間距」，故本質的表現，很少是模仿，誰要模仿，誰就必須刪去或突出一些東西，所以他把藝術作品列入第三級：亦即在他的意義下：理念世界、現實世界、藝術世界的關係，是通過層層模仿而產生的，藝術世界是第三性的，只是「影子的影子」，和真理隔三層遠，理念世界才是唯一的本體世界，是第一性的。但伽達默爾（Hans-Georg Gadamer, 1900-2002）則認為，作為構成物的藝術作品，永遠是一個不斷轉化的世界，每個人正是通過這個世界，才認識到存在的東西，究竟是怎樣的事物。他以「在的擴充」（Zuwachs an Sein），說明「原型」和「摹本」的關係。氏以為，「摹本」具有自我消失的本質規定，在自我揚棄中實現其自身；「原型」可以用不同的方式以表現自身，如果原型是這樣表現的，那麼，這樣的表現，便已不再是附屬於原型的東西，而是他自身存在的東西；換言之，原型是在表現中表現自身，在表現中達到表現的。所以我們會說，當我們看到一幅成功的繪畫時，這幅繪畫，既表現了真實，也表現了真理。有關此部分的說解，可參伽達默爾著，洪漢鼎譯：《真理與方法：詮釋學》I，頁195～199、編頁144～149；及洪漢鼎：《理解的真理——解讀伽達默爾《真理與方法》》，（濟南：山東人民出版社，2001年1月一版），頁90～97、115～120。焦循以《周易》為自然世界的「摹本」，其看法亦頗有近於伽達默爾。自然世界的陰陽之氣、山川星曜等真實，被記錄在文本後，同樣表現其「原型」自身；說解《周易》不只是一種「摹本的摹本」，而是一

釋者經由經典注疏參與文本，代聖人行教，也就延續了文本價值。焦循透過解經、釋經，將自然世界、道德世界和意義世界通貫起來。其不斷運用圖說、章句、通釋、筆記、論文等不同的方式，目的都在說明自然世界和倫理世界是可以通貫為一的。

　　焦循自《周易》析出的自然宇宙觀，其實亦是人倫世界的反映，但他不以探究一道德的形而上學為全部內容，而更強調倫理世界的關懷，舉凡人在現實世界中的存在價值，生活世界的安頓條理、行為改變等教化問題，都包括在內。以下將經由焦循易學內涵的分析，指出焦循欲建構自然與道德一貫的理想世界的可能。

第二節　焦循易學的詮釋基礎

　　焦循畢生致力於易學研究，除植基於個人家傳的易學淵源外，還包括對當時學風及傳統易學詮釋的關注，故其易學詮釋的基礎，是建立在批判與重構《周易》的雙重基底之上的。以下將針對焦循易學的詮釋基礎，再做說明。

一、焦循對時人解釋《周易》的反省

　　焦循身處乾嘉中葉，當時，學者們在考據上的專注努力，已造成一定的風尚及影響。乾嘉學者為對治理學末流，說經流於空疏之弊，自戴震（1723～1777）以下，學者多採取由文字訓詁的考據學方法，以從事經典注疏；回歸漢人傳統，幾乎已成為當時知識界的普遍關注。〔註5〕特別是有關《易經》注疏，當時治《易》的學者，如李道平（1788～1844）、孫星衍（1753～1818）、惠棟（1697～1758）等，都是採取訓詁考據之法治《易》。〔註6〕焦循因此抨

種理念本身的顯現，並包含了一種與世界不可分離的聯繫。

〔註5〕有關乾嘉學者的治經習尚，可參本論文第三章。又，乾嘉中葉，漢宋之爭漸趨白熱化，以漢學為主的學者，如江藩《漢學師承記》為清代精研古文經的漢學家立傳，嚴明漢宋壁壘；方東樹為維護宋學，著《漢學商兌》；專就《周易》的傳承上說，則以治漢學者普遍較受到時人的推重。

〔註6〕李道平有《周易集解纂疏》10卷，成於道光廿年（1840）。李氏學宗漢儒，書以周氏枕經堂本為底本，雖廣錄諸象之說，而以惠棟、張惠言兩家之說為主。孫星衍有《周易集解》10卷，成於嘉慶三年（1798）。此書大旨在信而好古，以王弼《易注》為本，取〔唐〕李鼎祚《周易集解》所引，又采集馬融、鄭玄諸家之說，並舉《說文》、《經典釋文》所引經文異字異音等。惠棟有《周易述》23卷。其書專言漢《易》，以荀爽、虞翻為主，參以鄭玄諸家之說，引

擊說：

> 東吳惠氏爲近代名儒，其《周易述》一書，循最不滿之，大約其學
> 拘於漢之經師，而不復窮究聖人之經。譬之管夷吾，名曰尊周，實
> 奉霸耳。〔註7〕

焦循之所以如此明白指出自己的「不滿」，實是深刻反省到，若純以文字訓詁
方式治經，看似具體，卻仍是不究極的，拘執漢代經師的成說舊見，畢竟無
助於聖人經義的闡發。這種述經、解經的方法，無異於「以奉霸爲尊周」，實
不可取。在焦循看來，若欲解決經典詮釋上的拘牽之病，必有賴眞正讀懂經
典，有通貫深入的理解，才有機會窮究經典內涵。

他說：

> 易之義，不必博采遠證，第通前徹後，提起一頭緒，處處貫入，便
> 明其義。有一處說不通，則仍不是，仍須別求解說。余十年來稿屢
> 成而屢易者，此也。譬如探星宿海河原，已走萬里，覺其不是，又
> 回家；更走萬里，又不是；又回、又走，每次萬里，不憚往返。此
> 非悉屏一切功名富貴，以及慶弔酬應，不能耐心爲此。〔註8〕

此條中，焦循指出，對《易》義的把握，必須先講求全幅通徹的理解，在理
解後立起一端緒，由個人研讀後的核心把握處貫入，便可明其全意。此處所
說「不必博采遠證」是僅就《周易》一書來說的。焦循曾覆王引之書簡，提
及王引之《經義述聞》書中考辨工夫「精核」，並自言其習《易》之後，頗感
「大約經文往往自相發明，孔子《十翼》又反覆申明之。」〔註9〕十數年來，
掛懷對《周易》的理解，故稿成屢易。〔註10〕焦循自剖這段心路歷程說，舉

據古訓加以注疏，提供大量史料。另可參趙永紀主編：《清代學術辭典》，（北
京：學苑出版社，2005年10月，1版），頁1199～1200。

〔註7〕 參焦循：〈焦循致王引之書（二）〉，收入賴貴三編著：《昭代經師手簡箋釋——
清儒致高郵二王論學書》，頁208。

〔註8〕 參焦循：《易話》上（一）學易叢言「柯琴作傷寒論翼」條。（焦氏遺書本）
併見賴貴三：《臺海兩岸焦循文獻考察與學術研究》附錄一〈焦循《易話》釋
文〉，頁512。

〔註9〕 參焦循：〈焦循致王引之書（二）〉，收入賴貴三編著：《昭代經師手簡箋釋——
清儒致高郵二王論學書》，頁208。

〔註10〕 此條所論，據何澤恆考證，是其追述《易章句》稿本改定爲今本（叢書本雕
菰樓易學）的過程，改定時間約在戊寅年（1818）7月～12月、己卯（1819）
4月及閏4月間。參氏著：《焦循研究》，頁16～20。修改此文的時間，距焦
循病歿僅一、二年的時間。

凡一處不通便須別求解說，直到通貫全書之義爲止，這種尋思理解的過程，好比探星宿海、尋索黃河的發源地一樣，每次走了萬里以爲得其解答，但覺不是，又折返原處，如此反覆不憚，往返再三，且必耐心於此，悉屏一切世俗酬酢而後得，「此中甘苦，眞能身歷者知之」〔註11〕。

　　焦循既然認爲詮釋經典，必須先以經文爲主，那麼乾嘉學者重視的文字訓詁地位如何安排？焦循也提出了看法，他說：

　　　　非明六書之假借轉注，不足以知象辭爻辭十翼之義。〔註12〕

此處所論，和本論文第三章所言焦循的治學方法處相同。焦循認爲考據訓詁之學，仍有重要價值，故若非經由這方面的知識以詮釋《周易》經傳，象爻十翼之義便不足以知，因爲解釋之爲可能，無論如何都是建立在語言文字的載體上，不同的知識累積，有助成理解詮釋的效果；但焦循主張，明白六書訓詁之後，還必須貫通、體悟；既以爲貫通之後，還必須反覆檢證，如此才能明通道義，得聖賢立言之旨。

　　焦循又說：

　　　　夫學易者，亦求通其辭而已。橫求之而通，縱求之而通，參伍錯綜
　　　　之而無不通，則聖人繫辭之本意得矣。〔註13〕

這條可以直接視爲是焦循針對時人解釋《周易》之弊，所提出的解決之道。其中所論，又包含二層：首先是治經方法上的批判。焦循認爲明六書轉注假借等考據之法，固可知象、爻、十翼之義，不可迴避，但畢竟有其侷限，且有流於假「尊周」之名行「奉霸」之實的流弊，故必須加以修正。他指出，學易、治易，必需從治學方法上加以創新，焦循認爲解釋《周易》必須「通其辭」，而求「通其辭」的辦法，便是橫求縱求、參伍錯綜以通之；換言之，即是採用前文曾經提及的「旁通、相錯、時行、實測」，「引申而比例之」等治易方法。焦循認爲，運用這些經文內部析出的方法以解經，便能以「本經證本經」，故「不必博采遠證」，而能立起經義頭緒，反覆探求經義核心，以驗證經義。

　　其次是關於經典本意的探求。焦循顯然認爲，自己所歸納整理悟得的治

〔註11〕參焦循：《易話》上（二）《易》辭舉要「向執卦變之說」條。（焦氏遺書本）
　　　　併見賴貴三：《臺海兩岸焦循文獻考察與學術研究》附錄一〈焦循《易話》釋
　　　　文〉，頁517。
〔註12〕參焦循：〈與朱椒堂兵部書〉，《雕菰集》卷13，頁202。
〔註13〕參焦循：《易圖略》卷6〈原辭下第六〉，頁377。

《易》方法，更勝乾嘉時期一味據守考據的學者，惟透過以上的治易之法，才可通經典本懷，得聖人繫辭之意。文王、周公、孔子，為現存的《周易》文本做出貢獻，繼續闡明卦畫之意，故「通其辭」是得聖人之意的第一步驟，但「求通其辭」之後，還必須以其所悟得的經義核心，處處與文本縱橫交錯檢證，最後才可證成此經典本意，此中，經典本意直接等同於聖人繫辭之本意，本意既經歷代聖人不斷闡明、加入或延伸，故探究歷代聖人的本意，即是通解歷代聖人繫辭之本懷，必需追索一時間縱貫面的先後順序，經文內部橫切面卦爻象傳的訓釋，同時，也要「貫通」此一傳承的價值目的才行。

二、焦循對《周易》的定位

　　透過焦氏所言的治易方法，可得聖人繫辭之本意，然而聖人本意究竟為何？經典是否有一個最終的本意呢？里堂認為《周易》的本質，是聖人教人「遷善改過」之書。〔註14〕為此，他說：

　　　　《易》者，聖人教人改過之書也。故每一卦必推其有過無過，又惟
　　　　其能改能變，非謂某卦變自某卦，某卦自某卦來也。〔註15〕

在里堂看來，《周易》中的象數、卦爻辭，皆是聖人教人改過遷善的手段，人活在社會總體中，最基本的要求是生存，因為要生存，故要不斷思索生命如何趨吉避凶、如何得利，俾便安立現實，和諧生活，以提高道德。《周易》經傳談到卦象變化，目的在論有過無過，以教人改過遷善，卦與卦間的聯繫，不是無目的的改變，而是一個不斷朝向道德意義發展的動態歷程，究其實旨，乃是為了改過。

　　焦氏曾自言學《易》所悟得者的三個方法「旁通、相錯、時行」，皆是孔子用以「贊伏羲、文王、周公」而來，此中暗示了一個詮釋的脈絡系統，亦即由伏羲、文王、周公、孔子以降的「道統觀」，焦循再再強調「非相錯、非旁通、非時行，則不可以解經文傳文」，亦「不可以通伏羲、文王、周公、孔子之意」〔註16〕，正代表對聖人闡釋經典之義，必須求其「通貫」的理解。

〔註14〕里堂同於此類的看法甚多，如《易通釋》卷2：「《易》之為書也，聖人教人遷善改過。」、《易圖略》卷6〈原筮第八〉：「夫《易》者，聖人教人改過之書也。」、《易章句》卷7：「伏羲設卦觀象，教人改過。」、《雕菰集》卷13〈與朱椒堂兵部書〉：「易之道，大抵教人改過。」等，不一一列舉。

〔註15〕語見焦循：《易通釋》卷1，收入楊家駱主編：《焦循之易學》，（臺北：鼎文書局，1975年4月初版），頁83～81。

〔註16〕以上諸語，皆見於焦循：《易圖略‧序目》。此中說解，亦可併見本論文第三

非常有趣的是，孔子之後仍有諸多治易解經的專家研究、或經典注釋，焦循都跳過了；甚至關聯著孔子以降的儒學傳承，諸如繼承夫子學說的孟、荀，焦循也都跳過了；焦循雖然也認為「孟子深於易」〔註17〕，但在整個《周易》的詮釋系統及發展中，焦循不再討論其他各家看法。他不斷強調自己治易、學易是為了「得聖人之意」，顯然，除了通貫聖人之意外，更有期許自己繼承聖人道統的傾向。

　　焦循意欲繼承道統之所以可能，是從道統的實踐向度上說的。有別於宋明理學家，不論是朱子或伊川強調的超越形式性原理，或楊簡（1141～1125）、王畿（1498～1583）〔註18〕重視的內在主體性原則，宋明理學家們透過不同向度的工夫進路，目的皆在闡明並確認有一道德意識的超越理念，由其理念講一超越之理或心性主體的挺立，故在詮釋《周易》時，亦不斷拉昇到抽象思維的形上思考。對比於焦循來說，焦循對《周易》的理解，是另外採取一種「教化的實踐」側面來談，他說《周易》是「聖人教人改過之書」，將《周易》做為一種道德教化、改過遷善的「工具」，明顯成了他治易、延續聖人道統更重要的關懷。所以焦循不斷強調，每一個卦爻的變化，都是為了改過遷善，且必定往道德的一面發展，卦變最後亦必至於貞定，不會愈變愈壞，正是基於《周易》卦爻辭這種不斷升進改變的特質，故可以達到元亨利貞。

　　焦循認為：

> 八卦始於乾坤，六十四卦生於八卦，其行也以元亨利貞，而括其要不過元而已，反復探求，覺易道如此，易之元如此，蓋合全易而條貫之，而後知易之稱元者如此也。〔註19〕

> 无不利有二義，其一謂變通而又變通，如敬以直內又義以方外，……其一失道又失道而一旦能變通，如困窮至於成〈明夷〉、〈需〉，〈需〉一通〈晉〉……，總之，能變通則无不利，不能變通，則无論得失

章所論。

〔註17〕　參焦循：《孟子正義》卷15「事親為大」章，「將以復進也」條。（北京：中華書局，2004年2月重印一版5刷），頁525。及《易通釋‧自序》：「故孟子不明言易，而實深於易」。焦循提及「孟子深於易」的說法甚多，猶以《孟子正義》一書為最多，其思考實已啟於治易之時。有關里堂討論「孟子深於易」的進一步說解，將於本論文第六章中再做說明，此處暫不討論。

〔註18〕　有關心學系統於易理的闡發，可另參鄧秀梅：〈陸、王心學一系對易理的詮釋〉，（臺北：《鵝湖學誌》第44期，2010年6月），頁45～84。

〔註19〕　語見焦循：《易通釋》卷1，頁84。

存亡，皆歸於不利而已矣。〔註20〕

焦循採取一種回溯的方式，將周易六十四卦的內涵全收攝在「元亨利貞」四字上，由八卦衍爲六十四卦，其運行變化以元亨利貞，其實皆繫於「元」一字上，故而元亨利貞的核心即爲一「元」字，且全《易》都以「元」的條貫融入爲其目標，能變通，故能元亨利貞而无不利，若不能變通，則歸趨於不利，整部《周易》六十四卦的運行變化，亦不過變通而已。

變通是爲了「無不利」，易道的本質，即是變通而又變通、失道變通、失道又失道而變通的歷程，變通的最終目的既是通向「利」，能變通故無不利，這也說明了變通是有一個特定方向的，易卦由〈明夷〉、〈需〉變爲〈晉〉，是由困窮變爲利貞，也是一種變爲「敬以直內」、「義以方外」，一種道德意義的發展；如果不能變通，則就眼前當下來看，或許有一時得、存之表現，但最後終是不利的。焦循特別強調元亨利貞變通的歷程義，且以「元」，爲統攝易道的核心，目的在說明經由變通使之可通、可久、可大，由易而行，往來不窮、化而裁之，即能探易道核心、闡聖人之意。

焦循認爲，《周易》是自然世界的呈示，伏羲畫卦的目的，正在藉由山川水澤的次序布列，揭示人倫譜系，使民人各安其位、各食其力，參贊天地之化育。所以他說：

> 夫易，猶天也，天不可知，以實測而知；七政恆星錯綜不齊，而不出乎三百六十度之經緯；山澤水火錯綜不齊，而不出三百八十四爻之變化。……十數年來，以測天之法測《易》，而此三者乃從全《易》中自然契合。〔註21〕

> 伏羲氏之畫卦也，其意質而明，其功切而大，或以精微高妙説之則失矣。陸賈《新語》云：「先聖乃仰觀天文，俯察地理，圖畫乾坤，以定人道，民始開悟……。」《白虎通》云：「古之時未有三綱六紀，民人但知其母不知其父，於是伏羲仰觀象於天，俯察法於地，因夫婦正五行始定人道，畫八卦以治下。」……以知識未開之民，圖畫八卦以示之，而民即開悟……，非聖神廣大，何以能此？然則伏羲之卦可知矣。〔註22〕

〔註20〕參焦循：《易通釋》卷1，頁89。
〔註21〕焦循：《易圖略·序目》，頁339。
〔註22〕參焦循：《易圖略》〈原卦第一〉，頁373。

前條說明《周易》的全部內容，不外三百八十四爻的變化，此變化運動的軌轍，就像天體運行一般，可由實測得見，焦循把《易》比做天，代表天上星辰經緯之變，自然世界山澤水火之動，皆是有跡可循的，他運用實測的方法，將天體星辰、山澤水火運動變化的規律，收攝在《易》之乾兌離震、錯綜不齊的爻變當中，是故，從經典詮釋的方法上說，有別於訓詁考據者流，解經可有另一套科學的根據；而經由「旁通、相錯、時行」便可得見爻變的規律；從經解的內容真理上說，《周易》的真理內容，當然也包涵人對自然宇宙的理解、認識，及人與天、人與自然萬物的關係在內，因為易道正是天道的呈現。

後一條則指出，伏羲畫卦之功極其落實，而其目的在教民開悟。焦循引用陸賈《新語》說：伏羲「仰觀天文，俯察地理，圖畫乾坤」，其目的在穩立人道，使民人開悟；又引班固看法說：「伏羲仰觀象於天，俯察法於地」、「畫八卦以治下」；由此可見，強調伏羲畫卦係根據天地之象而來，似是自古以來的詮解。焦循依此脈絡指出，天文地理等自然現象的變化，雖被伏羲以乾坤六爻的圖畫八卦，具體描繪出來，但伏羲繪製八卦的作用，不僅在紀錄山川水火、日月星辰的天道運行而已，而在「定人道」，穩立人倫的譜系；如此的看法，便將《周易》三百八十四爻的表現，順遂的安立在倫理的位階上，倫理的譜系是什麼呢？便由父子、夫婦之倫展開，而言及三綱六紀，甚至是天下的平治，於此，則天道運行、人道之定，皆已經由《周易》的全幅內容表現出來了。〔註23〕

〈序卦傳〉中說：「有天地然後有萬物，有萬物然後有男女，有男女然後有夫婦，有夫婦然後有父子，有父子然後有君臣，有君臣然後有上下，有上下然後禮義有所措。」從天地萬物而男女夫婦，講父子君臣的倫理社會，說明了自然與社會的關係，人類社會以家庭為基礎，所以「定人倫」、教民改過，都是幫助總體社會實踐禮義之道的行動。講八卦之為自然序列、倫理序列，意義也在這裡。八卦既根據自然宇宙描摹而來，故可說《周易》是自然世界的摹本；焦循指出，聖人畫卦的目的在教民開悟，故可說《周易》也是現實世界的張本；如果說，伏羲依天文地理之象圖畫八卦，在使民開悟，

〔註23〕焦循《易章句》〈繫辭下傳〉注：「於是始作八卦，以通神明之德」下，亦言：「首乾父坤母以生六子……畫八卦，示以有母必有父，而後有六子。」參氏著：《易章句》卷八〈繫辭下傳〉，頁54。《周易》中的「父母六子卦」，由〈乾〉、〈坤〉化生六子〈震〉、〈巽〉、〈坎〉、〈離〉、〈艮〉、〈兌〉即此一例也。

是由天道走向人道實踐的話；那麼，焦循將《周易》定位為「聖人教人改過之書」，便是由人道回歸天道的循環條理，由倫理世界改過遷善的行為端正上，參贊天道自然的循環。

因為「改過」在本質上有道德意涵，民之開悟，亦是在倫理的範圍中，使各安其位、各守本分，故可見焦循所建構的易學譜系，有一自然宇宙與道德倫理上互釋、融通、利用〔註24〕的傾向，自然世界和倫理世界是可以相接軌的，其一層一層分析卦爻辭的實測結果，重點不在擴大知識領域，而在揭櫫其倫理關懷。理解詮釋經典，不是一種單向的探究獲取，而是互相對話溝通，是在詮釋者和文本不斷「周旋」、「打交道」中，不斷透顯出真理；〔註25〕焦循的這些看法，明顯可由焦氏易學的內涵中得見，以下再進一步說明之。

第三節　焦循易學的內涵要義

前文已指出，焦循認為《周易》是聖人教人改過遷善之書，是一本道德指導的教本，《論語》二十篇，亦不過全《易》之注腳，《周易》的全部內涵，正可用《論語·子路》中引〈恒〉卦九三爻辭「不恒其德，或承之羞」一語概括之。「不恒其德，或承之羞」，是因為不能變通，若能變通則可以無大過，由此觀之，若以《論語》與《易》相互發明理解，便足以教人改悔而無過。〔註26〕換言之，易道內容可用「無大過」一語概括之。

然而，以《周易》為「改過遷善」的教本如何可能？純以經典教人改過，

〔註24〕 此「利用」為「正德、利用、厚生」之利，「元、亨、利、貞」之利，非為工具意義的利益、器用或效驗而已。

〔註25〕 海德格（*Martin Heidegger*, 1884-1976）將「理解」（*verstehen*）一詞區分成「把握」（*greifen*）和「周旋」（*mit etwas umgehen*），前者是一種認知觀點，它強調主客二分，理解是靜觀，把握對象的意義，其標準是客觀性；後者強調主客統一，理解是與某物的周旋、打交道，其理想是參與性。參洪漢鼎：〈西方詮釋學的定位及高達美詮釋學的本質特徵〉，《中國思想史研究通訊》第 2 輯，2004 年。）「周旋」一詞的翻譯來自李明輝，陳嘉映、王慶節在《存在與時間》（*Sein and Zeit*）中，譯為「打交道」。參海德格著，陳嘉映、王慶節譯：《存在與時間》，（臺北：唐山書局，1989 一版）。

〔註26〕 焦循曾說：「《論語》二十篇，乃全《易》注腳，而『可以無大過』一語，足以括《易》之全。」又引「『不恒其德，或承之羞』，斷之云：『不占而已矣。』占即變也，變即改悔也。」參氏著：《易話》上（一）學《易》叢言「《論語》二十篇」條。（焦氏遺書本）併見賴貴三：《臺海兩岸焦循文獻考察與學術研究》附錄一〈焦循《易話》釋文〉，頁 514～515。

是否會過度理想化？焦循此種對《周易》的詮釋，在整個易學的詮釋發展中，是否有其缺陷或貢獻，該如何合理地被看待？又，以《周易》教人「改過遷善」的歷程、目的爲何？以下將逐次分析焦循易學內涵，藉以說明里堂將《周易》定義爲道德之書，其論述的可能向度。

一、改過遷善的形上根據——性善能知，習性可引

焦循既以《周易》爲聖人教人改過之書，必然牽涉到聖人治世的核心關懷。關於聖人治天下的方向，焦循是這麼說的：

> 伏羲作八卦而民悟，禽獸仍不悟也，此人性之善所以異乎禽獸，所謂神明之德也。民之性在飲食男女，制嫁娶、使民各有其偶也；教漁佃、使民自食其力也。聖人治天下，不過男女飲食，爲之制嫁娶、教漁佃矣。人倫正而王道行，所以參天地而贊化育者，固無他高妙也。神農、黃帝、堯、舜躋此而充擴之，文王、周公、孔子述此而闡明之，彼先天心法之精微，豈伏羲氏之教哉。〔註27〕

這段話很典型的說明了民之可教、及需要教化的內容。焦循首先辨析人和禽獸之所以不同，是因爲人可以「悟」，而禽獸不能「悟」，人因爲有「神明之德」故能被曉悟、開啟，此爲人性之善的根據；此中，「神明之德」顯然是與天俱來、生而皆有的，因爲如果沒有這份善的種子，民人便無法開悟，焦循肯定性善的根源是預設人有「神明之德」〔註28〕、能悟，而禽獸不能悟；人可被教化開啟，而禽獸不能；故人和禽獸最大的不同，便在「心」的悟性上。焦循對性善根源的保證，實同於孟子對人性的看法。

孟子主張人有四端之心，人的「仁義禮智」四端，亦是人之所以異於禽獸的「幾希」之處，由此四個「善的端始」入手，發明本心、知言養氣，從事工夫修養，便可存心養性、盡心知性，以事天、知天。〔註29〕只不過，焦循並不從提升個人內在的精神境界上說，而另從人的欲望之性上考慮，他認爲「民之性在飲食男女」，因此安頓這些生活上的基本需求，便成爲聖人治理天下時，最重要的關注所在。

〔註27〕　參焦循：《易圖略·原卦第一》，頁373～374。
〔註28〕　焦循另在《易章句》〈繫辭下傳〉「以通神明之德」句下注曰：「民之德」。參氏著：《易章句》卷八〈繫辭下傳〉，頁57。
〔註29〕　參拙作：《孟子「談辯語言」的哲學省察》第五章，（臺北：萬卷樓圖書公司，2006年11月初版），頁129～171。

　　焦循指出，聖人治天下時，滿足民生需求，幫助民人制嫁娶、教漁佃，是治民的首要任務。表面上看，治民似是在制度面從事擘定規劃，其實，條理化這些欲望之性，使男女各得其偶，人民自食其力，才是執政者最終的考量。此中，焦循強調滿足人們欲望之性、教民使民悟的看法，則有近於荀子。荀子主張：「今人之性惡，必將待師法然後正，得禮義然後治。」〔註30〕人必須經由學習，以「禮義」之法，條理安頓與天俱來的「欲望之性」，幫助提升自己的人性品質，約束人之「性惡」，走上善的道路。〔註31〕從欲望的滿足，講師法之化，敦促倫理世界的穩立和諧，是焦循和荀子學說的相近之處，之所以採取這種看法，無疑是基於一種更務實的思考而來。不必期待人人皆通過主體自覺，以上契天道，而從民人群體皆具有的食色之性加以考慮，使之發揮教化的力量，所謂「道德實踐」，僅是從情性需求往上提升一層，言其順應、節制與和合調融，亦是群體生活中，人人皆可完成者。

　　焦循指出，人民的基本生活安頓好了，便能各自守其本分，在人倫的位階上自安自正，所謂「王道」，亦便在人倫譜系的穩立上，得以完就。伏羲作八卦的目的亦正在此，故《周易》的內涵，不必從其他精微高妙處講，而由人倫譜系、王道的落實處顯，由此倫理世界的關懷，以參贊天地化育，方可說《周易》八卦之內容。焦循不講需要解悟的「先天心法」，而強調具體生活世界的觀照，從民之可教的基礎上，談人倫正、王道行、而參贊天地，其中，兼採孟子「性善」與荀子主張「給人之欲」的看法，可說是解《易》時，很特別的觀點。

　　在這條中，還可以看見焦循試圖建立了一個歷代詮釋《周易》的譜系。自伏羲作八卦以來，這個教民、使民悟的教化工作是有所繼承的，亦即經由神農、黃帝、堯、舜接續而擴充之，文王、周公、孔子的傳述且進一步闡明之的詮釋系統，此詮釋路徑的繼承延續，亦是歷代經解者、詮釋者不斷參與教化民人的過程；進一步來說，透過歷代聖人不斷接踵、充擴、傳述、闡明《周易》的真理內容，《周易》的核心價值——教民改過，也就步步被落實了。從這個角度來觀察，理解解釋經典，重點不在對《周易》、八卦知識性

〔註30〕語見《荀子・性惡》。參王先謙：《荀子集解》，（臺北：華正書局，1993 年 9 月初版），頁 289。
〔註31〕參拙作：〈荀子之「禮」的社會人文精神——以〈禮論〉爲核心〉，（陝西：華東師範大學，西藏民族學院政法學院：「經典與詮釋——文化傳統的詮釋與重構」學術研討會，2009 年 6 月 26 日～30 日）。

的理解或把握，而是參與教化、參贊天地化育的過程；不僅必須重視卦爻變化的「結果」，還必須注重爻變的「歷程」；而此一「歷程」，顯然是參與聖人道統，參與教化民人的工作，因民「能知」故可以被教化；同時因其習性可引之向善，故有步步提升自身品質的可能。

焦循說：

> 性何以善？能知，故善。〔註32〕

> 人知之，則人之性善矣。以飲食男女言性，而人之性善不待煩言，
> 自解也。禽獸之性不能善，亦不能惡；人之性可引而善，亦可引而
> 惡。惟其可引，故性善也。牛之力可以敵虎，而不可使之咥人，所
> 知所能不可移也。惟人能移，則可以爲善矣。是故，惟習相遠，乃
> 知其性相近，若禽獸，則習不能相遠也。〔註33〕

此處焦循仍是以欲望說性，但他還另針對「性習可引」做了發揮。焦循強調人的認知能力，由此認知能力而言教化的可能，聖人之教便在引導這先天的「認知之性」，因爲人的「所知所能可移」，所以可引導往善的方向去走。至於禽獸，則所知所能不可移、亦不可引；獨人可因習性的調融改正而爲善，而禽獸雖習，其性亦不可遠。人性是一漸次發展提升而進化的，至於禽獸，則非如此。此中所說的「性」包括認識、判斷能力，也就是「認知之性」；及後天習慣培養而來的「習性」；因爲先天的性善、「神明之德」，有知的認取判斷，後天的習性可引而爲善，故人人可被教化，亦可參與教化、參與幫助人們改過遷善的行列。

二、改過遷善的歷程——代聖人行教

里堂再再指出，《易經》的卦爻辭是聖人治民的結晶。他說：

> 人道未定不能自覺，聖人以先覺覺之，故不煩言而民已悟焉。〔註34〕

> 伏羲之教，歷神農、黃帝、堯、舜，述而宗之，殷末邪說暴行有作，
> 易道不明，文王繫辭以明伏羲之教，故興於是時。〔註35〕

〔註32〕　參焦循：《易話》上（三）性善解「性何以善」條。（焦氏遺書本）併見賴貴三：
　　　　　《臺海兩岸焦循文獻考察與學術研究》附錄一〈焦循《易話》釋文〉，頁518。
〔註33〕　參焦循：《易話》上（三）性善解「性善之說」條。（焦氏遺書本）併見賴貴三：
　　　　　《臺海兩岸焦循文獻考察與學術研究》附錄一〈焦循《易話》釋文〉，頁518。
〔註34〕　參焦循：《易圖略·原卦第一》，頁373。
〔註35〕　參焦循：《易章句》卷八〈繫辭下傳〉，頁59。

前幅已指出，焦循認為，在《周易》的傳承上，當年伏羲畫卦的目的在教民、使民悟，聖人教人不僅在說明民之可教的教育意義，同時更強調聖人定人道、幫助民人自覺的積極作用。焦循指出，從伏羲以下，歷代帝王莫不依循伏羲之教以教人，當遭遇邪說暴行的時代，易道不明，故文王繫辭，因時而興。

從歷史傳承的角度上看，以八卦治民自成系統，伏羲、神農、黃帝、堯、舜一路以來，都有延續易教之功，但到了文王之後，《周易》更有了新生命，因為文王另外開啟了《周易》詮釋的新局，進一步闡明易道〔註36〕內容，不只延續了道統，更擴大、發揮了易道精神。由此可見《周易》的意義內容，在歷代參與解釋運用的過程中，並不是恆常不動，而是進步發展的，解釋《周易》，實是因應時代需求下的產物；其次，不斷參與《周易》詮釋的歷程，是為了延續聖人之教，此聖人之教的背後，又以道德倫常為核心，在此意義下，使夫婦、父子、君臣的倫理關係得以貞定。此中，聖人之教下的倫理世界之所以完成，是《周易》教人「改過遷善」、以文化改造社會之作用、充擴落實的結果，因此，不斷參與《周易》的詮釋，便是不斷參與強調聖人之教的過程，此中，經典詮釋和聖人教化的歷程，又是辨證而循環的。

焦循注〈繫辭下〉「聖人設卦觀象，繫辭焉而明吉凶」處，說：

> 設卦，伏羲也：設六十四卦，即示人以變通之象。繫辭，文王、周
> 公也，伏羲設卦，必指畫口授其象，俾民知吉凶；久而其象不明，
> 故文王、周公繫辭以明之。〔註37〕

此處，焦循首先在「聖人」下注曰：「兼指伏羲、文王、周公」〔註38〕，其次分述三人於《周易》的貢獻。伏羲設卦，係指伏羲「仰則觀象於天，俯則觀法於地，觀鳥獸之文與地之宜，近取諸身，遠取諸物」而畫八卦；至於重為六十四卦，係「以爻相推，變化成象」，為「示旁通往來，此伏羲之情也」，而文王、周公繫辭的參與，是基於易卦吉凶之象不明之故，所以「文王之辭所以明旁通情者，即述乎此也」〔註39〕。焦循認為，卦象不明，一方面是因為時間日久；其次，亦是前文所謂「邪說暴行有作」所致；可見《周易》的

〔註36〕 焦循注〈繫辭下傳〉「此之謂易之道也」條下說：「伏羲作易，文王發明，其道如此。」參氏著：《易章句》卷八〈繫辭下傳〉，頁59。由此可知，焦循意義下的「易道」，是伏羲畫卦、文王發明之道。

〔註37〕 參焦循：《易章句》卷七〈繫辭傳上〉，頁47。

〔註38〕 參焦循：《易章句》卷七〈繫辭傳上〉，頁47。

〔註39〕 以上引文並見於參焦循：《易章句》卷八〈繫辭傳下〉「八卦成列，象在其中矣」、「以通神明之德」、「以類萬物之情」條，頁54。

詮釋脈絡，有其時間發展的歷史進程〔註40〕，亦有使眞理內容必須不斷揭明的因素，而此詮釋脈絡是與時代相合、因應「民知」的需要而來，亦是聖人教人倫常尊卑，定人道、通天道的過程。

然而聖人透過《周易》所垂範的典要，究竟爲何？「教民悟」的內容，除了里堂所說的「改過遷善」外，還有很重要的倫理綱常之道。關於這一點，焦循是這麼說的：

> 伏義以前無三綱五常，臥之詁詁，起之吁吁，知識未開，雖抱善性而莫能自覺，是爲上古。天生伏義以先覺覺萬民，使男女有別，以定君臣父子、尊卑上下，而天地之化育以贊，人物之性以盡，是爲中古。其先性命不正，未有憂患之人，至此以憂患而立教，以闡王道。性命正，而人乃尊於物，亦田漁興，而人之力乃勝於物，故伏義爲百王先首。莊子之徒重上古混茫，而以伏義氏爲順而不一，未能知道者也。〔註41〕

焦循從整個歷史賡變、延續發展的歷程來看待伏義之教。伏義爲百王先首，從上古到中古，他以畫卦教民自覺，使知識未開之民，能知曉君臣父子、長幼尊卑的倫理位階，明白己身性命；教民田獵漁業，使人力勝物自給，男女各安其位，滿足人性食色等基本需求，且在倫理的生活中，能因盡人物之性，以參贊天地化育，使各正性命，保和太合。

焦循還同時批評了道家者流的蒙昧，莊子之徒只重上古，以混沌未開之道爲尊，並指伏義之道「順而不一」，其實是不知「道」者。由此可以發現，焦循所主張的「道」，是由聖人憂患以立教，以先覺覺萬民，使人人各正性命，各適其所、各安其分，以闡王道理想上說的。聖人教化民人、啓發百姓，使人們在倫理生活中安適，知性也盡性之後，自能參贊天地化育；天生聖人以啓民智，民智被開啓後，自能以人道合於天道，此是聖人教化的要務，亦是歷代聖王透過《周易》，不斷闡發易教的目的所在。立人倫、正性命、王道行，

〔註40〕 焦循並指出：「孔子《十翼》於卦辭稱彖傳，於爻辭稱象傳；然則文王之卦辭謂之彖，周公之爻辭謂之象，……文王雖總一卦以繫辭，而其辭不外乎爻；周公雖分六爻以繫辭，而其辭實本乎卦。」參氏著：《易圖略》〈原彖象〉第四，頁375～376。這段話表示，整部《周易》的詮釋，是一不斷發展的歷程；不論文王、周、孔，都在這個詮釋系統中，以卦、爻，彖、象爲核心，進行解釋；而不論伏義設卦，或文王、周、孔續以闡明，其目的，都是爲了在不同的時代中，施行教化。

〔註41〕 參焦循：《易章句》卷八〈繫辭傳下〉「作易者其有憂患乎」，頁57～58。

原是有其次第的，聖人憂患立教以闡王道理想，除了求現實生活的穩定安適外，此一具體生活的滿足盡性，又必和天地化育連在一起。

焦循強調聖人教化的重要，在「民智」的向度上做出努力，目的在穩立人倫譜系。經典既是教化之書，如何闡發聖人之說，接續易道傳承，便是關鍵所在。從過去的歷史上檢視，已有文王、周、孔爲易道的傳承做出貢獻；然時至清代，《周易》還可以提供哪些時代滋養呢？焦循指出，是「改過遷善」、是人倫綱常之教，《周易》既是聖人垂教，用以改過遷善之書，因此詮釋《周易》，便不只是探究聖人創制經典的意圖或恢復經典原貌而已，因爲改過遷善還牽涉到「教化者／被教化者」、「經典／詮釋者」、「聖人／民人」間的種種關係，及聖人已歿，行教如何可能的問題；換言之，詮釋《周易》便是一個不斷參與聖人之教、代聖人行教的歷程，而此價值意義的展開，更是焦循核心關切所在。

此時，意義的理解，便不停留在對作者意圖的理解而已，而是對歷代解釋《周易》者，直接於經典內容眞理的理解與參與過程；對文本意義的把握，不獨來自文本本身，還包括詮釋者對文本的提問對話或溝通創造。因爲歷代注疏者在延續聖人之教上，必須「興於時」，故不得不以「己之性靈」旁通「立言者」之性靈，才能「以精汲精」，得「天下至精」之要。〔註42〕

三、改過遷善的關鍵——變通、時行

針對人們之所以「改過遷善」的決定性關鍵，焦循是這樣說的：

> 孔子曰：「假我數年，五十以學《易》，可以無大過矣。」此聖人括《易》之全而言之。又舉〈恆〉九三「不恆其德，或承之羞」，斷之云「不占而已矣」。占者，變也；恆者，久也；羞者，過也。能變通則可久，可久則無大過，不可久則至大過，所以不可久而至於大過，由於不能變通。變通者，改過之謂也。〔註43〕

里堂指出，全《易》的內容，由「無大過」一語可以括之，但何時可以改過？如何改過呢？焦循特別指出，「改過」即是「變通」。從卦變的一面來看，〈恆〉卦九三爻之所以「不恆其德，或承之羞」，不能恆久地保持貞正的美德，或許將承受羞辱，就是因爲不知變通，故會有過；但若知所「變通」，則可通

〔註42〕 參焦循：《雕菰集》卷13，〈與孫淵如觀察論考據著作書〉，頁212～214。
〔註43〕 參焦循：《易圖略》卷三〈時行圖第三〉，頁359。

可久而無過。回應於本論文前幅所說，便是通過「變通」，而使其通泰、元亨利貞，避免形成兩「既濟」的情況。

　　將「變通」運用在具體的人事上來說，一個知所變通的人，必有「知幾」的智慧，能察於事物隱微變化，而能時行變通，若一味執於不變，很容易造成行為偏差，依焦循的意見來說，也就不可久，而至於大過。

　　本來「變」是個中性詞，可以變好也可以變壞，但焦循把「變通」一律解釋成變通可久，變通可久則無大過，變通即改過等義，里堂認定《易》為改過之書，「變通」也就成了他的易學核心，成了衡量社會人事能否合於軌範的標準。《周易》卦爻辭都是聖人指示教人改過的方法，運用以象為爻象、剛柔互易；以數為爻象變動、所依據的次序；以辭表達吉凶；目的都是為了求變通之吉。

　　復次，談到焦循對「變通」的看法，亦必和他對「時行」及對「權」的說解一併看待。焦循說：

> 《傳》曰：變通者，趨時者也。能變通，即為時行。時行者，元亨利貞也。……孔門貴仁之旨，孟子性善之說，悉可會於此。〈大有〉二之五，為乾二之坤五之比例，故《傳》言元亨之義，於此最明。云大中而上下應之，大中謂二之五，為元；上下應則亨也，蓋非上下應，則雖大中，不可為元亨。〈既濟〉傳云：利貞，剛柔正而位當也。剛柔正，則六爻皆完，貞也；貞而不利，則剛柔正而位不當。利而後貞，乃能剛柔正而位當。由元亨而利貞，由利貞而復為元亨，則時矣。〔註44〕

在這條中，里堂把趨時變通、時行變通，和儒家的貴仁性善，卦變之當位、上下應之，全都連在一起等同看待。焦循指出，變通的關鍵是「趨時」，「時」是四時春夏秋冬的循環運行，「時」也包括總體環境的時局變化；前者是自然的，後者則加入了人為的因素。焦循認為，變通時行、趨時而動，便能元亨利貞，從卦爻變動上說，必大中而上下應之，方為元亨；亦必剛柔正而當位，方為利貞；此間，能達到元亨利貞的作用是時行，由元亨變為利貞，利貞復變為元亨，都是趨時因時、應時以時的結果。此處，「仁」的道德標目、人類本性─「性善」，都通過「變通」、「時行」得以被表現出來，於此亦可見變通、時行，有一既定的道德價值方向，且沒有變壞的可能。

〔註44〕參焦循：《易圖略》卷3〈時行圖第三〉，頁358。

焦循另外說：

> 《春秋公羊傳》曰：「權者何？反於經然後有善者也。」《論語》：「可
> 與立未可與權，唐棣之華，偏其反」而注云：「賦此詩者，以言權道
> 反，而後至於大順。」說者疑於經不可反。夫經者法也，法久不變，
> 則弊生，故反其法以通之。不變則不善，故反而後有善；不變則道
> 不順，故反而後至於大順。如反寒爲暑，反暑爲寒，日月運行，一
> 寒一暑，四時乃爲順行，恆寒恆燠則爲咎徵。〔註45〕

在這一條中，焦循以《公羊傳》中對權的說解，說明權和經、權和變通、權
和四時寒暑變化的關係。權是一種行爲模式、制度及態度的改變，「權道」必
以反經，反經而經乃正，由此可見，「權變」的特徵是必以「反」，這個「反」，
是回返歸復，也是必然所當行的變通之方。經雖是常法，但卻不可不變，不
變則弊生，是故爲了解弊、除弊或防弊，必有賴以變通，變通以時，變通時
行。焦循在此處，對「反於經」做了較多的說明，說「反於經」就像反寒爲
暑、反暑爲寒一樣，日月寒暑必然交替循環變化，此乃爲順行；故順時而行，
反權爲經，四時乃順。

　　值得再注意的是，這裡所說的「權」，亦必須和前條中所提及的「變通、
時行」一併考慮。儒家之教，向來重視經權問題，在守經的前提下，以「權」
作爲一種變通之法，「權」雖是變通之法，本可以有所選擇，可以權、可以無
權，必不得已爲權變、權法時，才強調「反經」。但焦循卻把「權」，抬高到
成爲「經」的輔成地位，凡經之爲法必以權，若無權、不能權，則弊生；所
以當他說明權之「反」，必然返回既定的道德方向時，以經權互補互成才有可
能完就，因爲經、權都是必然且當然的，故權變以時、因時，才不會偏差；
才能因反於經，通之而順行、而後有善。經必然需「變」爲權，而權亦必然
「反」爲經，權與變、變與反，皆依時、因時且應世，這也讓變通、時行不
只停留在法則義而已，而有了更多道德內涵，甚至可以直接視作是道德行爲
的實踐。

　　王茂說：

> 焦循的權有特殊含意：對陽而言，陰是權，而陽必然轉爲陰，如此
> 循環無窮，故曰「一陰一陽之謂道」。這樣，「權」已不是權宜之計，
> 而成爲必然的規律。〔註46〕

〔註45〕 參焦循撰，楊家駱主編：《雕菰集》卷十〈說權三〉，頁144。
〔註46〕 參王茂，蔣國保等：《清代哲學》，頁713。

王茂特別指出，在焦循的意義下，「權」已不再是權宜之計，用以明社會之變
通而已；權還變成了「必然」的規律。「權」的困難在於必須審度時勢，據以
判斷，若無所依據，運用不當，很容易為人所訾議，以為離經叛道，所以如
何權、如何變，不僅是理論的問題，也是具體籌劃實踐的問題。「權」是變通，
也是時行，是落實性善神明之德時，必然的關鍵規律，如果不變通以權，則
不能正經，當然也不能長久，焦循的這些看法，不可不說十分大膽突出。

四、改過遷善的目的──揭示立人之道

　　前幅已言，焦循指出聖人畫卦繫辭是為了序三綱五倫之道，覺其先民，
興人倫之教；教民漁佃，行利濟之政。其次，《周易》作為「改過之書」，不
獨是在倫常的位階上的明分、辨別而已，還牽涉到日常生活、言行舉止的分
寸軌範。

　　對於改過遷善的內容及目的，焦循是這麼說的：

> 聖人作易教人改過也。改過者，改言動之過也。知者仁者觀於易之
> 辭，而言動之過可改；百姓之愚以卜筮濟之，亦寡言動之過焉。聖
> 人之易，為君子小人言動而作也，故終詳焉。〔註47〕

焦循指出，改過是改言動之過。對知者、仁者來說，若人的言行舉止有所不
當，可透過觀易辭而改過；至於百姓，則以卜筮拯濟之，亦可以改過。此處
所論其實包含兩層：其一是，焦循雖不反對《周易》的卜筮功能，但卜筮僅
是一種手段或工具意義的作用，目的在「假卜筮以行教」，即所謂「假卜筮之
事，而易之教行乎百姓矣」。〔註48〕只不過，卜筮的目的既在幫助改過，改變
才能恆久而無過，如此便為君子、小人共同標舉一個道德的價值標竿；其次，
焦循以為改過的關鍵在變通，變通就能改過，把「變通」直接指向道德作用，
將「變通」和道德價值劃上等號，這種解釋亦和前節所論完全相同，只不過，
他對知者、仁者的要求則和小人不同，前者觀辭則言動之過可改；至於後者，
除了設卦觀辭施行教化外，還必須「以卜筮濟之」，但也僅是幫助小人「寡言
動之過」，減少犯錯的可能而已。以聖人之易，為君子、小人指出一套立身行
世的言行方向，改過雖是目的，但卻不期待其言動之過盡改盡無，而只需寡

〔註47〕參焦循：《易章句》卷八〈繫辭傳下〉，頁60。
〔註48〕參焦循：《易圖略》卷六〈原筮第八〉，頁381。

過就好，這種看法可以說是很切合實際的。

焦循又說：

> 惟凶可以變吉，則示人以失道變通之法；惟吉可以變凶，則示人以
> 當位變通之法；《易》之大旨不外此二者而已。……余謂文王作十二
> 言之教曰：元、亨、利、貞、吉、凶、悔、吝、厲、孚、无咎。元、
> 亨、利、貞則當位而吉，不元、亨、利、貞則失道而凶，失道而消，
> 不久固厲，當位而盈不可久亦厲，因其厲而悔則孚，孚則无咎同一，
> 改悔而獨歷艱難困苦而後得有孚則爲吝，雖吝亦歸无咎，明乎此十
> 二言，而《易》可知矣。〔註49〕

由此可見，變通是爲了達到元、亨、利、貞，得大通而至正，亦即〈文言傳〉
中所說：「元者，善之長也；亨者，嘉之會也；利者，義之和也；貞者，事之
幹也。君子體仁足以長人；嘉會足以合禮，利物足以和義，貞固足以幹事。」
所謂當位、失道、吉凶、悔吝、厲孚无咎等，看似相對的概念，亦有循環變
化的運動，焦循眞正的目的，是透過元亨利貞，達到道德理想的要求。不論
是失道變通或當位變通，《易》之大旨，重點即在「變通」二字。此「元、亨、
利、貞、吉、凶、悔、吝、厲、孚、无咎」十二言之教，有當位失道升降的
變化，不過卻是步步採波浪式的前進，且是朝向道德價值方向的發展，而不
是封閉型態的消長循環而已。

所以他又說：

> 立人之道曰仁與義，仁配陽，謂陰交而生陽也；義配陰，謂陽易而
> 通陰也。應乎其間而不失等殺者爲禮。……由仁義之等殺而生義而
> 尊賢，即知人知天而爲知三達德，以知冠仁，所以發明易道詳矣。
> 〔註50〕

焦循將易道的內涵變通，以道德綱目發明之，言仁義配陰陽而生，擴大來看，
包括爻辭由旁通相錯而成，「仁義禮知信」道德綱目的層層推衍，都在易道的
範圍之內；仁義用以發明易道內涵，也是立人之道，故以易道立人，明君子
小人之分，「惟君子孚於小人，則仁覆天下；惟小人化於君子，則天下歸仁。」
〔註51〕將易道歸於道德面向，其用意是很鮮明的。〔註52〕用道德綱目來說，

〔註49〕 參焦循：《易圖略》卷二〈當位失道圖第二〉，頁351～352。

〔註50〕 參焦循：《易通釋》卷5〈仁義禮信知〉，頁134。

〔註51〕 參焦循：，《易通釋》卷5〈君子小人〉，頁140。

易道是立人之道，以仁義立人，以在上位的君子教化民人小人，以仁覆育天下；小人受君子感化，則天下歸仁，立人之道亦繫於此；由仁義等殺而生義尊賢，故能知人、知天、知三達德，以知冠仁，以發明易道。此中，《易》作爲改過遷善的教本，是爲了幫助人們改過遷善，改過遷善而元亨利貞、無大過，最終的目的是爲了揭示人道理想，教以人倫，盡人物之性，因爲易道的核心價值是仁義、是親親等殺，不但要「教」也要「化」，君子以爲文，百姓以爲神，日用而不知，這才是聖人立教的用心所在。

第四節　焦循易學的特色及貢獻

焦循以經師著稱於世，卻不以考據名家，這是因爲考據中的訓詁補苴之學，是他所厭棄的；儘管如此，焦循卻也具備了文字、聲韻、訓詁之長，且在博物、輿地、天文、數算、典章制度上，都有廣泛的研究；而其治經方法上的特長，證實運虛，虛實相參，可說替漢學或宋學的經解方式，另開蹊徑。〔註53〕焦循畢生關切《周易》，其學問的菁華也在易學，以下將再針對焦氏易學的特色及貢獻，另說明如下：

一、象數易學與義理易學的融通

專就焦循的易學研究來說，除如以上所論，有其治易方法上的創獲外，焦循最爲後人所看重者或訾議者，亦在里堂的方法論上。本論文第三章曾析明焦循自言治易悟得「旁通、相錯、時行」之法，且此三法皆經「實測」經文，「引申、比例」而來，對焦循易學方法論上的探究，更直接影響其易學內涵的闡釋。

焦循將《周易》定位爲教人改過遷善的教本，人們改過遷善之所以可能，是因爲焦循肯定人人皆有一「神明之德」，能「通變神化」；因性善能知，習性可引，是故參與經典注疏，不僅是個人參贊天地化育的方式之一，也是代聖人行教，幫助民人實踐性善的過程；蓋聖人以先知覺後知，以先覺覺後覺，

〔註52〕 此處所論另可參拙作：〈焦循易學的實踐側面——以「易學三書」爲核心〉，《第二屆青年儒學學術會議論文集》，（中壢：中央大學儒學中心，東海大學哲學系，2009 年 6 月 4～5 日），頁 13～30。

〔註53〕 關於此部分的論述已於本文第二、三章中做過說明，此不再贅言。

固然沒有問題，然而聖人已歿，代聖人行教如何可能？便在「情之旁通，義之趨時」上。

　　焦循以卦爻變化的過程，悟出旁通、相錯、時行等方法規則，事實上，卦爻變化的過程，便是改過遷善的過程。卦變最後必歸於正、貞定，人的神明之德保證了人們一定能被教化、導正、擴充、參與爲善的表現，如此的釋卦方法，兼採象數及義理兩端，調和漢宋，可說深有創獲及貢獻，呂思勉譽爲「精心之作」，且說：「清儒治漢易者，以元和惠氏爲開山，武進張氏爲後勁，江都焦氏則爲異軍蒼頭。……焦氏不墨守漢人成說，且於儒說之誤者，能加以駁正；《通釋》一書，自求條例於《易》，立說亦極精密，誠精心之作也。」〔註 54〕呂思勉分清儒治易有功的三家：惠棟、張惠言及焦循，言其各自特出所在，指出焦循不啻爲清代易學發展上，一股另起的力量，而其貢獻所在，便在不拘於漢人成說，自求條例，立說精密的精審上頭。

　　以《乾》卦首句「元亨利貞」的解釋爲例。王弼（226～249）《周易註》對這句話並未多作說明，而只說：「《文言》備矣」。《乾‧文言》的解釋是：

> 元者，善之長也；亨者，嘉之會也；利者，義之和也；貞者，事之幹也。君子體仁足以長人，嘉會足以合禮，利物足以和義，貞固足以幹事。君子行此四德者，故曰：「乾，元、亨、利、貞。」

〔宋〕伊川（1033～1107）《易傳》卷一云：

> 乾者，萬物之始；故爲天、爲陽、爲父、爲君。元、亨、利、貞，謂之四德。元者，萬物之始。亨者，萬物之長。利者，萬物之遂。貞者，萬物之成。惟乾、坤有此四德，在他卦則隨事而變焉。〔註55〕

〔宋〕朱熹（1130～1200）《周易本義》卷一則說：

> 元、亨、利、貞，文王所繫之辭，以斷一卦之吉凶，所謂「彖辭」者也。元，大也；亨，通也；利，宜也；貞，正而固也。文王以爲乾道大通而至正，故於筮得此卦，而六爻皆不變者，言其占當得大通而必利在正固，然後可以保其終也。此聖人所以作《易》，教人卜

〔註54〕參呂思勉：《經子解題‧易》，（臺北：臺灣商務印書館，1996 年 5 月臺二版一刷），頁 70～71。

〔註55〕參程頤：《易程傳》，收入楊家駱編：《易程傳‧易本義》，（臺北：世界書局，1991 年 10 月十一版），頁 3。

筮，而可以開物成務之精意。〔註56〕

王弼及伊川、朱熹的解釋可歸納出兩點：

其一，就〈乾〉卦展開來說，包含了元、亨、利、貞四德，聖人以此卦教人，君子以此卦行世，則可以大通至正。

其二，從卜筮上論斷易卦吉凶，〈乾〉示以大通、正固、保終之謂，換言之，不論是站在卜筮或思想的闡釋上說，乾道變化皆包含了宇宙人生的積極性作用，這個作用就王弼來說，是君子的道德踐履；朱熹則擴大一步說是開物成務，但不論是偏重人德或天道的解釋，都直接關乎具體的生活世界。

但焦循在《易章句》是這麼說的：

乾：行之不已，故健。

元：二先之坤五，爲乾元。

亨：二先行，四從之爲亨；二先行，上從之亦爲亨。

利：四從二而亨，〈乾〉成〈家人〉，〈坤〉成〈屯〉。〈屯〉變通於〈鼎〉，〈家人〉變通於〈解〉，不更以〈乾〉上之〈坤〉三；上從二而亨，〈乾〉成〈革〉，〈坤〉成〈蹇〉，〈蹇〉變通於〈睽〉，〈革〉變通於〈蒙〉，不更以〈乾〉四之〈坤〉初，是爲利也。其失道成〈小畜〉、〈復〉、〈夬〉、〈謙〉，而變通爲〈豫〉、〈姤〉、〈剝〉、〈履〉亦然。

貞：〈屯〉通於〈鼎〉，〈鼎〉二之五，而後〈屯〉三之〈鼎〉上，爲〈貞〉；〈革〉通於〈蒙〉，〈蒙〉二之五，而後革四之〈蒙〉初爲〈貞〉。成兩〈既濟〉爲貞凶。一成〈既濟〉，一成〈咸〉、〈益〉，是爲終則有始，利而後貞者也。〔註57〕

焦循突破了二千年以來《周易》傳注的窠臼，由治經方法而揭示的經義內涵，可由他對卦爻的解釋上得見。他運用卦變來解釋「元亨利貞」，明顯和王弼、伊川、朱熹都不同。里堂純從爻位變化以言乾卦，對元亨利貞的說解，亦僅強調變通的歷程，於意義內容的解釋亦完全闕如，可說十分特殊。岑溢成指出，焦循係運用卦變的「建構性原則」及「調節性原則」〔註58〕來解釋卦爻

〔註56〕參朱熹：《易本義》，收入楊家駱編：《易程傳・易本義》，（臺北：世界書局，1991年10月十一版），頁1。

〔註57〕參焦循《易章句》卷一，頁3。

〔註58〕岑溢成以爲，焦循抽象的卦變程序，可分爲「建構性原則」和「調節性原則」

變化。很顯然地，元亨利貞的卦爻變化，最後當歸於利貞，而應避免兩既濟，卦變必然趨向善的發展，是焦循言卦變歷程最重要的設準。

若再進一步觀察，以前述三人對乾卦文言的說解來看，在伊川、朱熹，猶不免依循古代《易》為卜筮之書的傳統，強調《易》的卜筮作用，甚至說卜筮得卦，可以具備為事的法則規範，如伊川就說，卦象是「隨事而變」的；至於朱熹甚至表示，聖人作《易》教人卜筮，這個卜筮當中具備了「開物成務之精意」；凡此，皆是伊川、朱熹釋《易》解《易》不反對卜筮、甚至強調卜筮作用的說明。而焦循的解釋，則全未及於卜筮的作用，亦未詳於卦辭的意義說解，而只著眼在卦變的歷程，強調某卦自某卦、某卦至某卦，如何變通或變通以利貞，這也是他大別於程、朱二人，以變通言《易》，卜筮僅在「濟小人之愚」，「假卜筮以行教」的特殊表現。

再檢視焦循對《易‧文言》：「元者，善之長也……貞固足以幹事。」這段話的解釋，其實和朱熹並無大別。但他在解釋「嘉會足以合禮」時，也全以卦變來說：

> 禮有等殺，二五尊貴，初四三上卑賤，初四三上從二五不逾越，故
> 合禮。〔註59〕

焦循以為，禮的階級位序，就像卦變一樣，必須講求先後次第且不可逾越。以他所提出的卦變原則來說，就是必須合於「先二五、次初四，末三上」的變化，亦即先進行第二爻和第五爻的變易，繼之以初爻與四爻、三爻與上爻的變易，即所謂「初四三上從二五不逾越」。焦循認為，這是卦變的應有次序，同時也用這種卦變的歷程為準則，來說明「禮」的意義。禮之等殺，就像卦變一樣，必有等序，必不可逾，若不如此就不合禮，也不能利貞。

岑溢成指出，「是否符合卦變的次序，本與具體的宇宙人生問題並無直接關聯，焦循卻據此說明『合禮』的意義。」、「用卦變的方式來說明『元亨利貞』雖然系統嚴密，卻十分『形式化』，與具體的宇宙人生問題，距離較遠」

兩種。直接涉及卦變的具體內容者，屬「建構性原則」；而舉凡言及卦變規則的方向和限制者，可說是卦變的「調節性原則」。參氏著：〈焦循性善論的探討〉，（臺北：《鵝湖學誌》第35期，2005年12月），頁121～144。簡單來說，舉凡爻性、爻位不正、不定，須變為正定及卦變需合於二五先行的旁通原則的，是「建構性原則」；為維持卦變能無窮盡地持續進行，避免出現「兩既濟」的情況，為「調節性原則」。

〔註59〕參焦循《易章句》卷九《文言傳》，頁61。

〔註60〕。此中，岑先生所說的「與具體的宇宙人生問題，距離較遠」，亦頗有可再商量之處。

焦循於此特意引入卦變言「禮」，表面上看，雖未及於禮意的闡釋，但卻明顯就禮的規範、準則、步驟、次第上，有強化說明的意圖。禮有做為形制典章的規範義，此一規範意義，同時也是道德上重視親親等殺的表現，禮的表現重視長幼尊卑，有一定的禮序，不可逾越，就像卦爻變化的順序一樣，必不可踰越，這是宇宙的、也是人生的；是卦變形式，也是禮意透過禮制形式以為表現的最好說明。焦循言及政教等具體問題時，強調一貫、通貫，繼而言仁禮一貫，忠恕一貫、性命一貫，人己、物我一貫，〔註61〕卦變次第有必然的順序，就像人必然可通向道德的方向一樣；故「嘉會以合禮」，亦當合於仁；不逾禮之形制規範，便是不逾仁，當然也能在禮之親親等殺的實踐上，透過「禮的形式」將「仁的道德內涵」具體表現出來，這是焦循於人道實踐的務實思考所在，亦是其個人的洞見所在。卦變以「三原則」相通貫，乾道所行，能健動不已，生生不息，合於卦變軌轍。故此處雖言乾道變化的卦變次第，講元亨利貞爻位該當如何變易，其實亦是在說人和天地、天道和人德，該如何變通一貫、以盡人之利、盡物之利，這些都和具體現實的生活有關，不僅是對宇宙問題的回答，也是對人生問題的回答。

焦循用漢易講卦變的方式解釋經文、傳文，但對易道的解釋，卻仍是道德義、倫理義的，以上的例子，正可視為他對象數易學和義理易學的突破與修正。「旁通」原則嘗見於虞翻（164～233），虞翻曾說〈比〉、〈大有〉旁通，〈小畜〉、〈豫〉旁通，〈履〉、〈謙〉旁通，但焦循批評他「以旁通解易而不詳升降之義。」荀爽（128～190）則雖曾以升降之說釋〈乾〉、〈坤〉二卦，但「荀氏明升降於〈乾〉、〈坤〉二卦，而諸卦不詳。」〔註62〕焦循認為，〈乾〉、〈坤〉之升降，即〈乾〉、〈坤〉之旁通，諸卦之旁通，仍〈乾〉、〈坤〉之升降；《易圖略》中另有諸多對納甲、卦氣、爻辰的討論，凡此，皆可視為焦循對象數易學的反省與創新；焦循重視旁通，講升降、納甲，目的都在透過這些原則方法以闡釋易道內容，發明易道價值，卦變旁通，必通往元亨利貞；爻變諸法，亦在言其一貫之旨；由此可見，焦循實另開啟了象數易學和義理

〔註60〕參岑溢成：〈焦循性善論的探討〉，（臺北：《鵝湖學誌》第 35 期，2005 年 12 月），頁 121～144。

〔註61〕參本論文第四章所論。

〔註62〕參焦循《易圖略》卷 1〈旁通圖第一〉，頁 342～343。

易學的不同解釋路徑，於二者釋《易》之方法及義理內涵的闡釋上，已有不同的修正。

二、由數理自然而通貫人道實踐

《周易》古為卜筮之書，故歷來治《易》者，大體分為理數兩派，「言理者，則詆毀言數者為誣罔；言數者，則指責言理者為落空」〔註63〕；加以數顯易徵，理藏難見，故不論採象數或義理派方式解《易》，向來皆各自論說，難有共識。焦循引入天文數算，以實測的方法治《易》，言卦變的錯綜變化如天體之運行，由《易》辭本身實測卦爻變動的規律，言「變化之道出於時行」〔註64〕，卦變不但必在時行的變化中趨於貞定，且此變化亦是道德意義的實踐，是倫理價值的體現。

以前文所說的〈乾〉卦為例，焦循也同於歷代注易者，從乾道變化，行之不已，以元亨利貞講各爻位的變化，但其闡釋路徑，卻採取他所悟出的治易原則，以「當位、失道」與否來斷其吉凶，言卦爻變化最後若變成「兩既濟」，則為貞凶，若成〈咸〉、〈益〉，則合於「終則有始，利而後貞，行之不已」之道。顯然，焦循所要強調的，雖兼重變化的「歷程」和「結果」，但歷程又比結果更值得關注，因為焦循已預設「卦變」最後必然往善的方向，故在變化的歷程中，如何旁通、時行使往善，也就更具關鍵地位了。

焦循將卦爻辭符號化、數理化的解釋，自是基於他的數學專長而來。本文第二章中，已說明焦循學思過程中，與之相伴論學的數學家好友汪萊、李銳，焦循受其影響甚深，三人被時人稱做「談天三友」，對當時的天文、數理研究頗有引領一代風氣，開創新思維的貢獻。本文第三章，言焦循的治學方法論，亦言及焦循運用實證、邏輯演繹等科學方法以解《易》，其易學方法係運用代數公式推論而來，凡此，皆可說明他治《易》的淵源與基礎。

朱伯崑也指出：「尋求數學中的普遍法則，以抽象符號表述此普遍法則，將數學命題公式化，依公式推算各種具體的數學問題，此正是焦循形式邏輯演繹思維的表現。焦循依這一思維形式觀察《周易》，形成了他的易學體系。」〔註65〕焦循用這一套數理方法歸納卦爻辭，並把卦爻辭中的問題，一一歸結

〔註63〕語見呂思勉：《經子題解》，頁68。
〔註64〕參焦循：《易圖略·自序》，頁339。
〔註65〕參朱伯崑：《易學哲學史》修訂本第四卷，（臺北：藍燈文化事業（股）公司，1991年9月初版），頁407。

成數學命題來表示，因為形式的和分析的命題必然有其普遍性，就如天道之生生自然，有其普遍的真理一樣，往好的一方面說，焦循自是結合了真實的自然、物理世界，以具體的數理邏輯推演，把自然世界和數理演繹綰和起來，一切卦象皆出於旁通、相錯、時行，且由實測卦辭之後又可進一步檢證之，卦畫之實有，必生生而行動，凡行動皆是健行之謂，亦皆是時行之表現，也是通往道德方向的改過遷善、變通可久之謂。

焦循指出：

> 君子小人，猶陰陽寒暑。貴而在上，自王公以至令長，皆君子也；賤而在下，農工商賈，皆小人也。在君子，宜孚於小人；在小人，宜進於君子。故寒往暑來，亦暑往寒來；日往月來，亦月往日來；小往大來，亦大往小來。大來固吉，小來亦非凶也。泰卦下天上地，尊卑倒置，而謂之泰者，以其能變通也。……否，上天下地，而謂之否者，以其不能變通也。……否卦原是君子，以其不能孚於小人，一己獨正，故不利也。陰陽有尊卑，而無善惡。尊而光，卑而順，皆善也，上慢下暴，皆不善也。惟寒變為暑，暑變為寒，乃為時行，乃為天道，乃為大和，是之為泰。若當寒而燠，當暑而涼，恆寒恆燠，即反時為災，斯謂之否，解者以陽外陰內為否，陽內陰外為泰，是以秋冬為否，春夏為泰矣，明曰變通，配四時，是寒暑皆時也，其往來皆通也。通即泰也。……否極而泰，由君子能通之；泰極而否，由君子不能通之。……泰否之義不明，而大小往來之義遂晦，於是各持一君子道長之見，而攻擊傾軋，即使得正，而已不利於君，不利於民，所謂「不利君子，貞也。」是真否也。〔註66〕

在這段文字中，焦循用〈泰〉、〈否〉卦變相錯，比喻君子、小人在倫理位階上的互動來往。焦循指出，舉凡王公令長等君子，必當取信於農工商賈等小人；在下位的小人亦當進信於君子；此必然之禮序、理則，就像寒暑往來、四時往復的大自然法則一樣，必定如此。以《易》卦做比喻來說，〈泰〉卦下天上地，尊卑倒置卻是來吉，以其能變通之故；〈否〉卦不能變通，反時為災，故為否。寒暑變異合於天道時序，故為時行、大和、通泰；若反時而行，不能變通，則為否。泰極而否、否極而泰的關鍵在於變通，變為「正」、通為「泰」，就可利貞，可見不論處於君子或小人之位，皆當謹守尊而光，

〔註66〕參焦循撰‧楊家駱主編：《雕菰集》卷13〈寄朱休承學士書〉，頁201～202。

卑而順的道理,君子亦不宜一己獨正,上慢下暴,否則既不利於己,亦不利於民。

焦循用〈泰〉、〈否〉卦變說明倫理的生活,此中,變通、時行是導向利貞、道德之善的關鍵,他把抽象的數理模式套入卦爻變化,以言現實人事的指涉,顯然是要在自然物理的世界中,尋索數理邏輯和道德實踐通貫的可能。時行、變通之必然,一如人們從事道德實踐之必然,自然是替人倫世界增多了一份動力,替人們改過遷善的能動性,多了一份保證。

復次,君子小人之位,並不是固著不變的,處君子之位者,需「孚眾」、得民信任,要明白「泰否、大小往來之義」、「寒暑皆時」,才能為小人所尊敬;處小人的士農商賈,則要不斷提升自己的道德修養,使之達到君子的層次,參與統治、行教,然後可以「進於君子」而通泰。若此,不僅可由「變通」將社會階級導往好的方向流動,君子主動地「往來皆通」進行調整,也避免了「不利君子,貞」的危機。

以數理自然通貫人道的實踐,因而講君子、小人之道的落實,同時也是一種政治倫理、人倫社會的往來溝通之道。人與人之間,重視真情相感相與是仁,君臣之間,重視上下尊卑的孚與順;君子以其尊光德孚於小人,小人以其謙順進通於君子,惟如此,則君子、小人各以其位相感相與,通變時行,既配四時同德於天,也以其人道人德與天道一貫,於是,王道政治理想可為落實,天道價值可為朗現。

焦循十分強調時行、變化的歷程,《易經·繫辭下》有:「《易》窮則變,變則通,通則久。」〔註 67〕當事物發展到極點、即將窮盡的時候,就必須求其變化,變化是為了通達,適合需要,為了可大可久,所以「通其變,使民不倦,神而化之,使民宜之」〔註 68〕,由在上位者之篤恭時行,使民宜之,安立人道倫理,盡現實的關懷,講血緣親情的相親,君臣道義的相持。其實焦循的變通、時行理論,不獨可在《周易》中找到根據,即如他在注釋《論》、《孟》時,也有不少關於「行權」的討論。〔註 69〕焦循不只一次的強調,《周

〔註 67〕語見《易·繫辭傳下》。
〔註 68〕語見《易·繫辭傳下》。
〔註 69〕焦循《論語通釋》(木犀軒本)中,即有〈權〉篇諸條,晚年所成的叢書本,又補入〈據〉篇專章,論述詳明;此外,《雕菰集》中亦有〈說權〉八篇,皆是里堂於「權」的關注。本文第四章,焦循論語學建構中,已指出,焦循以其論語二書的說解,揭櫫個人的政治、文化觀,其對「權」的思考,多偏向

易》、《論語》、《孟子》當相互訓解，且認為《周易》正係此三部書精義之所匯聚，由此可見，焦循用元亨利貞、時行變通以務實的人倫關懷，已然在宇宙自然和現實人世間找到合理的聯繫。

第五節　本章小結

以上對焦循易學的分析，可歸納出幾個重點：

其一，焦循的易學建構一如他注解《論語》一般，有其對時代的回應。從學術發展上說，乾嘉時期的經學研究，純以漢學為基底的學術氣氛已然形成，針對《周易》的經注方式，除惠氏易，採取漢學家訓詁的經注方式外，尚有張惠言以術數家虞翻、荀爽的觀點解易，焦循明白指出他對惠棟的不滿，批評當世以小學訓詁解經，不過是「補苴掇拾」之學；至於以象數解易者，亦徒求卜筮而不能貫通；他以為《周易》是聖人教人改過遷善之書，故有意以繼承文王「元、亨、利、貞、吉、凶、悔、吝、厲、孚、無咎」十二言之教，採經典注疏的方式，代聖人行教；此一方面是參與了現實世界的學術改革，另方面更是從事倫理教化的道德實踐。

其二，焦循將《周易》定位為道德教本，其易學的核心思考，是變通、時行，故不論如何變通，目的都是為了道德行為的實踐，要改過遷善，要穩立倫理生活的可大、可通、可久。焦循指出，人們遷善改過之所以可能，是建立在「性善能知」、「習性可引」的基礎上，此一設準，又是他經由實測經文所悟出的治《易》原則而來，於此，便使他的易學方法及內涵，又得到進一步的疏通。

焦循易學之建構，有其邏輯、經驗、徵實的科學方法，其易學內涵表現為道德的、生活的、實踐的，此易學詮釋，不僅融通自然與道德世界之兩端，適度修正宋代易學與象數易學的偏頗，以章句輔證圖說，以通釋歸納章句，復以補疏、餘說、筆記補強思索說解之未足；可以說對乾嘉易學、甚至是往後的易學發展，具有指導性作用。焦循易學更可視為清代易學發展的絕響。

其三，焦循畢生關注最多在《周易》一書，他對《周易》的理解詮釋，

於「異端執一」理論的補充，是他對當時學術紛爭的回應；而其政治主張，言君臣之道的落實，亦係期待建構一文化政治的理想而來，言禮讓理爭，期待聖王君子之教。但此處所論君臣之道，則以變通、時行，詳君臣交往，其偏重略有不同。

不僅是以經注回歸聖人之道、探求聖人本意而已，更是爲了建立個人的「一貫」思想，構畫個人的哲學體系。焦循藉由《周易》的傳承，說明理解詮釋《周易》，必然和所處的時代發生關係，亦必然通貫宇宙自然和現實世界，他用數理方法說明了這一點。比起其他經典，治經時需博采遠證，核正勘誤，對《周易》的理解與詮釋，則需「通前徹後，提起頭緒」，並由此頭緒「貫入」，此一頭緒，依前文歸納可知，即是變通、時行，焦循以此「貫通」全《易》，亦以此構畫個人「一貫」的哲學譜系。在他的《論語》學中，逕以夫子之言「一貫」，標舉個人的「一貫」思想；而在他的《易》學建構與詮釋中，則以「變通」言其「一貫」的展開。

　　焦循以其易學，建構他對自然世界與倫理世界相貫通的擘劃，此易學建構，不僅植基於他的政治文化理想而來，同時也和他的倫理學內涵有關，以下將再說明焦循的倫理學內容，指出焦循經由《周易》「旁通」原則，以言「情之旁通、義之時變」的人性論思考，以整合焦循「一貫」哲學建構之全幅面貌。

第六章　焦循的社會人性關懷
——焦循的孟子學建構

第一節　前　言

　　前文已分就焦循論語學、易學內涵做過說明，並指出焦循畢生學問關注
最多的《易》學，實與其《論語》、《六經》，甚至《孟子》等諸作互爲表裡；
質言之，就焦氏經注的數量來看，他對《周易》的注力雖然最多、最豐，但
其思想核心卻是一脈貫通的，甚至可以說，不論從其撰作的時間先後，或個
人哲學譜系的建構完成上看，焦循植基於前時在《論語》、易學上的思索，到
了《孟子正義》時，已是他藉由經注撰作，完成個人哲學思想建構的成熟之
作。

　　焦循曾表示，對聖人之道的理解，可由《論語》、《周易》、《孟子》互爲
發凡，得其訓釋，從經注經解的內涵上觀察，顯然他認爲此三書的核心思想，
是可互相貫通的。另外，針對他做《孟子正義》的動機上說，除了他自言，
平生於戴震《孟子字義疏證》三卷最爲心服〔註1〕外，事實上，焦循對孟子的
關注也是持續性的。焦循曾表示：「先曾祖考諱源，先祖考諱鏡，先考諱蔥，
世傳王氏〔註2〕大名之學。循傳家教，弱冠即好孟子書，立爲《正義》，以學

〔註1〕　焦循謂：「循讀東原戴氏之書，最心服其《孟子字義疏證》」。參見焦循撰，楊
　　　　家駱主編：《雕菰集》卷13〈寄朱休承學士書〉，頁203。
〔註2〕　焦循此處所謂「王氏大名」之學，指的是鄉賢王方魏。王方魏，字蔣城，一
　　　　號大名，隱居黃珏橋。據李斗：《揚州畫舫錄》卷二，記載：方魏工書，得晉

他經，輟而不爲，茲越三十許年。」〔註3〕此可見焦循早在弱冠之時，即已對孟子產生興趣，獨因家學淵源，先學治《易》而未及其他，到了晚年注《孟》解《孟》，自當是個人心願得償的表現。

焦循之弟焦徵，回憶亡兄注《孟》的過程時說：「先兄壬戌會試後閉門注《易》……戊寅春《易學三書》成。又以古之精通《易》理、深得伏羲、文王、周公、孔子之恉者莫如孟子，生孟子後而能深知其學者莫如趙氏。惜僞疏踳駁乖謬，文義鄙俚，未能發明其萬一，思做《正義》一書。」〔註4〕焦徵不但明白指出焦循治《孟》的意圖是爲了詳明僞趙疏之不足，還指出，焦循認爲，《易經》的詮釋系統應包括孟子在內；換句話說，整部《孟子》應和《易》密切相關。焦徵的觀察可說十分準確，焦循不僅以《易》解《孟》，更再再指出「孟子深於《易》」、孟子應名列於精通易理之類，而焦循這些特殊的治經眼光，也都在《正義》全書中得見。

事實上，焦循在正式注孟之前，已先令其子廷琥采錄當朝有關《孟子》之著述，一一纂出，依次第編爲《孟子長編》14帙30卷；書成後，越兩歲開筆編撰，逐日稽省爲《注孟日記》，並立程自限次第，爲《孟子正義》，以闡東原未明之人性主張。特別值得說明的是，焦氏撰作《孟子正義》期間，足疾劇烈，每痛徹骨，且煩躁似癭，雖其心血已於著書耗盡〔註5〕，但於草稿成

人最深。著有《周易纂解》二卷，《大名集》一卷。焦循家族世居北湖，北湖在揚州北郊，北湖學術的開啓，約是從王納諫（1607年進士）開始的。王納諫是王方魏的祖父，王玉藻的父親，17世紀後半期，北湖王家在該地雖已落戶甚久，可稱爲當地大族，但王玉藻父子，皆拒絕入清爲官，焦循家族早自曾祖鞏開始，便與北湖王家往來密切。焦循自言三世習易，故雖與王方魏時隔百年，但王玉藻在北湖躬耕，及王方魏致力研究《易經》的形象，在時人心中可謂印象鮮明，對焦循來說，個人的家族傳承，北湖王家、及當地的文化特色，也給了他許多養分。有關揚州的文化活動和城市特色，另可參〔澳大利亞〕安東籬（Finnane, Antonia）著，李霞譯：《說揚州：1550～1850年的一座中國城市》，（北京：中華書局，2007年8月初版）第2章。

〔註3〕 參焦循：《孟子正義·孟子篇敘》（新編諸子集成本），（北京：中華書局，2004年2月重印一版5刷），頁1052。按《孟子正義》有二刊本，一是道光五年家刻的單行本，其後家刻的《焦氏遺書》及魏綸先印行的《焦氏遺書》本，皆是此一版本；另一是《皇清經解》的道光及咸豐本。本論文所使用的版本，係今人以咸豐年間的《經解本》爲主，並參《遺書本》改校而成者，亦即今所通行之《孟子正義》（北京中華）。

〔註4〕 參焦徵：〈孟子正義刻書始末〉，收入焦循：《孟子正義》，頁7～8。

〔註5〕 根據焦廷琥記載：「（焦循）自開筆撰《正義》，自恐懈弛，立簿逐日稽省，仍如前此注易，簡擇長編之可採者與否者，有不達則思，每夜三鼓後不寐，擁

次後，仍不斷詳細修改清稿。自嘉慶 21 年丙子冬迄嘉慶 25 年庚辰 7 月病歿
爲止，共手錄《正義》12 卷，臨終時，尚不忘囑其子廷琥曰：「《孟子正義》
無甚更改，惟所引書籍仍宜逐一校對，恐傳寫有誤耳」〔註6〕，可見他對此書
的掛念。或者可以說，整部《正義》之作，正是里堂晚年嘔心瀝血、血淚斑
斑的思想集大成之作也不爲過。

　　據焦廷琥記載，焦循歿前除甚掛心《正義》未及校對謄清外，對此書付
梓刊刻亦有所期。焦循長年以來生活貧窮，無力於出版，廷琥雖承父志勉力
校正父作，然亦體弱委頓，心血久虧，不堪耗損，於里堂歿後一年辭世，《正
義》一書，一直到里堂之弟焦徵之手，方得以刊刻完成。〔註7〕故嚴格來說，
《孟子正義》一書，雖是焦循個人思想精粹的表現，但事實上卻經歷了焦循、
焦廷琥、焦徵三人之手。

　　目前學界對焦循《孟子正義》的討論，多集中在其「言情重智」的自然
人性論傾向，此言雖是不差，卻也未必十分準確，因爲焦循之所以在人性論
上有如斯的主張，其實是扣合著他全幅的哲學體系而來。《孟子正義》雖爲辨
正歷代孟子注疏，彰明經旨而作，然究其內涵，則深受戴震影響，且在東原
之外有所創發。特別是《正義》作於焦氏「易學三書」完成之後，其浸潤既
久的治易方法「旁通、相錯、時行」、引申而比例之，亦直接表現在《正義》
當中，當然，焦循更將其易學思想表現在他人性主張上，故書雖題爲「正義」，
係爲正其經義而作，然其內涵，則不獨爲闡發孟學經義而已，評爲「焦氏孟
子學」似更允愜。〔註8〕

<hr />

被尋思，某處當檢某書，某處當考某書。天將明，少睡片刻，日上紙窗，府
君起盥漱，即依夜來所尋思，一一檢而考之。」、「府君之心血，竟以著書耗
矣……一年前，已知神氣之衰……今年病作，即患舌燥無津，又不能力求治
法。」凡此皆可看出焦循戮力注《孟》之專注及心血所繫。事詳焦廷琥：《先
府君事略》，（焦氏叢書本）收入北京圖書館：《叢書人物傳記資料類編・學林
卷》第 16 冊，頁 389～391；賴貴三，《焦循年譜新編》，（臺北：里仁書局，
1994 年 3 月初版），頁 420。

〔註6〕　參焦廷琥：《先府君事略》，頁 391。獨焦循自謂自丙子（嘉慶 21 年，1816）
　　　　年冬開始纂錄當朝孟子著述事，係據《孟子正義》卷 30，〈孟子篇敍〉（新編
　　　　諸子集成本）末語而定，與焦廷琥所記始於丁丑年（嘉慶 22 年，1817）冬不
　　　　同。參前揭書，（北京：中華書局，2004 年 2 月重印一版 5 刷），頁 1052。
〔註7〕　事詳焦徵：〈附記〉，收入焦廷琥：《先府君事略》（焦氏叢書本），頁 423～427。
〔註8〕　參拙作：〈焦循人性論初探——以《孟子正義》爲核心〉，（臺北：《孔孟月刊》
　　　　46 卷第 11，12 期（551～552），2008 年 8 月），頁 25～32。

焦循的人性論主張，除了《孟子正義》外，尚有收入文集《雕菰集》中的〈性善〉數篇，頗可見其持續性的思考歷程。本文將針對前揭文本，辨析何者爲里堂於孟子人性論之發揚與改易，據以指出焦循所提出的人性論，爲一重智通變的、社會的、歷史的人性論傾向；其以《易》釋《孟》，不獨在構作個人哲學譜系時，有其方法論上的一貫，其思想內涵以《論》、《易》、《孟》互攝互融亦爲一貫，焦循所建構的「焦氏孟子學」，不僅可視爲是個人道德哲學的完成，同時亦具有總結前賢人性論思考的向度；焦循哲學的建構與證立，亦於《孟子正義》一書得以完成。

第二節　焦循孟子學的詮釋基礎

前文已提及焦循注孟的動機之一，係有感於趙疏鄙俚，戴氏又於一貫之旨說之未詳所致，但焦循的人性主張，卻頗有資取東原之處；其繼承處，可視爲焦循「心服」的說明，但更特別的是，這些承繼更有諸多轉深轉進的表現。以下將再分論焦循孟子學的詮釋基礎，使明焦氏孟子學建構之基底。

一、對戴震人性論的繼承

戴震表示《疏證》一書，是他生平最重要的著作〔註9〕，其撰作目的旨在「正人心」。「正人心」一語不僅是戴震於孟子學的核心關注，同時也是他「人性」主張的重點；或者也可以說，《疏證》之作既在「正人心」，人心如何導正？如何能正？即是他全書的思考所在。

戴震在臨終前一年給段玉裁的信中說：

> 僕自十七歲時，有志聞道，謂非求之《六經》，孔、孟不得，非從事
> 於字義、制度、名物，無由以通其語言。〔註10〕

〔註9〕 戴震之言義理者，有《原善》、《緒言》、《疏證》三書。三書思想雖大體一貫，但亦有意向輕重、論述詳略之不同，頗可見東原學說與年俱變之跡。大抵來說，《原善》不排詆宋儒；《緒言》頗排宋，其最要者在「理氣之辨」，而別立一「天地、人物、事爲不易之則」以代之；《疏證》則直接以情欲言理，惟辨理欲。簡言之，即《原善》辨性欲，《緒言》辨氣，《疏證》辨理欲。而成書晚的《疏證》，頗有會合前兩書爲一說的取向，其中包括「通情遂欲、推己反躬、忠恕絜情」最爲《疏證》所新創，亦爲東原晚年思想之所止。有關戴震三書成書時間先後、內容比較及東原思想的分期，可另參錢穆：《中國近三百年學術史》第八章〈戴東原〉，頁337～418。

〔註10〕 參戴震著，何文光整理：《孟子字義疏證‧與段若膺論理書》丁酉正月十四日，

> 僕生平著述最大者，爲《孟子字義疏證》一書，此正人心之要。今
> 人無論正邪，盡以意見誤名之曰「理」，而禍斯民，故《疏證》不得
> 不作。〔註11〕

前條可看出戴震核實考證的治經方法。對經意的探究，必須以「字義、制度、
名物」爲門徑，步步探求其語言；但語言考據畢竟也只是「工具」入階而已，
探求經意的目的仍在彰顯「道」的價值；換言之，考據的目的在於「明道」，
但明道的工具卻來自語言、制度、名物的訓詁考據。戴震的這種治經方法，
顯然爲焦循所繼承。

　　其次，《疏證》之作，還有一面向當世不得不然的理由。當時的學術界，
到處充斥著名之爲「理」的意見，這在戴震看來，既不是眞正學問上的「理
學」，也不一種有益人世的積極思考，不過淪爲「意見」甚或意氣之爭。欲矯
治這種邪說流弊，必須從「人心」上予以改變，使導正言論、端正人心，勿
使謬說禍民。東原這種積極的學術取向，同樣也在焦循的學問中得見，焦氏
的《論語》學諸作，幾乎都是對應當時學術紛歧，提出解決之道的作品。

　　只不過，講到如何「正人心」，就必須討論人心、人性究竟是什麼。戴震
對人性的看法，是從情性、欲望上做考慮的。他說：

> 人之血氣心知，原於天地之化者也。有血氣，則所資以養其血氣者，
> 聲、色、臭、味是也。有心知，則知有父子，有昆弟，有夫婦，而
> 不止於一家之親也，於是又知有君臣，有朋友；五者之倫，相親相
> 治，則隨感而應爲喜、怒、哀、樂。合聲、色、臭、味之欲，喜、
> 怒、哀、樂之情，而人道備。「欲」根於血氣，故曰性也，而有所限
> 而不可踰，則命之謂也。仁義禮智之懿不能盡人如一者，限於生初，
> 所謂命也，而人皆可以擴而充之，則人之性也。……後儒未詳文義，
> 失孟子立言之指（旨）。……孟子之所謂性，即口之於味、目之於色、
> 耳之於聲、鼻之於臭、四肢於安佚之爲性；所謂人無有不善，即能
> 知其限而不踰之爲善，即血氣心知能底於無失之爲善；所謂仁義禮
> 智，即名其血氣心知，所謂原於天地之化者之能協於天地之德也。
> 〔註12〕

（北京：中華書局，2009年3月二版五刷），頁184～185。

〔註11〕參戴震著，何文光整理：《孟子字義疏證・與段若膺書》丁酉四月廿四日，頁
　　　　186。

〔註12〕參戴震著，何文光整理：《孟子字義疏證》卷中〈性〉，頁37～38。

在這段文字中，戴震直接把孟子所主張的「仁義禮智」，等同於「血氣心知」；並從人類原生初始的情性欲望上，討論性命。戴震的解釋，明顯謬於孟子，然而若先撇開他和孟子思想上的差異不說，戴震顯然是要強調，血氣心知亦可以有爲善的可能。雖則戴震此處所論，原係爲闢老莊學說而來，但他的主張卻有更多對比於宋儒之處，他認爲宋儒所論，根本是「未詳文義，失孟子立言之指」。東原將孟子析分爲二的「自然情性」和「道德之性」〔註13〕打成一片來說，認爲舉凡用以資養血氣的聲、色、臭、味之欲，或隨感而應的喜、怒、哀、樂之情，不過都是一種根植於「人性」的「人道」表現。人類畢生的要務，便在不爲先天的命定所梏限，而能擴充爲「人之性」的表現；欲望之性既是根源於天，本有而不可廢者，故人人若能認知到這種欲望的範限而不踰越它，便叫做善；追求血氣心知底於無失，也叫做善；仁義禮智、血氣心知，既皆根源於天地之化者，使情性表現有節，而協於天地之德，便是他全部「性善」主張最核心、最重要的思考。

戴震將孟子的性善論專導向防制自然之性的一邊說，當然是歧出孟子的說法。因爲孟子所要人們充擴的人性是道德之性，不是心知自然之性當有所限制而不踰越之謂，東原此處旨在提出「心知」之感，由此心知的取向，而知人倫、知欲望應有所限制，其重視自然情性、認知的表現處，似同於荀子；然其自然之性必循理則而爲表現，且有天道以爲保證，這就讓戴震的人性論，成爲一本而不是二本，是他所謂「荀、揚之所未達，而老、莊、告子、釋氏昧焉而妄爲穿鑿者也」。〔註14〕戴震所說的「正人心」，便是對比於宋儒講人性僅從本心上考慮，或荀、揚偏重欲望感官情性的一邊說，戴震以爲，時人論理足亂人心，解決之道，便是析明人性內涵，使人以仁義禮智與血氣心知之性，合於天地之德。

戴震這種偏向情性欲望的人性考慮，雖是有清以來「氣本論」思想下的產物，但真正說明較完備，且與戴氏所論相近最多者，卻是焦循。焦循雖不

〔註13〕《孟子·告子上》：公都子問曰：「鈞是人也，或爲大人，或爲小人。何也？」孟子曰：「從其大體爲大人，爲其小體爲小人。」……「耳目之官，不思而蔽於物；物交物，則引之而已矣。心之官則思，思則得之，不思則不得也。此天之所與我者，先立乎其大者，則其小者不能奪也，此爲大人而已矣。」孟子以「大體」、「小體」說明君子、小人之別。大人養大體，培養內在的德性與思維力；小人則養小體，追求感官欲望；此中，耳目之官是「自然之性」、小體，「道德之性」是心、大體。

〔註14〕參戴震著，何文光整理：《孟子字義疏證》卷中〈性〉，頁38。

用「達情遂欲」這類的詞語，但他主張旁通於情、能知故善，性善可引，兼攝孟、荀的人性表現，在性善根源上歸屬孟子的看法，卻是對戴震人性論、倫理思想的繼承。

二、鎔鑄《周易》及各種治經材料

根據焦循之子焦廷琥的記載，焦循曾表示，作《孟子正義》係「採擇前人所已言，而以己意裁成損益於其間」〔註 15〕。除了摘取前人看法，重新改訂歷代注疏之外，其中還有更多創獲與闡發，此間，援用哪些資料斷以己意，以爲改訂經注的內容，如何刪剪增益，自是注經時很重要的關節所在。

焦循用以檢覈歷代孟子經說的資料是很廣泛的，除了小學類訓詁的資料外，還包括各式各樣可以用來解經的材料，這種表現，亦是他多年以來一貫的治經態度、治經方法的承繼與延續。最明顯的例子，是他對孟子性善的討論。焦循說：

> 孟子之學，述孔子者也。孔子之學，述伏羲、神農、堯、舜、文王、周公者也。陸賈《新語・道基》篇云：「先聖仰觀天文，俯察地理，圖畫乾坤，以定人道。民始開悟，知有父子之親、君臣之義、夫婦之道、長幼之序，於是百官立，王道乃生。」《白虎通》暢其說云：「古之時未有三綱六紀，民人但知其母，不知其父，能覆前，不能覆後，臥之詓詓，起之吁吁，飢則求食，飽即棄餘，茹毛飲血，而衣皮葦。於是伏羲觀象於天，俯法於地，因夫婦，正五行，始定人道，畫八卦以治天下。」〈繫辭傳〉云：「以通神明之德，以類萬物之情。」神明之德，即所謂性善也，善即靈也，靈即神明也。〔註16〕

此處焦循以學術的發展傳承言孟子之學，並提出陸賈《新語》、班固《白虎通》、甚至《易傳》的說法以爲佐證，明顯異於程、朱釋孟子性善，也和孟子之論不同，甚至也未必合於《易傳》中的觀點。焦循認爲，人之性善是一種「神明之德」的呈現，性善是性靈、神明之善，孔子傳述伏羲、神農、堯、舜、文王、周公以來的道統，孟子延續之，目的都在使民有知，助民開悟，特別是自伏羲以降，由孔、孟繼承的道統，都在穩立倫理譜系。此由陸賈、班固

〔註15〕 參焦廷琥：《先府君事略》，（焦氏叢書本），頁 389～391。
〔註16〕 參焦循：《孟子正義》卷 10〈滕文公〉上，「滕文公爲世子」章「孟子道性善言必稱堯舜」條。頁 317。

及《繫辭》傳的暢說分析，可以得見。

何澤恆指出：

> 此處引《新語》、《白虎通》之言，乃就一種人類文化發展史之立場
> 著眼……只可謂里堂就人類自草昧日趨文明之過程以闡發性善之
> 旨，而其義則悉本於《易》。〔註17〕

何先生的看法是很切當的。蓋里堂畢生治學，頗深於《易》，將《周易》所論移入《孟子》，在《正義》一書中可謂著跡斑斑，此僅其一而已。不過此處還需強調的是，焦循在解釋《孟子》時，尚多置入漢儒的材料，故雖依傍前說，但卻不是從人性的形上根源處辨析，而是從整個人類發展，漸次步向文明、產生文化的角度上觀察，講人類由「未有三綱六紀」、茹毛飲血，因受教化而能開悟，得以正五行，定人道，立百官，生王道，而天下平治的過程，此間，道統的延續，便是「神明之德」不斷被開發的過程。〔註18〕

程、朱以《中庸》說性善，焦循則以《易傳》爲說。雖則前文所述，似皆關注在具體形器生活的一面，未能逆溯其根源，做哲學式的思辨探究，事實上，焦循從歷史發展、社會觀察、文明進化上，討論人性，亦正是對比於宋儒的另一種談法，特別是綜合相關的研經資料以證，言人倫世界穩立，及人類社會逐步建構的歷程，可說具體而微地揭露了人性進化的歷程義。人處天地之間，法天地之象，穩立人道，由個人的神明之德向上通貫聖賢道統、通達五行乾坤；向下與自然萬物同在，與萬物同其情；故里堂所論的性善、神明之德，亦是可以通上貫下者。

第三節 焦循的孟子學內涵要義

前文已指出，焦循肯定「性善」的形上根據，是預設人有「神明之德」、能悟，而禽獸不能悟；人可被教化開啓，而禽獸不能；人類因爲有「神明之德」，「能知故善」、「習性可引」，故能被曉悟、開啓，〔註19〕人之所以有被教化的可能，能在總體社會中提升自己的道德品質，都由此一預設及保證而來。

以下將針對焦循注孟、釋孟的文本內涵，進一步分析焦循孟子學的核心

〔註17〕參何澤恆：《焦循研究》，頁169～170。
〔註18〕有關人性具有「神明之德」的說解，可另參本論文第五章，此處不再重複。
〔註19〕此處所論已於焦循易學的建構處言及，此處不另再說明。

內容。

一、人禽之辨──知與利

焦循說：

> 夫子之讓乎父，弟之讓乎兄；子之代乎父，弟之代乎兄；此正人性
> 之善之證也，……人之有男女，猶禽獸之有牝牡也。其先男女無別，
> 有聖人出，示之以嫁娶之禮，而民知有人倫矣。示之以耕耨之法，
> 而民知自食其力矣。以此教禽獸，禽獸不知也。禽獸不知，則禽獸
> 之性不善；人知之，則人之性善矣。聖人何以知人性之善也？以己
> 之性推之也。己之性既能覺於善，則人之性亦能覺於善，第無有開
> 之耳。……故非性善無以施其教，非教無以通其性之善。〔註20〕

焦循先以父子、兄弟之間的辭讓表現，作為性善的證據，此處所言，大抵尚
同於孟子所說的「辭讓之心」，然而非常特別的是，焦循不再闡明辭讓之心的
根源，或言「四端」，而旋即轉論男女欲望及人倫生活的安立。他以人類和禽
獸為對比，稱男女之別猶禽獸牝牡之分，人禽之辨，在於人類有知、可教、
能覺；而禽獸無知、不能教、不能覺；人性可透過教化開悟、使知之，故人
之性善，此性善根源的保證，自是來自前述的「神明之德」，不過在此處，焦
循更強調了教化、學知的傾向，而且只有人類有這種能知、教知、覺於善的
可能，禽獸則沒有。

另外，聖人施教之所以可能，是由己之性而推知的，焦循特別強調這種
推己及人、施行教化的作用，性善的神明之德雖可為施教的保證，但若未施
教化亦無以開通性善之德；或者可以說，人之「性善」不僅是先天所本有，
更是在總體社會及生活中長養起來的。先是由人類生存的基本需求，如男女、
飲食，教之以嫁娶、耕耨等禮法，然後使民知曉人倫軌範，知曉自食其力的
可貴。此間，「性善」的價值與可貴，亦是在總體環境、群體生活中步步完成
者，非本然即如是者。

焦循繼續說：

> 當羲農之前，人苦於不知，故羲農盡人物之性，以通其神明，其時
> 善不善顯然易見，積之既久，靈智日開，凡仁義道德忠孝友悌，人

〔註20〕參焦循：《孟子正義》卷10〈滕文公〉上，「滕文公為世子」章，「孟子道性善
　　　言必稱堯舜」條。頁317。

> 非不能知，而巧僞由以生，奸詐由以起，故治唐虞以後之天下，異
> 於治羲農以後之天下。〔註21〕

此處仍係強調聖人教化民人的向度。焦循將歷史發展，依時序分爲三階段：
羲農以前、羲農至唐虞之時、唐虞以後。他說羲農教人，在使民智日開，人
們知悉仁義道德忠孝友悌，其實是一個積久積善的過程，伏羲、神農幫助人
民「開其識、深其智」〔註22〕通神明之德；但到了唐虞以下，民智已開，環
境變得更複雜了，人民已由不知轉爲知，不免產生巧詐奸僞之事，解決之道，
便是孟子本章中所提及的「言必稱堯舜」，法堯舜、繼羲農、開萬世的通變神
化之道〔註23〕。此處焦循更強化前條所說，人性是教知、積漸的過程，他從
智性之知上強調性善可教，但更要緊的是，此一性善靈智，也不純粹僅是開
悟即明者，而必須透過時間的累積、環境的變化，與日、與時俱進，換言之，
性善還具有時間歷程義、社會性、歷史性，因爲人智是不斷進化、不斷培養
出來的，這種觀點自是大不同於孟子。

　　除了闡明人有神明之德，能知可教，而禽獸不能外，焦循關於人禽之辨
的第二個特徵是強調二者的義利之別。

　　孟子嚴「義利之辨」是從現實政治上考慮，焦循卻轉以言人禽之大別。
他說：

> 人之所以異於禽獸者，在此利不利之間，利不利即義不義，義不義
> 即宜不宜。能知宜不宜，則智也。不能知宜不宜，則不智也。智，
> 人也；不智，禽獸也。幾希之間，一利而已矣，即一義而已矣，即
> 一智而已矣。〔註24〕

此是焦循解釋孟子言「天下之爲性，則故而已矣」章的說解。他訓解「故」
爲「利」，指出此「利」即「元亨利貞」之「利」，做「變化」解釋，並把利
等同於義、宜、智。人和禽獸的分別，除了人「能知故善」外，同時更因爲
此一「能知」的判斷，而有能力做出合於道義的「有利」、「有智」行爲。焦

〔註21〕參焦循：《孟子正義》卷10〈滕文公〉上，「滕文公爲世子」章，「孟子道性善
　　　　言必稱堯舜」條。頁318。
〔註22〕參焦循：《孟子正義》卷10〈滕文公〉上，「滕文公爲世子」章，「孟子道性善
　　　　言必稱堯舜」條。頁318。
〔註23〕參焦循：《孟子正義》卷10〈滕文公〉上，「滕文公爲世子」章，「孟子道性善
　　　　言必稱堯舜」條。頁318～319。
〔註24〕參見《孟子正義》卷17，「天下之言性也，則故而已矣」章「言天」至「之性
　　　　也」條，頁586。

循雖然也主張，人性當中，有飲食男女的「欲望之性」，及知利知宜的「智識之性」兩端；此處則將性善直接等同於智性，一個有智之人能實現其性善，能趨利合宜；反之則是不智不善。

非常特別的是，焦循將「利→義→宜」、「利←義←宜」做了正反看似合理的疏通，「知利」、「知義」、「知宜」者惟人能獨有，禽獸則不能；故人禽之辨，不在孟子原先所說只是感官小體的幾希之差，而是這種「認知」之性，亦即知利知義知宜的先天能力，只不過，焦循也同樣承認，此一性善之智性固然人人都有，但未彰顯之時，只處於蒙昧狀態，一如人和禽獸的幾希一般，人類智性必賴聖人開啟及後天學習而來；一方面既要教化「苦於不知」之人，開啟其「靈智」；另方面，又要隨著時代變異，在不斷累積智慧性善之下，講人智的變通，合於趨時、時行，元亨利貞之變，便是變於「宜」、「義」、「利」者，由此可見知識陶養和教育訓練的重要，人類智慧之得以進化，都在此「人禽之辨」的能知、知利的性善上頭。

二、以欲說性、智性日進

焦循將原來嚴義利之辨的孟子學，滑轉為合宜之利即等於義，由趨利故義，而「即利即義」〔註25〕，顯見清儒重視現實的實用態度。善的標準由利來呈現，有利、有智就是性善，換言之，性善不能只在一己的存養省察中得見，還必須在人我、社群的相互交通中實踐，人雖性善，還要因利變化，方為究極。

聖人透過教化，使一般人亦能經由教化具備和聖人之性，具備知義、知利之智，並表現實踐在行為上。正因焦循正視了一般人的限制，亦使他的性善論顯得更具務實的積極考量。

焦循說：

> 知己有所欲，人亦各有所欲。己有所能，人亦各有所能。〔註26〕

> 民有好色之性，故有大昏之禮；民有飲食之性，故有大饗之誼；有喜樂之性，故有鐘鼓管絃之音；有悲哀之性，故有衰絰哭踊之節。

> 先王之制法，因民之所好而為之節文者也。〔註27〕

〔註25〕參見楊家駱主編，焦循撰，《雕菰集》卷九〈君子喻於義，小人喻於利解〉，頁137。

〔註26〕參見焦循撰，楊家駱主編：《雕菰集》卷九〈一以貫之解〉，頁133。

〔註27〕參見焦循撰，楊家駱主編：《雕菰集》卷九〈性善解五〉，頁129。

民之所好為何？即是「好色、飲食、喜樂、悲哀」等欲望之性，人的欲望是由己推知的，故緣情遂欲，依民之所好創制立教，便能幫助培養能知的智慧。焦循強調，欲望亦為人性中本然且必然的要素，所謂「性無他，食色而已」〔註28〕。孟子雖講「大體」、「小體」，講外王、講天下「定於一」的實踐和理想，但畢竟「王天下」非君子終極之樂，君子之樂是構築在人倫家庭的悅樂之上的。〔註29〕內聖的工夫修養，到了宋朝愈趨精細，有更縝密的理論建構，因為儒者在外王之路遇到困境後，不得不回到主觀即能自足的心性修養上，特別是王學末流，更是到了「無事袖手談心性」的地步。清儒另從現實面觀照，實乃對治其言而來，人的欲望成了人和人之間感通的工具，因我有欲，人亦有欲，故以我之性通乎人之性，以我之好利通於人之好利，好利亦好義，則天下治矣。「人欲」不但不必去除，反而是值得肯定的，因為好色飲食、喜樂悲哀，皆是我與人同有共感的，然而如何針對人欲而「為之節文」，使民欲經過節之、文之以後，能調節欲望，使其具有文明、文化的表現，更是焦循所關心的重點。

人有欲望既是一經驗的事實，如何遂欲望之性，使趨利合宜，亦是一種能知的智慧。人性能知故善，進一步分析，是人能知利知義，有趨利合宜的智性，在做出道德判斷的同時，能顧及「利不利」、「宜不宜」的現實效益，如此才能趨利得善。焦循顯然在儒者長期不以成敗論英雄的思考中，又有另一層的轉進，既論其是非，亦論其成敗。在以「道德價值的是非判斷」和「歷史成敗的現實判斷」中，焦循顯然極具彈性的選擇了「行權」的路，一個有智性的人，必能因受其教化，做出合宜的判斷而行義得利，使知行合一，趨利行善，在道德判斷和歷史判斷中，既論成敗亦論價值，在經驗世界中，得利行義，以實踐完成道德為理想。

〔註28〕 參見焦循撰，楊家駱主編：《雕菰集》卷九，〈性善解一〉，頁127。

〔註29〕 孟子說：「君子有三樂，而王天下不與存焉。父母俱存，兄弟無故，一樂也；仰不愧於天，俯不怍於人，二樂也；得天下英才而教育之，三樂也。」〈盡心上〉一個「大德」的君子，生命中真正的悅樂，不是政治場上的競逐，而以家庭人倫的滿足為核心，親情血緣的潤澤是人間至樂；其次，君子是參與在生活世界中，「與天地合其德」，故以天地、人己、物我的感通為樂；如此的君子，還重視文化生命的傳承延續。「君子三樂」所揭示的，實為君子生命中真正的追求。孟子反覆強調「王天下」不必是君子之樂之一，因為政治上的稱王，只是表現了外王事功的一部分而已，儒家強調賢人政治，道德的實踐才是君子所務力處，此間又以家庭倫理、個人內聖工夫為根源，故王天下不在三樂之中。

焦循解釋《孟子‧告子》「性猶杞柳」章中，引胡煦《籌燈約旨》的話說：

> 人初生，便解飲乳，便解視聽，此良知也。然壯年知識，便與孩提
> 較進矣；老年知識，便與壯年較進矣；同為此人，一讀書，一不讀
> 書，其知識明昧又大相懸絕矣。同為受業，一用心，一不用心，其
> 知識多寡又大相懸絕矣。則明之與昧，因習而殊，亦較然矣。聖人
> 言此，所以指明學者達天徑路端在學習，有以變化之耳。又以見習
> 染之汙，溺而不知返者，非其本性然也。〔註30〕

此條以生命成長的歷程講智性之知的遞進。焦循指出，人生而即有的飲食視
聽等感官之性，即是良知。但孩提之童與中、老年人，更大的分別不在年齡
的增長，而是知識多寡、讀不讀書的差別。換言之，智性之明，會隨著知識
累積、用心學習與否，不斷變化增進，而彰明此性通達天道，亦是人人可為
可成者，故學習是改變習染之汙，變化心性溺昧的最好途徑。此間，焦循明
白揭示了人性之知的兩個特質：一是偏向感官欲望之性的討論；其次，此一
人性之明昧，由讀書學習而來，有可教、可學、可進益之處，人性在總體環
境中，是可生長發展、可變化進步的；這種看法，頗有近於船山所謂「性日
生日成」之論。

　　宋儒言性，分氣質之性與本然之性，強調變化氣質，已為東原所抨擊
〔註31〕，焦循承襲戴震，故論性亦不採取宋儒分別，而另從讀書學習上說，
智性之明可因教化而來，讀書教化看似是外在的改變，其實是順性、率性的
展開，因為智性亦為人所本有，人性變通是由於人有知，能受聖人教化所致，
智愚之性若皆為性之所發，人智可為改變，可與年俱進，此一人智進化，便
是文化進步、文明不斷彰顯的過程，由不知使知，由已知而更文明。人智之
變可由人的一生得見，亦即「所謂變而之於宜以得其利者，即人智慧之進化
也」〔註32〕，這種看法，不僅是歷來持性善論主張者所未及之處，亦可說
是在有清時代氣氛，及焦循個人長期治《易》的學思背景下所獨有者。

三、性善的實踐——義之時變、情之旁通

　　關於人性之智何以必能進化至於仁義，焦循是這麼說的：

〔註30〕參焦循：《孟子正義》卷 22 上，「性猶杞柳」章，「孟子曰子能順杞之性而以
　　　　為桮棬乎」條。頁 735。
〔註31〕參戴震：《孟子字義疏證》中〈性〉第二條，頁 26～30。
〔註32〕參錢穆：《中國近三百年學術史》下，頁 503。

> 蓋人性所以有仁義者，正以其能變通，異乎物之性也。以己之心，
> 通乎人之心，則仁也。知其不宜，變而之乎宜，則義也。仁義由於
> 能變通，人能變通，故性善；物不能變通，故性不善，豈可以草木
> 之性比人之性？杞柳之性，必戕賊之以爲桮棬；人之性，但順之即
> 爲仁義。〔註33〕

焦循認爲，人性中的仁義，係由人類知所變通而來，物不能變通，也就無所謂仁義之德。然而如何得知人性當中有仁義變通的可能呢？焦循表示，是由己心通乎人心而推知的。焦循不從行仁義的初心動機上，討論仁義道德的根源，而從「心之旁通」、心的感知能力上，由己而人、講人與人的「感通之仁」。仁義由「變通」推知、推見，因「禮義之悅心，猶芻豢之悅口。悅心悅口，皆性之善。」〔註34〕變通所得，即義即宜即善，仁義由變通而來，變通的機轉來自性善之智，由不義變爲義，由不利變爲利；由人智「其性能知事宜之在我，故能變通」〔註35〕上，談仁義道德的實踐與完成。

此間，人性中所本有的仁義，便不再是一固著不動的形上思維而已，而是能因時、因地，因應外在現實世界，而「順是」、趨時的權變結果；所謂順是，不是盲目的隨順依從，而是朝向元亨利貞方向的趨時與歸服；所謂「行權」的作爲，也不是一種落於相對標準或無規準的機巧之變，而是能切合現實，必然變通往道德方向之「利」的思考。「義」是「宜」、是「利」，仁義由變通而來，也讓道德行爲仁義的落實，更富有彈性，殺身成仁、捨身取義是道德的表現；忍辱不死、以待時變也可能是道德的表現；因爲道德行爲的落實，還包括在不同情境下的行權思考，執中無權故執一也，但「不執一而執中」也是「無權」的據守，如何兼顧客觀現實與精神價值兩端，顯然才是焦循藉「時行」、「時變」，以言性善仁義，更核心的關注。

焦循又說：

> 禽獸之情不能旁通，即不能利貞，故不可以爲善。情不可以爲善，
> 此性所以不善。人之情則能旁通，即能利貞，故可以爲善；情可以
> 爲善，此性所以善。禽獸之情何以不可爲善，以其無神明之德也。

〔註33〕參焦循：《孟子正義》，卷22〈告子上〉，「性猶杞柳」章，「以告」至「之言」條。頁734。
〔註34〕參焦循撰，楊家駱主編：《雕菰集》〈性善解五〉，頁129。
〔註35〕參焦循：《孟子正義》卷17，「天下之言性也，則故而已矣」章，「言天」至「之性」條，頁585。

人之情何以可以爲善，以其有神明之德也。神明之德在性，則情可
旁通；情可旁通，則情可以爲善。於情之可以爲善，知其性之神明。
性之神明，性之善也。孟子於此，明揭「性善」之恉在其情，則可
以爲善，此融會乎伏羲、神農、黃帝、堯、舜、文王、周公、孔子
之言，而得其要者也。……孔子以旁通言情，以利貞言性，情利者，
變而通之也。以己之情，通乎人之情；以己之欲，通乎人之欲。己
欲立而立人，己欲達而達人，己所不欲，勿施於人。……如是則情
通……是性之神明有以運旋乎情欲，而使之善，此情之可以爲善也。
故以情之可以爲善，而決其性之神明也。……才以用言，旁通者
情，……蓋人同具此神明，有能運旋乎情，使之可以爲善。有不能
運旋乎情，使之可以爲善。此視乎才與不才，才不才則智愚之別也。
智則才，愚則不才。下愚不移，不才之至，不能以性之神明運旋情
欲也。惟其才不能自達，聖人乃立教以達之。……性之善，全在情
可以爲善；情可以爲善，謂其能由不善改而爲善。〔註36〕

此條仍多同於前文所說，焦循首先對比禽獸和人類的不同，人之情可以旁通，
故可以爲善，因之人性所以善。禽獸之情不能旁通，故其性不善。

　　里堂從性情的能動性上考慮，尚可分「性善」和「性所以善」二層進一
步分析：「性善」以神明之德作保證，而性「所以善」，則以情之旁通爲保證；
情可旁通，則情可以爲善，而情之所以可爲善，在於情知性之神明。焦循藉
由「旁通」把性知、情知，性善、性所以爲善；做了合適的溝通，知義知宜
知利既是性知，也是情知，以己之情，通乎人之情；以己之欲，通乎人之欲。
幫助人情、人欲、人性的順遂完滿，而能己立立人，己達達人。

　　從「運旋乎情」的角度，談性善的實踐，是焦循很特殊的人性看法。在
焦循的意義下，「情」不僅是人與人感通的形器工具，同時也是道德實踐過程
中，由「自然通向必然」的過渡，同時，爲了避免「情」下墮爲全然的感官
欲望，焦循提出「智」與「才」來補強，才不才則智愚之別也，下愚者不移，
不能以性之神明運旋情欲，所以必賴聖人施行教化，幫助不才之人提升自己
的品質；換言之，由性之神明以下的情、才，正因有滑轉的可能，所以更必
須加以正視。焦循提出以聖人教化來幫助民人自覺，讓人人原本具有的神明

〔註36〕參焦循：《孟子正義》卷22，「乃若其情，則可以爲善矣」章，「乃若」至「罪
　　　　也」條，頁755～756。

之德得以運旋乎情，使之爲善。情既可以爲善，也可以爲不善，爲善爲惡的機轉便在「性智」，「性善」足以發動運旋情才爲善的表現，但人還必需不斷提升自己的性智之明，使不才轉爲才，表現爲用智之才，並在「情之旁通」的基礎下，幫助愚及不才的人自立自達。

焦循甚至明白指出，孟子「明揭『性善』之恉在情，此融會乎伏羲、神農、黃帝、堯、舜、文王、周公、孔子之言，而得其要者也。」孟子強調性善的可貴也就在這裡。就總體社會文化的轉化提升而言，焦循講己立立人、己達達人，己所不欲，勿施於人，自是一名純儒的親親仁民愛物之德，是孔子推愛的實踐；然而，焦循並不似孔子講「我欲仁，斯仁至矣」，孟子以「良知良能」的推擴來說道德；而是另外從情欲的感通上，講道德實踐。情之旁通，是由我及人的貫通；義之時變，是面對不同現實情況，應機隨時的彈性制宜，人性中的仁義能變通，能旁通人情，故可以爲善、爲義、爲宜、爲利，因爲聖人君子畢竟是群眾中的極少數人，如若要使人人皆能有效、務實地實踐道德行爲，積極面向生活、面向時代的思考，當然是複雜紛亂的社會中必要的時變，焦循爲群體民人設想，提出人性中美善落實的種種可能，談利己利人、情通義行，可說都是很允實平情的看法。

焦循特別重視「一貫」、「通變」，提出權變、因時的看法，可說都是對治時代之變的考量。正因能「權」能變通〔註37〕，故使仁義的行爲，能更富彈性的被表現出來，子莫之「執中無權，猶執一也」〔註38〕，仁義的理想雖是常道，但須有權有變，方能在順應現實功利的社會環境中，實現趨利行義的理想。

第四節　焦循孟子學的特色及貢獻

透過以上焦循對人性內容的說明，可以發現，焦循意義下的人性論，是一人類文明發展的歷程，焦循認爲性善是「神明之德」，由「情之旁通」可證人人皆有行善的可能；道德行爲的實踐，必賴義利相合之權變，而此行義的理想，又是性智不斷彰明提升的過程。

〔註37〕原作：「權也者，變而通之之謂也。」參見焦循撰，楊家駱主編：《雕菰集》卷十〈說權一〉，頁143。
〔註38〕語見《孟子·盡心上》。原作：「子莫『執中』，執中爲近之。執中無權，猶執一也。所惡執一者，爲其賊道也，舉一而廢百也。」

　　以《孟子正義》來說，焦循注經中所提出的人性看法，顯然不是孟子本旨，也不是《易傳》之義，究其實，其實有更多里堂研經治學的個人式體會。焦循治學獨深於《易》，每每在不經意間，資取易說以說他經，這使他的孟子學，也同樣充滿易學色彩；同時又因處於乾嘉時期，時人治經多以據守，以漢代經說、考據訓詁為尚，焦循則力闢泥古之害，欲以「貫通性靈」、證實運虛以矯時弊，這也讓焦氏《正義》在注孟之外，有更多個人研精思深的表現。以下再進一步析明焦循孟子學的特色及貢獻。

一、損益駁伸趙注，立論堅實

　　前文曾說明焦循的人性論觀點，有許多於戴震自然人性論的繼承，事實上，焦循還運用這種方式來駁斥趙岐注本及偽孫疏之不足〔註39〕。焦循打破傳統「疏不破注」的成法，舉凡「於趙氏之說或有所疑，不惜駁破以相規正」，但對「趙氏章句既詳為分析，則為之疏者，不必徒事敷衍文義」，不再重覆說明；另外有感於「趙氏訓詁，每疊於句中，故語似蔓衍而辭多拮聱；推發趙氏之意，指明其句中訓詁，自爾文從字順，條鬯明顯矣」〔註40〕。於此可見，焦循注孟十分重視文字詳略的安排，既不墨守，也能體現清人治學駁正條闢有據的客觀實學精神，故沈文倬稱《孟子正義》為具有清學特色之新疏，「用力勤，成就大，有清一代治《孟子》的無人能超過他」〔註41〕，誠為肯棨之評。

　　剋就焦循的人性論思考而言，焦循大量徵引戴震《疏證》及程瑤田《通藝錄》的文字以證孟子之說，甚至在《孟子‧告子上》「理義之悅我心，猶芻豢之悅我口」章中，焦循為了申明趙注之意，大量摘抄戴震《疏證》卷上「理」之原文，幾無漏脫，〔註42〕引用高達七千多字的內容以為發凡，雖然焦循也另外引用《易傳》、《禮記‧月令》、《說文》、〈樂記〉、〈大戴記〉做為字詞的補充分析，但於義理內涵仍係承襲戴震者，對於挪用摘鈔戴氏言「理」意見的緣由，焦循僅於本章最後簡單指出：「後儒言理，或不得乎孔孟之恉，故戴

〔註39〕焦循認為《孟子疏》舊題有「孫奭撰」，其實孫疏悖經悖注極多，憑臆立說，體例踳駁，徵引陋略，文義俚鄙，當係偽託之作。參氏著：《孟子正義》卷30，頁1049～1051。

〔註40〕參焦循：《孟子正義》卷30，頁1051。

〔註41〕參沈文倬：《孟子正義‧點校說明》，頁1。

〔註42〕參焦循：《孟子正義》卷22，「理義之悅我心，猶芻豢之悅我口」章，「心口」至「我口」條，頁765～773。

氏詳爲闡說是也。說者或並理而斥言之，則亦芒乎未聞道矣。」〔註43〕由此可見他說對戴震人性學說的「心服」。

里堂循戴震人性學說以證孟子，且進一步申明趙注義旨，除了全文摘鈔《疏證》外，於所論義蘊相合者，尚有前節所論「義之時變」、「情之旁通」處。焦循所謂「義之時變」者，相當於戴震之言「解蔽」；而「情之旁通」之說，則相當於戴震之「去私」；焦循以智、愚說時變、說旁通，凡不知時變、不識旁通之情者，皆爲不智；若能開啓人的智性，則義之時變、情之旁通則無不得；不似戴震將「去私莫如強恕，解蔽莫如學」，分爲兩途；引述戴說固是一途，但引述摘鈔的目的，仍在闡明意旨，正其經義。當然，作爲經解、經注之作，焦循是否眞正解釋了孟子，固然重要；但更爲特別的是，焦循顯然於申明、駁正前人經說處，做了更多的工作和努力，此不得不提出來再次強調。

在《孟子正義》中，焦循爲釐清〈滕文公上〉「禹疏九河，瀹濟漯而注諸海，決汝、漢，排淮、泗而注之江」條中，「排淮、泗」是否眞能「注之江」，花費約五千言來辨明。〔註44〕另外，在〈萬章下〉爲駁斥趙注對冠禮中「皮弁」、「皮冠」不分之謬，亦詳引《周禮・司服》、《左傳》例證以爲說解，並用《爾雅》、閻若璩《釋地三續》之見補強己說；〔註45〕於趙氏意義訓解上的錯誤，除詳引多方證據以爲改正外，其評述批評更毫不留情。如〈梁惠王下〉「莊暴見孟子」章中，於「王之好樂甚，則齊其庶幾乎！今之樂，由古之樂也」處，趙注是這麼說的：

> 甚，大也。謂大要與民同樂，古今何異也。

焦循則以爲：

> 《後漢書・樊準傳》注云：「大，猶甚也。」大甚之大，讀若泰，與廣大之大古通。《素問・標本病傳論》云：「謹察間甚，以意調之」，注云：「甚，謂多也。」《禮記・郊特牲》云：「大報天而主日也」，注云：「大，猶徧也。」徧與多義亦相近。然則王之好樂甚即謂王之

〔註43〕 參焦循：《孟子正義》卷22，「理義之悅我心，猶芻豢之悅我口」章，「理者得道之理」條，頁774。

〔註44〕 參焦循：《孟子正義》卷11，「有爲神農之言者許行」章，「禹疏九河」條，頁377～383。

〔註45〕 參焦循：《孟子正義》卷21，「萬章曰敢問不見諸侯」章，「皮冠弁也」條，頁721～723。

好樂徧，徧則充滿廣眾，合人己君民而共之矣。《漢書・陳咸傳》注云：「大要，大歸也。」無論古樂今樂，俱要歸於與民同樂，故云大要。趙氏以大訓甚，不屬於前「齊其庶幾」之下，而屬於此下，大要二字，承而言之，似以前之好樂甚謂大好古樂，此之好樂甚謂大要與民同樂，甚之爲大同，而前後義異。前渾言好樂，則自宜古不宜今，王既自明爲世俗之樂，則孟子順其意而要歸於與民同樂。乃揆經文，前後兩稱好樂甚，皆謂好樂能徧及於民，不宜殊異。趙氏大要之大，不必即訓甚爲大之大。大要二字，自解，今樂猶古樂之義，惟甚大之訓，誤係於此，轉令學者惑耳。〔註46〕

在此條中，焦循和趙岐對「王之好樂甚」中的「甚」字訓解有所不同。趙氏以「大」釋「甚」，焦循則認爲趙岐的說法根本是誤解了孟子。他先引用《後漢書》、《素問》、《禮記》、《漢書》的解釋，以規正趙注訓解字詞之謬，可謂立論堅實、信而有徵，是個人治經主張的落實。〔註47〕里堂由「甚」字引申爲大、多、徧上著眼，言「王之好樂甚即謂王之好樂徧」，故能「合人己君民而共之」；若依趙注訓爲「大」，謂「大要與民同樂」，不僅與前面同出的經文語義不合，更讓「大要」二字，徒生滋疑，讀來難解。焦循以爲，齊宣王既自明爲世俗之樂，故孟子順其意，勸喻君王要歸於與民同樂，文中凡兩稱好樂甚，皆是指好樂能徧及於民之意，趙氏說解有誤。

表面上看，焦循是糾正趙氏解經字詞上的錯誤，事實上，卻是採取一種以文字訓詁爲路徑的駁正方式，來建構自己；至於，焦循的訓解是否切當，又是另一回事。以此處爲例，焦循運用廣徵博引的精覈考核，審愼地推演貫串提出己說，首先以「大、甚」互訓，接著又以「徧與多」意義相近，提出他的思考心得，嚴格來說，回到孟子的脈絡，談孟子盼齊王能與民同樂當然是對的，但齊王是否好樂「徧」，卻仍另有可說，焦循更重要的關注，顯然是透過這種看似廣博徵實的手法，透顯他有別宋儒解經的義理規模。

根據統計，《孟子正義》中共引各類書籍826種，1076次，凡清代能見到的官修史籍一應俱全，諸子著作囊括其中，叢書、類書、罕見圖書亦不匱乏。

〔註46〕　參焦循：《孟子正義》卷4，「莊暴見孟子」章，「甚大」至「異也」條，頁100。
〔註47〕　焦循曾表示：「學經之法，不可以注爲經，不可以疏爲注。……要之，既求得注者之本意，又求得經文之本意，則注之是非可否，了然呈出，而後吾之從注非漫從，言之駁注非漫駁。」參見焦廷琥：《里堂家訓》下卷，又見《事略》引。

〔註48〕焦循另指出：

> 自宋以下，一二賢智之徒，病漢人訓詁之學，得其粗迹，務矯之以
> 歸於內；而達道、達德、九經、三重之事置之不論，此真所謂「告
> 子未嘗知義」者也。〔註49〕

此處焦循的針對性可說十分鮮明，其批評亦十分強烈，甚至不免流於意氣。
不過焦氏所論，係全數摘引移用顧炎武《日知錄》之語〔註50〕，顯然，焦循
在解經意見上，亦是同於顧氏的。他和顧炎武均認為，漢人的訓詁之學亦當
有其解經的貢獻，對於那些力矯漢學，以達成內在道德修養的論述，焦循批
評說他們不過是告子之流、未嘗知義者，根本不是賢智之徒。必須再詳細辨
析的是，焦循於此也同樣指出，使用訓詁之學，若能得其精，目的仍是要「達
道、達德、九經、三重之事」，這就說明了，辨析字詞、考析語意，目的仍是
為了達成「九經」之事、仍是為了圓成「道德」的理想，甚至是一種政治上
的積極作為，以「三重九經」〔註51〕來治理天下。只不過，完成理想之所以
可能，不是講一種內在的、個人的心性修養工夫，而是建立在經解、經注、
繼承或宏揚聖人之道上的。

〔註48〕參坂出祥申著，廖肇亨譯：〈焦循的學問〉，（臺北：《中國文哲研究通訊》第
　　　　10卷第1期，2000年3月），頁143～159。

〔註49〕參焦循：《孟子正義》卷22，「孟季子問公都子曰何以謂義內」章，「言弟」至
　　　　「人也」條，頁747。

〔註50〕焦循此處之引文亦可併見於顧炎武著，黃汝成集釋，欒保羣、呂宗力校點：《日
　　　　知錄集釋‧全校本》上卷七〈行吾敬故謂之內也〉，（上海：上海古籍出版社，
　　　　2006年12月版），頁435～436。全文語末尚有「其不流於異端而害我道者幾
　　　　希！」顧氏於本篇續引董子之語說：「董子曰：『宜在我者而後可以稱義』，故
　　　　言義者，合我與宜以為一言，以此操之，義之言我也。此與《孟子》之言相
　　　　發。」亦為焦循全數摘錄鈔引。按：此處原是顧炎武藉孟子答公都子言義而
　　　　舉酌鄉人、敬師二事，批評佛老二氏流於空虛之弊；顧炎武以為，孟子回答
　　　　皆禮之周也，而莫非義之所宜。禮制本於心而為之裁製，二氏不明，自此道
　　　　晦而絕滅禮樂。顧氏從學術發展的角度，以言仁義之心需有五典五禮五服五
　　　　刑為其表現，批評王學末流束書不讀，空談性情之弊。

〔註51〕《中庸》30章有：「王天下有三重焉，其寡過亦乎？」，所謂「三重」指的是
　　　　「非天子，不議禮，不制度，不考文」；《中庸》21章又有：「凡為天下國家有
　　　　九經，曰：修身也，尊賢也，親親也，敬大臣也，體群臣也，子庶民也，來
　　　　百工也，柔遠人也，懷諸侯也。」簡單來說，「九經三重」實際上是統治者統
　　　　治經驗的總結，亦是王者統治天下國家的方法。焦循顯然認為，從事訓詁考
　　　　證，或一味空談心性修養，若不能以應世達道，都是「不知義」、未解經典價
　　　　值的作法。

當然，若從宋學的角度來說，焦循的這種批評，當然是極度偏頗的，因為朱熹的《四書章句集注》傳至清代，已然有其獨立的地位與貢獻，既非「得其粗迹」，更不可謂「病漢人訓詁之學」。朱子之學，在義理闡釋、訓詁考據方面，亦不乏獨到之處。而訓詁考據，亦非清人獨舉漢旗而已，宋明兩朝同樣有致力於考據之優秀學者，只是其成就不及清代，未成潮流而已。〔註 52〕進一步說，損益駁伸趙注，固然是「正其經義」的基礎工作，但申揚或批駁前人意見後的建構，才是焦氏孟子學的特色所在，焦循以核實廣博的考據基礎，不拘經注次第，融裁前賢時彥意見、專家之學，有破有立，再再可見他求真求實以實踐學術理想的用心。

二、以《易》釋《孟》，闡發人性

前文已指出，焦循的思想因受易學影響，故站在《易》之變化的角度上思考，重視人性中的欲望層面，要人因欲逐利以設教，並在智性的光輝下，通於此靈明之善，以實踐道德行為，人欲並不可怕，正因人之有好惡，更能助成行善的動機。焦循言利、言變，是有其特殊觀點的。焦循所謂「利」，不是人性私欲的一面，而包括了「時變」和「仁義」的內涵，所謂「元亨利貞」之利；而「變」，也不是盲目無規準的變化，而是衡諸「時」、「位」的自我調節，必須審度時宜，能趨利得善的變通之方。焦循這種強調「以變行義，唯利是從」的應世觀點，不僅相當程度補充了理學末流一味講求形上之理，使思想流於空疏之病，在建構一己人性論的同時，亦凸顯了清人尚實用、重經濟的態度。

焦循在《正義》中屢屢引用《論語》、《周易》之說，以為經注說解。性善的根據是「神明之德」，而性善的實踐，則來自「義之時變、情之旁通」，凡此，皆由《易傳》語言轉用而另賦予新意。焦循再再強調，《論》、《易》、《孟》三書當互相訓釋、互為說解；他也同時指出，「孟子深於《易》」〔註 53〕，然而通觀《孟子》全文，孟子並無一字言及《易》，焦氏雖為「正其經義」而做《正義》一書，實乃藉由詮解孟子以建構個人的哲學譜系。焦循在一片考據學風中，走出一條新路，其人性論主張，「以欲說性」，性「能知故善」，強調

〔註 52〕參〔日〕山井湧著，任鈞華譯：〈宋學之本質及其思想史上的意義〉，（臺北：《中國文哲研究通訊》第 16 卷第 1 期，2006 年 3 月），頁 81～95。
〔註 53〕參見焦循：《孟子正義》卷 15，「事親為大」章「將以復進也」條，頁 525。

「趨利行權」，不僅結合了經驗事實層面以檢視人性，亦在傳統心學理論的義理間架上，以「變通時行」來從事道德實踐，建構社會制度，更成為清代學術思潮中，突破宋儒的重要理論之一。

焦循注解《孟子・盡心上》，孟子曰：「盡其心者，知其性也」章中，引用《禮記・大學》的內容說：

> 「是故君子無所不用其極」，注云：「極，猶盡也。」故盡其心即極其心。性之善，在心之能思行善，故極其心以思行善，則可謂知其性矣。知其性，謂知其性之善也。天道貴善，特鍾其靈於人，使之能思行善。惟不知己性之善，遂不能盡極其心，是能盡極其心以思行善者，知其性之善也。知其性之善，則知天道之好善矣。〔註54〕

焦循認為，孟子所說「盡心知性知天」之所以可能，關鍵在於「心能思行善」，極盡這種「心知」的智性之思，便是盡心知性，便是性善；且由此心之思知行善，知性之善而知天道好善。此中，「心知」是由天道來保證的，因為天道貴善，鍾靈於人，賦予人類有「神明之德」，極盡其心思行善的能動性，便能知天。「惟知人性之善，故盡其心以教之，知性即是知天，知天而盡心以教之，即所以事天」〔註55〕，焦循把「盡心」的工夫修養，全盤解釋為「極其知的能力」，可說十分鮮明。

焦循結合《大學》、《易》、《孟子》為說，甚至還指出，「孟子此章（即盡心章），發明易道也」〔註56〕，重點皆在強調「心知」的認識能力，只有知己性之善，才能盡極其心，也才能「通德類情」、「通神變化」，因能盡己之心、己之性，而能盡人之性、物之性，以參贊天地之化育，成天之能；除了個人「盡心知性知天」外，焦循還將之引申言及君臣之道，認為個人參贊天地化育猶如人臣贊君之治，以成君之功一樣。〔註57〕由個人修養推擴於政治倫理

〔註54〕參見焦循：《孟子正義》卷26，「盡其心者，知其性也」章「性有」至「善者也」條，頁877。

〔註55〕參見焦循：《孟子正義》卷26，「盡其心者，知其性也」章「貳二」至「本也」條，頁879。

〔註56〕參見焦循：《孟子正義》卷26，「盡其心者，知其性也」章「貳二」至「本也」條，頁879。

〔註57〕原作：「盡其心，即伏羲之『通德類情』，黃帝堯舜之『通變神化』。惟知人性之善，故盡性以教之，知性即是知天……所以盡其心者，不過存其心，養其性也。盡其性，以盡人之性，盡物之性，贊天地之化育，所以成天之能，猶人臣贊君之治，以成君之功。聖人事天，猶人臣事君也。」參焦循：《孟子正

的討論，可說十分特別。

　　焦循把個人式的心性修養，講如何上遂於天、通極於道的論述，轉爲推極心知工夫的探索，他認爲，心知性善是助成道德實踐的重要關鍵，不僅個人需盡極其心以思善行善，同時也要求道德實踐時的知己及知人智慧，由我之心知推知他人，以助人行善；此間，人之心知既得於天，由天道來保證，故亦可說是結合了形上思維和經驗世界的二端；此間，客觀知識更是助成道德實踐的重要關鍵。焦循甚至主張，個人式的心性修養，可擴大爲現實社會的公共理想，幫助人君從事治道，竟治人之功，其具體務實的社會人性關懷，亦不可不謂之用心良苦。

　　和以上類似的意見，還有焦循解釋孟子「行之而不著焉」章。孟子曰：「行之而不著焉，習矣而不察焉，終身由之而不知其道者，眾也。」章旨是說：「人有仁端，達之爲道，凡夫用之，不知其爲寶也。」〔註58〕焦循在這章中，先引用《中庸》的說法〔註59〕，以爲訓解，然後也指出「孟子此章亦所以發明易道也」。他最後說：

　　　惟其性善，所以能由，所以盡其心。以先覺覺之，其不可知之，通變神化而使由之。盡其心，顯諸仁也。不能使知之，藏諸用也。聖人定人道，雖凡夫無不各以夫妻父子爲日常之用，日由於道中，而不知其爲道也，此聖人知天立命之學也。聖人知民不知使知，則但使之行、習，而不必責以著、察。〔註60〕

此處同樣結合《孟子》、《中庸》的觀點解釋人性，〔註61〕人之性善，故可盡心顯仁，聖人定人道，以聖人先覺覺之，幫助凡夫彰顯其德，百姓雖習、行不已，實踐人倫之道，但卻日用而不知；聖人知天立命之學，便已在尋常的生活日用中顯豁，不必苛責百姓之察著其道，而須推求性善之能知能行，百姓不究其道，以爲自然而終身用之；獨聖人君子知道知人性之善，而盡其心以教之，焦循雖分章爲說，但強調性善能知、能被教化的想法，亦可說前後

〔註58〕參焦循：《孟子正義》卷26，「行之而不著焉」章，頁884～885。
〔註59〕焦循以《禮記·中庸》「言其上下察也」爲說，言「察，猶著也。」參氏著：《孟子正義》，頁884。
〔註60〕參見焦循：《孟子正義》卷26，「行之而不著焉」章「人皆」至「人也」條，頁884～885。
〔註61〕《易·繫辭傳上》有：「一陰一陽之謂道。繼之者善也。成之者性也。仁者見之謂之仁。知者見之謂之知。百姓日用而不知。故君子之道顯矣。」

一貫。

由此可見，焦循對性善的關注，不只從價值層面上說，亦從具體效驗上看，強調在生活世界、現實社會的積極實踐，在焦循的意義下，人性不只是本然的善而已，還必須因「能知」、能「趨利」故爲善，此中，由道德通向「利」、「義」的關鍵是「知」、是教化，故能行善亦所以爲善。焦循認爲：

> 孟子道性善，稱堯舜，實發明羲、文、周、孔之學，其言通於《易》，而與《論語》、《中庸》、《大學》相表裏，未可以空悟之言臆之。〔註62〕

焦循不僅勾勒出孟子所繼承的道統，是由堯舜、伏羲、文王、周公、孔子以降一脈相承的，其中，關於性善的討論，則是發明聖人之學的最好說明。聖人定人道，擔負教化眾人的責任，因此關於性善的探究，亦正是關於聖人之學、聖人之道的接楯，焦循認爲，「人更三聖，世歷三古」之《易》，與《論語》、《中庸》、《大學》互爲表裏，不僅具體說明了儒家經學道統的範圍與規模，表現在他個人闡釋孟子性善觀點上說，以《易》、《論語》、《中庸》、《大學》解釋孟子，自然也就同樣變得允當合理起來。從解經的方法上說，里堂治孟打破漢學家純粹的訓詁，也非宋學式的義理探究，而是經實證後，個人心得、心悟之所出；從思想內涵上說，焦循有意融匯諸家學說以入孟，論人性、言教化，講仁義來自通變時行，特別是援用易道觀點處，更可視作他構建個人哲學系統最核心的關懷。

第五節　本章小結

透過以上的分析，可知焦循意義下的人性論述，明顯有進於前人的探究。他不純粹從心學角度，不斷往人性的形上根源處，討論一套心性工夫及內在修養；也不是斷裂地考慮形器的一面，採用戴震以「分理」、「條理」爲嚴格的分判。在焦循看來，這種「理氣二分」、二元化的思考，正是他要打破的。

他雖反對戴震將宇宙「生生不已之氣」與「分理」、「條理」揉合的觀點，卻在相當程度上，繼承了戴震從「血氣心知」看待人性的自然人性論。焦循雖然認爲，人性在根源處具有「靈明之德」的善性，卻也同時承認，如斯的

〔註62〕參見焦循：《孟子正義‧孟子篇敘》卷30，頁1050。

善性也可能不覺，故必賴「先覺者覺之」，行教以治之；此中，聖人便是他所預設的先覺者。然聖人已歿，行教如何可能？焦循認為「能知故善」，人之性善有判斷是非善惡的分辨能力，「性善」亦有後天可開啟、培養，以己之性、己之情旁通於人的一面，所以說人類關於食色的欲望之性雖與禽獸無異，但亦有能覺於善、學於善的一端，焦循強調習性可引、智性日增，便是由這種主張而來。

　　此外，關於性善的實踐，焦循從「義之時行」、「變通於利」上說，他認為，仁義之道的落實，必須和整體環境、社群息息相關，所以他十分重視人和社會、歷史的關係。不同於宋明以來論人性，重視人性的光輝朗現，所謂「寧以義死，不苟幸生」，以個人的精神氣節為價值之所依；焦循認為，人性的真正價值，是從社會性、歷史性上來說的。此中，舉凡社會生活的遷變、禮俗文化的涵育、學問知識的累積，甚至是對學術道統的繼承都包括在內。

　　聖人「立人倫」之道以教民開悟，通其神明，人性既已開悟，積之既久，則亦不免滋生巧偽奸詐，最明顯的例子是，唐虞以後之天下，異於羲農以後之天下，故治天下教民之方亦當「通變神化」。焦循明白指出，整個孟子學便是由「孟子道性善，言必稱堯舜」為起點的，孟子稱堯舜，「正稱其通變神化也」，孟子學孔子之學，惟此「道性善」、「稱堯舜」兩言可盡之。〔註63〕如何通變神化？便是在不同的時空背景下，有一真實面對生活世界、面對過去歷史的觀照，在個人立足的當下，因讀書好古，開啟靈智之性、神明之德，己立而立人、己達而達人，不斷參與聖人行教，來實踐理想、挺立價值的。

　　賴貴三先生說：

> 焦循的人性論是以能知的「性靈」為基點，……從知性性靈，可以
> 直接通向倫理道德的內涵，據此綰合其經學的一貫旨趣。〔註64〕

此處所說的「性靈」，即是里堂所謂人性具有的「靈明之德」。孟子未嘗言人之性靈，焦循則指出能知性靈者，則是性善，以「能知」取代孟子言心的主體能動性。性有認知義，性之知有先驗的層次，亦有教之使知的層次，焦循顯然側重後者。由「知」而「知其性善」，顯見主智的傾向；人因學習而見性

─────────────

〔註63〕參焦循：《孟子正義》卷10，「孟子道性善」章，頁318～319。
〔註64〕參見賴貴三：〈「易學」與「孟學」的融攝與會通──以清儒焦循《孟子正義》為中心的討論〉，收入慶祝莆田黃錦鋐教授八秩嵩壽論文集編委會：《慶祝莆田黃錦鋐教授八秩崧壽論文集》，（臺北：文史哲出版社，2001年6月初版），頁212。

善之靈，教之以開啓其性，由自「明」而「誠」，因人之教，反之吾心而知其「誠」然，即所謂「信教服義」者也。〔註65〕

里堂認爲，獨經學可言性靈，舍性靈無以言經學，焦循顯然以爲，經由「善言」、「善述」經學脈絡，便是他以能知貫通性靈、以學問貫通道德、以仁義時行變通於利、於宜的最好說明，由此亦正可以發現，里堂的人性主張和其經學思考，及其「一貫」哲學的建構是彌合無間的。

焦循說：

善之言，靈也，性善猶言性靈，惟靈則能通，通則能變，故習相遠。〔註66〕

惟孔子能述伏羲、堯、舜、禹、湯、文王、周公，惟孟子能述孔子。孟子歿，罕有能述者也。述其人之言，必得其人之心；述其人之心，必得其人之道。學者以己之心，爲己之道；以己之道，爲古人之言，曰吾述也，是托也，非述也。學者不以己之心，求古人之言，朝夕於古人之言，而莫知古人之心，而曰吾述也，是誦也，是寫也；誦寫，非述也。……然則述也者，述其義也，述其志也。……聖人之道，日新而不已，闚諸天度，愈久而愈精，各竭其聰明才智以造於微，以所知者著焉，不敢以爲述也，則庶幾其述者也。〔註67〕

此處明顯看出焦循有意繼述伏羲、堯、舜、周、孔以降，及孟子以來的學問道統。焦循以爲孟子歿後，罕有能述者；凡「述之難」便在於「述義」、「述志」之難全，一般人述言不述心，述心不述道，徒爲口誦手寫之舉，並不是眞正的善述，「善述者，存人之心」〔註68〕，必以我之性靈，通古人之性靈，存善言之靈，察聖人之道，述其學、明其義、存其志，在繼承學術歷史與聖賢道統間，不斷彰明聖人道統、闡明聖人之學，而日新不已，愈久愈精。焦循同時以爲，如此繼志述學的方式，因性靈能通，通變可久，故亦可由後天培養習成。

從智性培養、習性轉移的角度，談性善的落實，特別重視性善發展的時間性、社會性、歷史性，可說是焦循人性論中，很重要的關注。在焦循那裡，

〔註65〕 參見錢穆：《中國近三百年學術史》下，（臺北：臺灣商務印書館，1996 年 7 月臺二版二刷），頁 506。
〔註66〕 參焦循撰・楊家駱主編：《雕菰集》〈性善解四〉，頁 128。
〔註67〕 參焦循撰・楊家駱主編：《雕菰集》卷 7〈述難一〉，頁 102～103。
〔註68〕 參焦循撰・楊家駱主編：《雕菰集》卷 7〈述難五〉，頁 106。

傳統的經學又重新復活，它既不失傳統儒學義理的探討精神，但又完全貼合經學的切實研究，是一種寓哲學於經學的學術。〔註 69〕關於儒學所討論的範疇：「性善」，焦循以人人內在的性靈來說，但並不及於個人的心性體證；而是另從人的社會性，在學術、社群中的表現，及歷史性座標上，說明人的覺察與價值；焦循於超越的天道論述較乏，而強調人類的具體生活，生活世界綱常倫理的落實；特別是談「感而遂通之性」，表面上雖仍尊崇孟子，實際上卻走向了他的背面。〔註 70〕事實上，整部《正義》，皆可說是闡揚己見之作，並不僅止於發明《孟子》經義而已，特別是其中諸多引申、比例之見，顯然已逾孟學的範圍了。

焦循言性，以「性靈」爲基點，代替孟子言「心」的說法，人性有欲望之性及智性兩端，此智性之知才是性善的根據。里堂保留孟子學中人性善的一面，性善是因，因爲人性善，所以能行善；但在性善的工夫論上，卻強調性之「知」，此爲孟學的發揮處，人「能知」故善，知的能力必須透過後天的工夫修養，方能圓滿，當知的能力愈強，便愈能知義、知利、知宜，知行既是連在一起說的，知之愈多也就愈能實踐善的行爲。其重智趨利的傾向，強調智性進化的軌轍，均可視爲焦氏於孟子學的發揮。

焦循以經注經解方式，建構他的哲學譜系，他在晚年寫成《孟子正義》一書，更可視爲是個人學思完成之作。陳居淵以爲：「與同時代的人相比，他的學問淵博勝過惠棟；他的思想深度，可與戴震比肩。」〔註 71〕可說是很允妥切當的。

梁啓超說：

> 里堂於身心之學，固有本原，所以能談言微中也。總之，此書實在
> 後此新疏家模範作品，價值是永永不朽的。〔註 72〕

從經注方法上說，焦循博採之功，從善之勇，不容置疑；其特出的研經解經之法，更見獨到眼光，後人幾乎無出其右者；焦循以其理論建構，提出他的

〔註 69〕 參張豈之主編；方光華，肖永明，范立舟分卷主編：《中國思想學說史・明清卷》下〈第五章焦循的經學與天算學〉，（桂林：廣西師範大學出版社，2008年 1 月一版一刷），頁 580。

〔註 70〕 參陳居淵：《焦循阮元評傳》第 11 章〈焦循評傳——晚年學術思想〉，頁 393。

〔註 71〕 參陳居淵：《焦循阮元評傳》第 11 章，頁 397。

〔註 72〕 參梁啓超：《中國近三百年學術史》第 13〈清代學者整理舊學之總成績〉，頁 181。

人性主張及倫理社會關懷，仁義由「能變通」而來，其趨利行權的務實思考，不僅是透顯出清代實學的面向，於近現代學術發展有啓萌之功；即於今日來看，其於孟子學的轉化與詮釋，更難望其項背，誠可謂人性論學說的集大成者。

第七章 焦循「一貫」哲學的建構與確立

第一節　前　言

　　前文已針對焦循的解經方法及《論》、《易》、《孟》等相關經注文本，分別做過說明，指出焦循以經注經解建構個人的思想譜系。焦氏藉由疏解《論語》，建構個人的文化政治理想；以《易》學寫出個人的自然宇宙及道德觀；以《孟子正義》揭露個人的社會人性關懷；表面看來，這些經注作品，所處理的論題核心有其偏重；然細繹其內涵，則不免發現，焦循都在試圖處理關於人的存有、思維與實踐等問題。簡單來說，包括宇宙觀、倫理學、政治文化等，都是焦循所討論關注者；舉凡儒學所討論的範圍：超越性（天道）、內在性（性論）、社會性（社群）、歷史性（道統），焦循也都照顧到了。如此的觀照，由他持續關心學術發展，長期從事經典詮釋，可以得見。

　　本文前幅已說明焦循在他研究數學、天文的基礎下，展開經典注疏，此中，首先完成的是作品是《論語通釋》和《易通釋》；然而非常特別的是，《論語通釋》在焦氏晚年重獲修訂，在此同時，焦循又寫了《論語補疏》。《易通釋》、《論語通釋》二書著作體例相同，都是先提出古經中的核心觀念後，依次加以論述，這種撰寫方式，雖可說是承繼荀子以降，以單篇論題為主的書寫方式，但焦循卻更有意識、有層次地揭櫫其名題為「通釋」的原因和理由。以《論語通釋》來說，焦循自言係為「暢發孔子一貫之說」〔註1〕而作，故全

────────────

〔註1〕參本論文第四章。

書所論，均環繞著與「一貫」相關的概念以爲說解，由「一貫」延伸而出的
論題，包括：一貫忠恕、異端、仁、聖、大、學、多、知、能、權、義、禮、
仕、據、君子小人諸條目，其實都是爲了闡釋並圓成焦循「一貫」之說而來。

　　《易通釋》之作，亦復如此。焦循還另外補充說，「漢儒不能推其所聞，
以詳發聖人之蘊」，故乃以「數之比例，求易之比例」，「皆舉經傳中互相發明
者，會而通之也，聖人之義精矣妙矣……以俟君子之引而申焉可矣」〔註2〕。
焦循於此不僅析明他治《易》方法上的「一貫」，亦即「比例」、「引申」之法；
也指出他闡釋經意內涵時，是欲「推」其所聞、詳發聖人之蘊，以會通、發
明聖人之義。如何會通？便是以個人的治經方法、研經深思後的心得、心悟，
先「提起一頭緒，處處貫入」《易》義，以言《易》之變通、無大過之旨。此
處焦循所謂的頭緒，係經由他特殊的治《易》方法，如旁通、相錯、時行、
實測而來；同時亦由他所歸納理解的《周易》內涵──「聖人教人改過遷善」
之書而來。要言之，焦循認爲變通、時行，便是「貫通」全易的核心。對聖
人之道的理解體會，里堂既言「蓋《論語》顯言之，《易》隱言之，《孟子》
暢言之」，故由此亦可得見此三書互爲溝通的一面。在焦氏易學中，「一貫」
之「一」，即是變通；所謂變通，是他一向強調的「不執一」、執權，而能時
行，故用變通、時行來貫通整部《周易》，便可彰明易道「無大過」的理想，
此爲《易》之隱言，基本上說，亦是《論語》言一貫的另一種提法。

　　至於焦循的孟子學論述《孟子正義》，則因其成書在里堂晚年，書中多處
論述，均見以《易》釋《孟》的痕跡。焦循認爲，孟子言性善之怡，可由「情
之旁通」、由我之「性靈」貫通人之性靈得見，且由我之性靈「通」聖人性靈，
「融會乎伏羲、神農、黃帝、堯、舜、文王、周公、孔子之言，而得其要」，
故整部《孟子》，便可由「稱堯舜」一語概括。換句話說，焦循認爲，孟子繼
承聖人之道的根據，在「神明之德」的貫通上；焦循在解經時，雖以「己意
裁成損益於其間」，並與《易》、《論語》、《中庸》、《大學》之旨融會暢發，但
疏解經籍猶不免是第二義的，焦氏此作的目的，猶在續成個人的「一貫」思
想，並指出孟子性善的核心──「智性能知、性習可引、義之時變、情之旁
通」，實與聖人思想一貫，亦是孟子眞正能暢言聖人之道之所在。

　　由本論文前幅的分析來看，焦循以其治學方法論上的「一貫」，建構完成
了他「一貫」思想的譜系，不論從他的人性論、倫理學論述；或對政治社會、

〔註2〕　參焦循：《易通釋·自序》。

學術文化的批評；及對自然宇宙的觀察，都是如此。以下再綜合焦循治經方法上的「一貫」，與哲學思想上的「一貫」另做總結性的論述。

第二節　做爲經學方法論上的反省

本論文第三章，曾說明焦循的治經方法初始係以數學、曆算爲基底，講求實證博考的工夫，運用邏輯實測的方法以治經研經；同時，里堂也講求學思並重、虛實相參的學術態度，除了重視客觀證據之外，個人精研深思後的判斷結果「心得」，也同樣重要；這種虛實相參的考察，使他在移用《易傳》中的「旁通、相錯、時行」之法，以引申、比例考察經文時，能更有效而具體的結合實測經文，以考據訓釋及數學方程的解經方法，以說解經意。焦循終其身，皆採取此一方法意識以解經注經，除了前文所析明的方法步驟及治經特色外，於焦氏所持之法，尚可有以下的反省，另說明如下：

一、焦循的本懷

焦循治經本於天文、算學之基礎，重視實測經文、講比例引申之法；但對經注道統的傳承，卻屢屢明言其脈絡。雖然焦循打破「疏不破注，注不破傳」的經注次第，已突出圍限，但掘發經義的內容真理，析明經學傳衍的核心價值，才是他運用個人特殊的治經方法所欲完成者。

焦循說解孟子七篇的安排時說：

> 七政分離，各行其度，而聖人造璿璣，使七政畢陳於目，故云聖以布曜。布曜者，即布此七政之曜。言孟子一書，分而爲七，如天之有七政，而舜以璿璣布之也。〔註3〕

關於「璿璣」、「七政」的討論，最早來自《尚書・舜典》，原爲：「在璿璣玉衡，以齊七政」。但對《尚書》中「七政」的說解，後世說法不一，有指「日、月，及金、木、水、火、土五星」，也有指「北斗七星」者。前項對七政的解釋，爲孔安國、孔穎達及鄭玄所採；後者則爲馬融〔註4〕及焦循所用。〔註5〕

〔註3〕　參焦循：《孟子正義》卷30〈孟子篇敘〉，「篇所以七者」、「天以七紀」條，頁1044。

〔註4〕　焦循指出：「天以七紀」係出於《左傳》昭公十年之文。又引《尚書》馬融注云：「七政者，北斗七星，各有所主」。他強調趙岐此文作「璿璣」，不作琁璣，是用馬氏之義。鄭玄之說，異於馬融。鄭氏《尚書大傳》注曰：「七政，謂春

至於焦循所謂「聖人造璿璣」，則是說，聖人運用「璿璣」之器，以觀測天象變化。既然七政運行可經由聖人所造的璿璣，得以畢陳於目，故可說聖人布列七政之曜。趙岐在說解《孟子》分為七篇時，認為：「篇所以七者，天以七紀，璿璣運度，七政分離，聖以布曜，故法之也。」〔註6〕此處係里堂針對趙岐看法的進一步闡釋。

焦循運用《左傳》及《尚書》馬融注中的證據，不斷強化趙氏的意見。趙岐的看法，很明顯是漢人運用陰陽五行之說以解經的途徑，里堂隨順趙岐說解，但卻不採用鄭玄的經注意見，而另尋佐證。里堂認為，七政七星布曜，是聖人制器、仰觀天象之所得，一如《孟子》一書，是聖人傳世的經典，分而為七，如天之有七星，畢陳於目，大舜觀天取象、璿璣布列，目的雖在觀察天度運行，但更重要的是要法其運行，審己以當天心。

表面上看，焦循僅是附和趙氏所言，以他天文學的知識根砥來解經，事實上，里堂的這種說法，是為了圓成他所勾勒出的聖人道統。因為天體運行的七政之曜，是聖人大舜觀察之所得者，天體循環和聖人觀天取象的作為有關，如此便把天體盈縮的自然變化，滲入了人類參與解釋的結果；因為七政係聖以布曜，使七政畢陳於目，故星曜運行就不再只是自然法則而已，同時也是聖人觀察記錄的結果；此中，聖人的有效施作是其關鍵，聖人用璿璣布曜七政，以齊七政，參與解釋了自然世界，觀察七政分離，各行其度，正亦可以經由審己以當天心與否，以端正生活世界的合宜運作。孟子分篇定名取此，亦當有垂訓後人，以七政為法式之意。非常特別的是，焦循回到經典最根源處，刻意指出「聖人造璿璣」中的「聖人」是「舜以璿璣」，不僅足以回扣說明整部《孟子》是繼承「堯舜之言」，孟子「言必稱堯舜」的核心思想，也和他所建構的道統脈絡完全吻合。

焦循所勾勒出的道統譜系是這樣的：

> 孔子之道，乃述伏羲、神農、黃帝、堯、舜、文王、周公之道。⋯⋯

秋冬夏、天文、地理、人道，所以為七政也。人道盡而萬事順成。」參焦循：《孟子正義》卷30〈孟子篇敘〉，頁1043～1044。

〔註5〕孔安國以為：「七政，日月五星各異政。舜察天文齊七政，以審己當天心與否。」；孔穎達則指出《尚書正義》言：「以璿為璣，以玉為衡者，是為主者正天文之器也。乃復察此璿璣玉衡以整齊天之日月五星。七曜之政，觀其齊與不齊，齊則受之是也；不齊則受之非也，見七星皆齊，知己受為是，遂行為帝之事，而以告攝事，類祭於上帝。」

〔註6〕參焦循：《孟子正義》卷30〈孟子篇敘〉，頁1043。

趙氏謂孔子之後，聖王之道不興，即此帝王相傳之道載在六經者，
莫有述而明之者也。孟子明於六經，能述孔子之道，即能知伏羲以
來聖人所傳述之道。〔註7〕

在這條中，焦循以孔子爲核心，往上追溯孔子之所承，他說孔子是繼述了伏
羲、神農、黃帝、堯、舜、文王、周公以來的聖人道統。〔註8〕孔子以後，聖
王不作，聖王之道被保存在六經載籍當中，然而於六經意義的說解，卻無人
能述明，孟子明於六經，能述孔子之道，故能傳承伏羲以降的聖人道統。焦
循所要揭櫫的聖人譜系即是由伏羲、神農、黃帝、堯、舜、文王、周公、孔
子以來，到孟子繼承六經聖人道統的經學脈絡，此一脈絡不僅是學術知識上
的延續傳承，同時也是聖人道德價值的繼承賡續，此一兼重德智兩端的論述，
正足以展開里堂於經典詮釋的方向，同時也因「帝王相傳之道載在六經」，使
六經除了具有經學的知識、道統意義的指涉外，還包含政治上的經營擘畫之
道；換言之，後世可得見六經的眞正內涵者，莫如孟子，孟子所說，不僅使
道統被明白揭露，抉發了六經的眞理內容；同時也是歷代以來，唯一一個可
以經由學術傳播、傳述經典，而具備重振聖王之道可能的唯一之人。

　　孟子由六經中述明的聖人道統，既是繼承伏羲、周、孔以降的聖人之道，
那麼，勾勒出此一譜系的目的又爲何呢？依焦循，便是透過知識學術的繼承
傳播與發揚，以幫助倫理世界的穩立，所謂「定人倫」之道也。此中，穩立
倫理世界，表現在社會群體生活上，便是人人各安其位、各守其分；傳播聖
人之道，便是代聖人行教施化，使達治世的理想，所以說，解經述經最終當
然也是爲了完成治世濟民的目的。

　　《雕菰集》中有：

《易傳》曰：方以類聚，物以群分，此聖人治世之大法也。上古之
世，人道未定，……男女無別……無尊卑貴賤之等……伏羲思有以
聚之，而先定人道，使男女有別，各嫁娶以爲夫婦，乃有家，有夫
婦而後有父子，乃有類，類者父子相繼續也。……父子有親，而親

〔註7〕　參焦循：《孟子正義》卷13，「公都子曰外人皆稱夫子好辯」章「言仁」至「甚
　　　　也」條，頁457。

〔註8〕　焦循肯定孟子繼承道統的說明，在《孟子正義》中可說隨處可見。如：「孟子
　　　　之學，述孔子者也。孔子之學，述伏羲、神農、堯、舜、文王、周公者也」，
　　　　頁317；「孟子於此……融會乎伏羲、神農、黃帝、堯、舜、文王、周公、孔
　　　　子之言，而得其要者也」，頁755～756；「孟子道性善，稱堯舜，實發明義、
　　　　文、周、孔之學」，頁1050等；皆是。

> 親有殺，君臣有義，而尊賢有等，有等殺而羣乃分，有所分而聚乃
> 可治……伏羲氏盡人之性，神農氏盡物之性，治世之法兩聖人盡之。
> 〔註9〕

焦循先以《易傳》上說：「方以類聚，物以羣分」以爲核心，說明聖人治世，定立人倫之道，便由此始。此處對上古之世人道未定，伏羲教以人倫，使明男女之別，嫁娶之禮的說解，大抵和焦氏易學中說明伏羲、文王之教的看法相同；只不過，在這條中還可以發現，焦循對人倫世界和自然萬物所形成的世界，不是從人禽之別上來分，而是由人和萬物皆可盡性，唯獨人可「類聚以治」，以爲「治道」的展開來說的。換言之，定人倫之道、明倫理之分的目的，不是爲了「存有的延續」、生命年壽的延長，而是爲了「生命價值」、「存在意義」的賦予；因爲「方以類聚」的「聚」是有共同目地的，是意識觀念、價值志趣的共同聚合；在倫理位階、角色定位上說，是夫婦父子、宗族鄉黨，各守其份、各得其位的人聚在一起；從政治效益、施政舉措上說，「方以類聚」是聖人治世之大法，立人道、教人倫的目的是爲了政治社會的和諧穩定，是故談親親等殺，講君臣之義的目的，無一不是爲了治世的理想。

「類聚」、「羣分」原本具有一種自然屬性的歸類傾向，同類的事物相聚在一起，羣聚以求生，是一種自然的生物性特徵；但焦循卻說聖人正係運用這種特質，以「盡人之性，盡物之性」，做爲治世之大法；因爲倫理位階之親親等殺，可使羣分類聚之人被教化治理。正因焦循這種朝向治道的解釋，使他的經注諸作，充滿務實用世的經濟考量，且具「應用」〔註10〕的傾向，在疏解經典文本的同時，固然必須梳理文本所透顯的意義；但經義的恢復或完滿，卻是透過不斷揭露，和文本的提問、展開對話、溝通互動而產生的。

推究焦循的本懷，注經、解經既是爲了達到治世的理想，參與或接續聖人道統，在聖人已歿的時代裡，代聖人行教，施行教化以培育百姓才是目的；職是之故，經典意義的抉發，是與生活世界、與歷史社會同在的。里堂雖然

〔註9〕 參焦循撰・楊家駱主編：《雕菰集》卷10〈說聚〉，頁141。

〔註10〕 此處「應用」，仍係藉用本文第一章中所提及，關於伽達默爾「哲學詮釋學」的「應用」概念而言。「應用」不是「實用」或「器用」，而是說理解解釋文本，總是爲了回應當代，與當代溝通對話。焦循在從事經注、經解，在理解解釋文本的同時，其實也同時從事了應用層次，且頗具當代意識，研經、解經、述作皆是和聖人共同參與行教的歷程，焦循並以其特殊的治經方法，回應當代的學術主張、勾勒理想的文化生活，故可說他的經典詮釋，同時也包含了「應用」的層次。

使用了諸多徵實、博物的證據解經，用實測、比例的方式解經，但訓詁考據之法，猶不過是「過程」、「手段」而已，解經最後必重心悟、心得〔註11〕，而解經又是爲了實踐經世的理想，爲了回應時代，故每一次的理解詮釋，都是一種「不同的理解」也就夠了。因爲經典詮釋，是步步參與道統的過程、是實踐的過程，同時也是一條走向生活世界、與聖人道統同在之路；焦循之所以強調智性、學習的目的亦皆在此。

焦循無疑欲藉由經義之揭露，實踐如斯的思考。不論以「通釋」、或「正義」、或「章句」，目的都在尋索一條「我」與經典文本、我與聖人之思的融通匯合，而此一「視域融合」，〔註12〕同時也是落實於生活世界的。

二、經典的徵實與眞實——互釋融通以繼述

前文已指出，焦循從事經典注疏的目的，頗有一積極應世、面向「生活世界」〔註13〕的傾向；而此一初衷，又和他長年習《易》研《易》，思深研精

〔註11〕關於焦循的治經方法及特色，本論文第三章中已有說明，此處不再贅述。

〔註12〕此處借用伽達默爾「視域融合」之說，以言焦循解釋理解經典文本、聖人之道，基本上說，是一種我與文本、我與聖人之心的溝通與對話，而此一對話有視域融合、落實於生活世界的可能。此中的「視域融合」，不是一種詮釋視域的「擴大或縮小」，而是一種詮釋視域的「推移」，是詮釋者在不同的時空背景下，對同一經典作品內容眞理的不斷揭露或闡發，重點不在分析經典作者的「本意」究竟如何，而是透過詮釋者與經典作者、經典文本的提問、對話與溝通，步步走向眞理的途轍，此時，意義的理解詮釋與應用，亦是在每一次與經典對話中完成者。

〔註13〕「生活世界」（Lifeworld）是現代哲學中的重要概念，強調要人走出主客二分、本體與現象對立、不脫離經驗生活而去追尋所謂的本體世界、超然世界。此處係借〔德〕埃德蒙‧胡塞爾（Edmund Husserl, 1859-1938）對「生活世界」的描述，以言焦循通過經典詮釋，討論經典與人的生活、及人的根源存在的分析。焦循對人性的說解、禮制文化之建構，多由具體可見的欲望、形制上討論，既向上溯其本體根源，亦進一步摹畫其理想的社會生活，講通變神化，使民由之：詮釋經典，不獨是解經而已，而是爲了回應當代社會、學術文化等問題。但焦循和胡塞爾二人對「科學」的看法仍有不同，科學的概念在有清來說，可視爲一種「專門之學」，如天文、曆算、數學、醫藥等「方技之學」，在焦循，「生活世界」的概念不包括科學，因爲天體陰陽之氣是循環往覆、既恆定也通變的，獨其變化必是朝向「利貞」的方向；胡賽爾則認爲，生活世界和科學世界都處在不斷的變化中；二人對「科學」和「生活世界」的看法，雖有其異同，但仍可互爲對比，以爲說解。有關胡賽爾「生活世界」的說明，可參〔丹〕丹‧扎哈維（Danzahavi, 1967-）著、李忠傳譯：《胡賽爾現象學》，（上海：上海譯文出版社，2007年8月），頁81～152；洪漢鼎先生：《重新

的體會密切相關，故舉凡焦循的經注作品，可說都充滿了焦氏易學色彩。同時，焦循認為《論》、《易》、《孟》三書當互相訓釋、互為發凡，也讓他在注釋解說這些經典時，特意加強了互相融通說解的一面，當然，以前揭三書做為儒家經典，其內涵要義自然有其可貫通之處；焦循在說解整部《易經》時，多採《易傳》見解，循孔子作十翼以為論說，如此或可勉強言此三部經典，在思想內涵上有其貫通之處；但《易經》全書畢竟涵括多方思想淵源，如陰陽、數術者流，僅以純儒觀點視之，則亦不免未見飽滿而有所侷限。

只不過，正因焦循的重點不限於說解經典而已，故其注疏之作，亦不可全由辨正經義的一端考察。以《論語》來說，夫子自謂「述而不作」，故書中所記，是夫子弟子及其再傳弟子彙編夫子語錄的筆記集成；至於《易經》，則其所歷時代、所參與的人更多，焦循說是孔子用以「贊伏羲、文王、周公」而來，也是聖人教人改過遷善之書；〔註14〕至於《孟子正義》，焦循雖說是為了分析闡明、或駁破規正趙氏章句之不足，但更重要的是：指出孟子發明羲、文、周、孔之學，言通於《易》，而與《論語》、《孟子》相表裏。〔註15〕焦循的這些主張，可說都是植基於他的治經初衷，且始末相合。正因如此，也就讓焦循的經典詮釋方法、詮釋路徑有更多值得討論之處。

以焦氏建構完成個人思想譜系的《孟子正義》來說，焦循不論是採取訓詁、考據等徵實可驗的方法，或是援引歸納前賢意見使明經義，目的都不只是還原經義「真相」，而在建構一套當代的孟子新說、說明焦循所理解孟子學，用焦循自己的話來說，孟子所暢言接續的「聖人之道」，便是《孟子》的「真正經義」。關於此，焦循是這麼說的：

　　　　孟子學孔子之學，惟此「道性善」、「稱堯舜」兩言盡之。〔註16〕
此條可從二個不同方向來討論。一是關於知識學問的繼承，一是道統的延續。

焦循認為，孟子繼承孔子之學以言個人主張，其思想可用「道性善」、「稱堯舜」二語盡之。孟子主張人性本善，言必稱堯舜，焦循的看法顯然不差，但他特別指出孟子是用「道」、「稱」的方法，來傳播學問的。以今日之語來

回到現象學的原點——現象學十四講》第十四講，（臺北：世新大學，2008年7月初版），頁231～240。

〔註14〕說詳本論文第5章〈焦循易學之建構〉，此處不再重複。

〔註15〕說詳本論文第6章〈焦循孟子學之建構〉，此處不再重複。

〔註16〕參焦循：《孟子正義》卷10〈滕文公〉上，「滕文公為世子」章「孟子道性善言必稱堯舜」條。頁319。

說，對孔子之學的繼承，孟子係透過「話語系統」，以語言來說解、稱道甚或發揚者。檢視孟子平生之迹，他也和孔子一樣，於各國遊說仁政，晚年退居故里，著述講學以終；孟子自言「私淑艾」於夫子，很自然地，便將個人對夫子之學的認識和理解發為言論，寫入書中。故歷來討論孔孟之學者，都強調夫子重仁，孟子倡義，仁義所論之內涵或有偏重，但其核心思想卻是一貫的。「仁」為眾德之總目，重在人與人的真實感通；「義」是事之宜者，講求總體場域的和諧舉措，順當如理；孔、孟二人的主張，明顯都在面對當世，務期追求個人與群體生活之完滿。

　　焦循抽繹出孟子思想的核心，說是「道性善」、「稱堯舜」二語，且逕言此為孟子繼承夫子處，很明顯是滲入了個人「心悟」、「心得」的結果；依焦循，此雖是「虛實相參」、「以精汲精」後得自「性靈」的理解與詮釋，但此「深思」之後的產出，顯然亦已「轉化」〔註17〕了孔、孟之本意。然而，問題就出在關於經典或聖人之道的理解，有沒有一個最後的本意？經注經解，是否必然須求索一個「正確」、「唯一」的解釋？或者說，對於經典內容真理（intensional truth）〔註18〕的揭露或詮釋，是否有其唯一的途轍或終點？

　　以儒家來說，採《易傳》、《論語》、《孟子》為其發展脈絡，眉目應是很清楚的，〔註19〕但這些經典所揭露的真理，不是一種科學知識的理解，而是

〔註17〕林安梧先生提出「詮釋的轉化」（interpretative transformation）之說。林先生以為：「經典詮釋不是扣緊經典讓經典自己說話，讓經典自己彰顯其自己的詮釋活動而已，還需進一步使經典的意義能夠「調適而上遂」的通極於道，而達到立基於經典，但卻有一種嶄新的境域。」參氏著：《中國近現代思想觀念史論》，（臺北：臺灣學生書局，1995年9月初版），頁69。此處所謂的「轉化」，亦係借用其說而來，獨焦循轉化孔孟之說，重點不在一形上意義的「得道」、「見道」結果，而在「明道」、「上遂」的「過程」。換言之，此處的轉化，係強調個人經由注經，「參與」聖人之道，「旁通」聖人之心的「實踐過程」，而不在形上境界的完滿而已，正是基於此一向度的理解，故可說焦循開創了孔孟之道的新境域。

〔註18〕所謂「內容真理」是指繫屬於主體，不脫離主體，其普遍性是具體的普遍性（concrete universality），可相應於其內容，亦可稱為廣度的真理、強度的真理。相對於「內容真理」來說的另一詞是「外延真理」（extensional truth），指的是自然科學的真理、數學的真理；是不繫屬於主體，可客觀肯定者；其普遍性是抽象的普遍性（abstract universality）。參牟宗三：《中國哲學十九講》，（臺北：臺灣學生書局，2002年8月初版九刷），頁19～43。

〔註19〕《周易》是否為儒家經典，其傳衍脈絡，學界各有所論；甚至關於《易傳》是否全由孔子所作，亦有不同的看法；此處係就《易》為五經之一，由孔子之贊《周易》，而言《易傳》內容足堪代表孔門思想，是夫子之道的直接說明，

「感而遂通、直造乎道」的「體會」。是故，對「聖人本意」、「經典本意」或「聖人之道」的說明，亦必有治經者個人的「前見」、「前理解」滲入，但這並不是說，治經者滲入個人先備思考的說解必定不正確或偏狹，還必須有「眞實性」以爲檢證。這個「眞實性」並不在於一種科學證據的檢核，或純粹的邏輯推理，而是關於人生、生活的體會，甚至包括生命中的悲歡離合，對具體生活的眞正感受；這個感受，既來自治經者與經典文本的對話、與聖人對話，也來自治經者的全體現實生活。用很生活化的語言來說，就是治經者閱讀經典之後提出的詮釋理解，必定包含了個人先備的知識背景及生活體會在內，且必定探這樣的詮釋路徑，經解之「解」，才更能據以揭露眞理。〔註20〕特別是對中國傳統經典的詮釋來說，「知識的汲取」始終都是第二義的，體現知識背後的「價值」，步步迎向「道」，步步趨向眞理，才是研經、治經的意義所在。

　　正因如此，與其提問經典是有其最後的本意？窮究經注作品是否還原了聖人之道？不如另外換個方式說明，亦即經注者，是否能以其學問之見（insight）〔註21〕，「眞實」、「眞正的」詮釋了經典？這個「眞實」，便不是科學意義的眞假究竟如何；而是經注者，用以從事經解的工具，如研經方法、

　　　　而非是說《易傳》文字全是孔子所作來說的。關聯著此一看法，學者陳居淵亦有相同的意見，可爲互證。參陳居淵：〈論焦循的《論語》學研究〉，收入《雲南大學學報》（社會科學版）第六卷第一期，（2007年1月），頁93。

〔註20〕詮釋者不可能完全揚棄「前見」、「前見解」展開理解與詮釋，而只需要在詮釋的過程中，不斷檢視此一前見是否爲眞。伽達默爾也指出，詮釋學的任務是一種事實的探究，並且總是被這種探究所規定。因此，在這眾多可認爲的見解（Meinbaren／concept）中，並不是所有東西都是可能的，對文本的誤解之所以能被認識，必須建立在要求他人的和文本的見解保持開放的態度。又，前見和前見解，並不是解釋者自身可以自由支配的，理解過程中的前見或導致誤解的前見，必須在理解的過程中被區分，亦即加上「時間距離」（Das Zeitenabstandes／temporal distance），如此才能把我們的得以進行理解的眞前見和產生誤解的假前見區分開來。參漢斯·格奧爾格·伽達默爾著，洪漢鼎譯：《眞理與方法：詮釋學》Ⅰ（Wahrheit und Methode. Grundzuge einer philosophischen Hermeneeutik），（北京：商務印書館，2007年4月一版一刷），頁366～367、402～407，邊頁273～274、301～304。此處所說，關於經注者從事解經工作時，必受自己原先的知識背景、環境社會所影響，便是一種經注者的「前見」，「前見」是「長養」出來的，就好像生命不斷生長一樣，既無法揚棄亦無須揚棄，而只需要不斷檢視即可。

〔註21〕牟宗三先生指出：講學問有三個標準，第一個是文字，第二個是邏輯，第三個是「見」。參氏著：《中國哲學十九講》，頁77。

推論方式是否得當合宜？對經典內容真理的揭露是否足夠充盡才是。所以，對王陽明拿《論語》、《孟子》來規範《大學》，朱夫子拿《大學》來決定《論語》、《孟子》、《中庸》、《易傳》的講法，認為陽明、朱子講得不對，固是一路〔註22〕；但卻不可以說他二人的看法，不是揭發了經典的真理，或者說二人對《四書》的討論，不合於經典的真實。因為哲學家在構建自己哲學譜系時，往往採取一種「依義不依語」〔註23〕的解釋方法，以「創造」為其「解釋」、「說明」，放在經解經注的工作上說，「注經」時，注入自己的「學問之見」、注入「真實」的「體會」，自亦是「真正的」詮釋了經典的表現。

　　回到焦循來說，他選擇和漢代的經學家相同，採取徵實可驗的詮釋路徑，以訓詁考據、博物核實為基底展開其經注；但卻也同於宋代思想家一般，寫出了更多的「自得性靈」之說，因為他所欲延續的「道統」，是「聖人通變神化」之統，亦即「孟子稱堯舜，正稱其通變神化也」〔註24〕；而焦循所欲繼承的學術譜系，是「非思慮不能貫，但多學而識不能一以貫之者，正由其不思不慮也。多識於己而又思以通之於人，此忠恕也，此一貫之學也」〔註25〕，即是聖人的「一貫之學」。焦循既言，自己是「繼述」聖人之學、聖人道統的，故其初始，總是「依語也依義」；但在最後，他畢竟在「徵實」之外，寫出了「經典的真實」，此中，「真實性」的要求，當然更凌駕在「徵實」之上。但這並不是說，「徵實」變得不再重要，而是一種「變通」、「不執一」的學術表現，因為使用徵實的治經方法及路徑，目的不在「更好的理解」或尋索「更正確的本意」，而在得其「心得」；得其心得之所以可能，又是因為「我」能步步貫通經典、貫通聖人之心所致，「一貫」既是發展、對話溝通而來，故其經典詮釋，自亦與個人的存有、歷史性相關。由此來看焦

〔註22〕牟宗三先生認為：朱夫子拿《大學》來決定《論語》、《孟子》、《中庸》、《易傳》的講法……這樣的解釋通通不對；王陽明拿《論語》、《孟子》來規範《大學》，……那種講法，根本太彆扭。參氏著：《中國哲學十九講》，頁83。

〔註23〕牟宗三對此曾有深刻的反省，氏指出：了解文獻時……需剋就文句往復體會，可通者通之，不可通者存疑……一旦義理浮現出來，須了解此義理是何層面之理……了解義理之「分齊」，分者分際，義各有當，齊者會通，理歸至極，其初也，依語以明義，其終也，依義不依語，「不依語」者為防滯名言而不通也。參氏著：《現象與物自身‧序》，（臺北：臺灣學生書局，1976年9月再版），頁9。

〔註24〕參焦循：《孟子正義》卷10〈滕文公〉上，「滕文公為世子」章「孟子道性善言必稱堯舜」條。頁318。

〔註25〕參焦循：《雕菰集》卷9〈一以貫之解〉，頁134。

循在經典詮釋中，關於「徵實與眞實」拉扯，便可獲得較持平的看法。

三、理解詮釋應用合一——作述因時以行利

　　焦循對經典的詮釋方法，除了運用本文第三章中所提出的「旁通、相錯、時行」、引申比例且實測經文之外，針對這樣的研經、治經方式，焦循也提出了相當程度的反省。

　　他說：

> 記曰，作者之謂聖，述者之謂明，作述無差等，各當其時而已。……
> 凡自未知未覺，而使天下共知之，共覺之，皆作也。孔子之世，所
> 作於前者，已無不備，孔子從而明之，使古聖人之教，續延於萬世，
> 非不作也，時不必作也。生於伏羲、神農、堯、舜之後，別思所以
> 作之，則不知而作也。……伏羲、神農、堯、舜之教，三王之所因，
> 非孔子述之，人莫能述之也，孔子述之，而伏羲、神農、堯、舜之
> 教，明於萬世，此述之功，所以獨歸孔子也。……宋元以來，人人
> 讀孔子之書，皆自以爲述孔子，而甲詆乙爲異端，乙斥甲爲楊墨，
> 究之孔子所以述伏羲、神農、堯、舜之教者，果有能得之者乎，述
> 孔子者，果能述孔子之所述乎，吾知其難矣。〔註26〕

焦循先是分析了「作」和「述」的重點，而後說述作無差等。「作」是一種創造與新製，即由「未知未覺」的蒙昧狀態，而使天下「共知共覺」的新創；「述」是接續與繼承，即由「已備」的說解，走向意義「彰明」的過程，目的在使古代聖人之教延續。新作和延續本來不同，當不知、未知之時，必有以作；既已有作，則須繼述、闡明，焦循用時間更迭，以言述、作的差別，面對不同的時代，有不同的需求，伏羲以前，必當有所作；堯、舜以後，述教已足，別思所以作之，僅是不知而作；所以焦循認爲孔子「述而不作」，非不作也，時不必作也。

　　用歷史文化的發展過程，以言述、作之別，提高述的地位，而言作述無差等，係各當其時，可以說是焦循很特出的看法。焦循指出，大凡「述」，必有聖人傳統的繼承，必有以因襲；而「作」，則必得由未覺而使覺，由未知使已知。至於何時當「作」、必作，何時傳述、沿襲，則需與「時」偕行、因時而爲，故興作必由時，能述必因時。

〔註26〕參焦循撰・楊家駱主編：《雕菰集》卷7〈述難二〉，頁103～104。

焦循並引記曰：「作者之謂聖，述者之謂明，作述無差等，各當其時而已」，來說明作、述各當其時的重要，若能因時而作、述其當時，則作、述無差等。此處的無差等，是就道統延續、學術承襲上來說的，非由作、述之初創起因上論，因為聖人之作，畢竟仍和後人繼述有所不同，正因為有創有因，故人類能步步朝向文明之路發展，此不僅是焦循勾勒出孔子繼述聖君三王之教的貢獻所在，也是人類文化道統的延續之功；此間，繼述之功之所以獨歸孔子，是因為人皆莫能述之，夫子使伏羲、神農、堯、舜之教，得以「明於萬世」之故。

另外，焦循還進一步分析了宋元以來的學界誤謬，以為宋元以來的學者，人人讀了孔子書，便自以為能述孔子之道，各以己見為尊、己說為正，不免造成甲詆乙為異端，乙斥甲為楊墨，形成「意見」分歧的流弊，究其結果，反而不能「得」聖人之教、述孔子之言。這是「述」的困難，也是導致「道」之不彰的原因之一。

焦循雖以宋元的學術現場為例，說明「述難」的困境，然推究其根本，其實是回應了當代的學術分歧。焦循認為全以己見己說為唯一標準者，其實是「不知權」的「執一」者，學問故當有因有創，但卻不可執一無權、執一獨斷，必須明其「變通」，才能繼述聖人之作，繼述道統。只是這段文字，猶仍不免是針對當時考據學者，一味以漢為尊的批評，漢儒之學非即孔子之學，以漢人標準言孔子之學，自是執一之見，不是真正的善述者；一名真正的「能述者」、「善述者」，必是能述人之言，也能存人之心的。

錢穆說：

> 凡里堂所謂述之難者如此。述作無等差，各當其時。苟非深有得於里堂所論時變旁通之義，能自出性靈，以運思而求通，而專據古人之一說以為述，則里堂之所謂誦、寫，非述也。否則拂人之長，引而歸於己之所知，曰古人如是，則里堂之所謂托，非述也。惟其專據而不能會通，故終不足以言述。〔註27〕

錢穆指出，里堂雖說述、作無差等，但也同時覺察到「述之難」，故有如是之說，實際上《雕菰集》中提及述難者，共有五篇，焦循對述作問題的關切，可見一斑。里堂強調學者當有據、有因，但卻不是一味地「據守」，僅以一說一家為定，如若不能經由核實可驗的基礎，探求聖人之心，這就不叫「述」，

〔註27〕參錢穆：《中國近三百年學術史》下，頁 523。

而只是誦、寫；同樣地，如若不能再三檢證，而只是截人之長，引而歸於己者，也不是述，而只是托、是私意的表現。述之難，在能會通、能一貫；能不執一、不專據；必賴以可驗的方法，但卻不為方法所限；好學以博覽，深思以求通，主以全經，貫通百氏，協其文辭，揆以道理，既當於時，述古而不泥古，述古以鑒今、明經，才有可能不掩古人之心，而能真正地接續學術發展、紹延道統，改造社會，由「述經」貫通古人性靈，以變化人心。

當時的漢學家以考據為述，以據守漢儒成說為述，這些都是里堂所欲批評的，在經義的把握上，焦循主張運思以求通，此正可看作是他從事經典詮釋時最重要的孔鑰。

總括前文所說，可以發現，焦循的經典注疏工作，具有積極面向當世，繼述聖人教化的詮釋向度，述古不僅以「明經」，使察聖人之道、存聖人之心；述古更重要的關注是鑒今、知今，所謂述往事知來者。繼述經典，不只在析明文字章句訓詁之意，提供一種知識性的理解說明而已，更在揭明聖人之心；然聖人已歿，聖人作經的本意既已無法完全回復，故述經者所能做的，只是不斷揭明聖人萬世之教而已；然此不斷揭明經典的過程，又因能步步貫通聖人之志，旁通聖人之心，變通以時，故能合理順當地貫通《論》、《易》、《孟》三書，因為這三部經典雖其成書年代各自有別、創制繼述亦各自不同，但此三部經典都在儒家道統之列，亦都各自有所「因」，能通天下之志，亦皆能彰明聖人之統緒。

正因經典提供人們一條應世、治世，修己治人之道，故經典注疏工作，便是一種詮釋與理解的工作，「述經」是得聖人之心的「理解」，也是存聖人之心的「詮釋」，此中，理解、詮釋又是連續一貫，一而二、二而一的。焦循畢生有大量的經注經解作品，亦有少部分的獨立創作，而不論述或作，因述、作無差等，各當其時，故這些作品也都共同指出同一個方向——期許繼述聖人道統，期盼聖人之教可為延續，期待聖人創制理想社會的完成。

焦循認為，經典詮釋必奠基於學以知之的基礎，以「證實運虛、習之不倦」的方法態度，面對經典；經典所開顯者，是自然與道德通貫為一的世界，詮釋經典，便是詮釋此一存有的世界；同時，經典是聖王之作、聖人之述，故經典所呈示者，是聖人垂訓的典要法式，詮釋經典，便是詮釋聖人教化、參與教化或被教化的歷程；此一歷程，重點不在上溯一形上的道體，而是實踐一個理想的、道德的、文化的生活，是穩立現實人生，提供一具體可行、

符應當世元亨利貞之「利」的詮釋。要言之，焦循所使用的詮釋方法，雖不能免於時代習尚，精治考據訓詁，但訓詁考據不過只是手段過程而已，通過這些工具，以「心悟」旁通，得其心得，時行以述作，代聖人行教，方是里堂從事經注經解的目的所在，由此亦可併見焦循於經典詮釋時，理解、詮釋應用合一的向度。

第三節　哲學思想的核心論題

一、論天道人德一貫

　　本論文第五章論及焦循的易學建構時，曾言及焦循對自然天道的看法，焦循承《易傳》思考所建構的自然世界，是一氣化的宇宙觀。在焦循的意義下，天地自然是陰陽之氣匯合而成，他以寒暑的變化說明人生存在天地間，若能隨順天道自然的變化規律，便能大和、便能通泰。所以他說：「惟寒變爲暑，暑變爲寒，乃爲時行，乃爲天道，乃爲大和，是之爲泰。」〔註 28〕隨順寒暑變化，必得「隨時」、依時而動，「時」既是自然天時的循環變化，冬則寒，夏則暑；也是「人的應時作爲」，所謂「時行」，順應並配合天道行動，寒而燠，暑而涼。

　　關於天道的看法，焦循還有以下的說明：

> 天道，即元亨利貞之天道。乾道變化，各正性命，保和太合，此天道也。通神明之德，使天下各遂其口鼻耳目之欲，各安其仁義禮知之常，此聖人之於天道也。……道行則民遂其生，育其德；道不行則民不遂其生，不育其德。〔註 29〕

此處焦循明白指出，天道即是「元亨利貞」的乾道變化。「元亨利貞」是四德，其循環改變亦是道德方向的。天體既有初始、通達、和諧、貞正的德性，是健動不已、剛健不息的，故「天道」便不只是一個形體物質的說明而已，還有本質意義上對陽剛之氣、剛健之德的體會。焦循藉由《周易》作者對宇宙自然的直觀體會，認爲天道自然之象，便是〈乾〉卦所說的「元亨利貞」。對

〔註28〕語見焦循撰‧楊家駱主編：《雕菰集》卷 13〈寄朱休承學士書〉，頁 201～202。又，本論文第五章亦有言及，可一併參見。

〔註29〕參焦循：《孟子正義》卷 28，「口之於味也，目之於色也」章，「聖人」至「命也」條，頁 993。

乾道的變化，焦循僅擇取〈彖〉中斷語，言其利貞的「結果」，對天道自然如何布列形成、如何統率萬物的「作用」處，則略其說解，此亦可見焦循特意將氣化的自然宇宙引向現實人事的觀照。

依〈乾・彖〉，全文應作：

> 大哉乾元，萬物資始，乃統天。雲行雨施，品物流形。大明終始，
> 六位時成，時乘六龍以御天。乾道變化，各正性命，保和太合，乃
> 利貞。首出庶物，萬國咸寧。〔註30〕

原來〈彖傳〉中，由「大哉乾元」至「時乘六龍以御天」，用以說解〈乾〉卦陽剛之氣統攝萬物，布列於自然天地的說解，被焦循省略了；乾道變化的偉大力量，使六位時成、乘龍御天，焦循也都省略了。〈乾〉卦是六十四卦之首，具有綱領整部《周易》的地位，焦循選取〈乾・彖〉的說解以言天道，但卻只說天道「各正性命，保和太合」，能以其規律的變化，讓萬物各自得其秉性特質，常存大和的元氣，從天道呈示於人間的具體「效驗」處說，這就把「天」的物質義、自然義都以作用義來說明。

焦循指出，天道作用在人身上為「神明之德」，正因天道能「貫通」人德，故當天道循環運行之時，民人便可在此天道賦予的神明之德下實踐仁德。焦循認為，人性包含口鼻耳目等感官之欲，也包含智性的心知之明，聖人教民開啓民智，即是在此天道貫通的神明之德上予以教化，所以他說「聖人之於天道」，是使民各遂其欲、各安其道德之常，化育民人之德，亦在此天道循環變化中顯見。所以他說「道行則民遂其生，道不行則民不遂其生」。

比較特別的是，此處關於天道和人德的說解，原是焦循用來說明孟子對性命的解釋，孟子說：「聖人之於天道也，命也。有性焉，君子不謂命也」〔註31〕，趙岐認為，「聖人得以天道王於天下」，此時，天道得以助成聖人實行王道；但在焦循，則另從天道自然上說天道是「元亨利貞」，天道變化即是乾道變化，此一變化是幫助萬物民人各正性命者，故「天道」不再僅為聖人所用，更為萬物所用；但焦循更關注的，仍是天道對人的影響，天道賦予人人具有神明之德，所以聖人可以展開教化，化育其德；但獨靠聖人得位施行教化的力量還不夠，必仍有賴民人在天道的循環籠罩下，可以遂欲遂生、育德修德，故天道大行亦王道可行，天道不行則反是。

〔註30〕語出《周易・乾・彖》。
〔註31〕語見《孟子・盡心下》。

焦循另外表示：

> 「一陰一陽之謂道」，道者，反復變通者也。〔註32〕

這裡指出「道」是「陰陽之氣」匯合而成，陰陽既是對比、也是循環往復，所謂「反復變通」的，但此變通又不純粹只是一種陰變陽、陽變陰的變化，所謂「一闔一闢謂之變，往來不窮謂之通」〔註33〕而已；同時也是聖人「化而裁之謂之變，推而行之謂之通」〔註34〕的善推施作。乾道變化是天道的變化，聖人之於天道，「變而通之以盡利」〔註35〕；同時，「聖人通神明之德，類萬物之情」〔註36〕，故在民人性知的基礎上，神而化之，裁成其性，教以人倫，使百姓各自安其仁義禮知，日用而不知，以各正性命，保和太合。焦循將自然天道貫通人德，以言人倫教化的傾向，可說十分鮮明。

焦循另外說：

> 道，即君子之道，一陰一陽者也。惟其性善，所以能由，惟其能由，
> 所以盡其心。以先覺覺之，其不可知者，通變神化而使由之。……
> 聖人定人道，雖凡夫無各以夫妻父子為日常之用，日由於道之中，
> 而不知其為道也，此聖人知天立命之學也。聖人知民不可使知，則
> 但使之行、習，而不必責以著、察知道，責之天下之凡夫。〔註37〕

前面焦循說天道是「元亨利貞」、陰陽之氣的匯合變化，這裡則直接說，這種陰陽變化之道即是君子之道。連貫來說，自然天道是陰陽變化之道，也是「君子之道」；天道通變，神而化之；而人之性善，心知變通，且以天為法則〔註38〕，故當天道行，人行與天合，則仁義禮智之德便能被落實。

焦循認為孟子所說「終身由之而不知其道者」，其中的「道」是君子用以教民之道，惟君子可明道知道，眾庶則日用而不知而已；民之性善可教以行道，聖人知人性之善，盡心以教之，通其變，使之不倦，神而化之，使民宜

〔註32〕參焦循：《孟子正義》卷16，「君子深造之以道」章，「造致」至「有之也」條，頁559。

〔註33〕語出《周易‧繫辭上》。

〔註34〕語出《周易‧繫辭上》

〔註35〕語出《周易‧繫辭上》

〔註36〕參焦循：《孟子正義》卷26，「萬物皆備於我」章，「當自」至「為近」條，頁883。

〔註37〕參焦循：《孟子正義》卷26，「行之而不著焉」章，「人皆」至「人也」條，頁884～885。

〔註38〕參焦循：《孟子正義》卷26，釋「盡心」章名，「人之」至「法天」條，頁875。

之，惟雖欲天下之人皆明道知道，畢竟有所不可，故於眾庶但可使由之，而不必求其知；因凡夫之人各以其夫妻父子人倫日常爲用，實踐聖人人道理想以爲自然，故亦不必責以著、察其道，但使之行、習可也。

里堂將論述焦點集中在聖人定人倫以教民，民因其心知性善故可受教行教，實踐人倫理想。因爲人智是不斷被開啓、可因學習而逐漸進化的，故經由「行、習」的時間累積便可終身由之，聖人知天立命、立人倫之道以教民，幫助眾庶行、習由之，所以「顯諸仁，藏諸用」者，便在這凡夫之人各以夫妻父子的倫理生活上頭；焦循強調在人倫世界、現實生活中，長養其德，說明聖人和眾庶因其智不同，故有不同的生命體會。此處全本人事以言道之自然變化，和言天意、天啓者不同，尤其討論關於凡夫智性能由可引，偏重後天學習教化的看法，和側重先天秉受者明顯有別。里堂將自然天道下貫人事，把自然宇宙開闔翕闢的變化現象，全歸諸於人倫生活的理解；強調性知學習，肯定聖人教化的作用；言天道、乾道變化乃利貞，亦即君子通變神化以利貞，這些想法雖源於《易》，卻已不同於《周易》本旨，究其實，無一不和里堂所提出的「性善說」密切相關，以下再說明焦循的人性論。

二、論情性一貫

焦循對「人性」的考慮，必須和前項天道觀的論述扣合來看。焦循認爲，人類性善的根源來自人人皆有「神明之德」，此一形上的保證，同時還預設了性善能知、習性可引爲善。人的習性雖是後天累積培養而來的，所謂壯年知識，與孩提較進；讀書、用心學習之人，能變化見習染汙；明學者達天，其路徑端在學習。換言之，人之性善能知，既同時是人之必往道德之路前行的動力；也同時是人面對外在環境變化，可以繼續應世行義的核心要義。因爲仁義由「變通」而來，如何變通？便是知利、知宜。如何能知？性善能知。神明之德在性，情可旁通，故情可以爲善。

焦循指出，「孟子明揭『性善』之恉在情」，其實是把原本宋明理學家對「情性」下滑一層的考慮，重新往上提了起來。原本人之情可以爲善，應該也會下墮爲惡才是，但焦循卻說，「人之情可以爲善」是因爲情有「神明之德」；從「性」的一面往下講，是「神明之德在性，則情可旁通」；從「情」的一面往上溯，便是「於情之可以爲善，知其性之神明」。此中，作爲貫通「性」、「情」的接榫便是「知」。

　　所以焦循進一步說：「是性之神明有以運旋乎情欲，而使之善，此情之可以爲善也。故以情之可以爲善，而決其性之神明也。」〔註39〕因爲「性」有「能知」的能動性，當此能知的是非判斷作用在情欲上，「運旋乎情」時，便使「情爲善」，這樣看起來，雖似是「性其情」的路子，但卻又不是朱熹採「心、性、情」一體三分的思考，因爲朱子認爲心爲本體即是性，是未發之中；心之作用便是情，是已發之和；「性」、「情」是體用關係，而心是「主宰」。〔註40〕而焦循的思考重點，是以「性」（道德理性）爲核心，且同時具備了「認知判斷」，但這並不是說人之「性善」另外產生一個思慮之心，而是說人心、人性已先驗地具有的一應當如此做的道德律則、命令，因我之心知「通」彼之心知，亦通乎人之心；所以由我之性善、心知，推知人之性善心善，並由此「心知」、「性知」，旁通於人之情欲，以從事道德實踐。

　　此中，作爲道德理性的「性」、「心」與道德情感之「情」，並非斷裂分別爲二，而是一而二、二而一、通體連貫的。因爲道德理性是道德行爲的根據，沒有道德理性（性善、心知），道德情感（情）也就無以旁通、無從發生。相反的，若沒有道德情感（情），就不能旁通，道德理性也就沒有被實踐的可能，道德理性（性）無從抒發表現（情），也就不可能有什麼道德行爲。

　　焦循爲了補充說明人雖性善能知，但「情欲」仍有可能不被「運旋」、道德行爲不被實踐的情況，故他說：

> 蓋人同具此神明，有能運旋乎情，使之可以爲善。有不能運旋乎情，使之可以爲善。此視乎才與不才，才不才則智愚之別也。智則才，愚則不才。下愚不移，不才之至，不能以性之神明運旋情欲也。惟其才不能自達，聖人乃立教以達之。……性之善，全在情可以爲善；情可以爲善，謂其能由不善改而爲善。〔註41〕

〔註39〕以上引文可俱見於焦循：《孟子正義》卷22，「乃若其情，則可以爲善矣」章，「乃若」至「罪也」條，頁755～756。併可見本論文第六章所論。

〔註40〕朱熹：《孟子集注》卷三有：「惻隱、羞惡、辭讓、是非，情也。仁、義、禮、智，性也。心，統性情者也。端，緒也。因其情之發，而性之本然可得而見，猶有物在中而緒見於外也。」參氏著：《四書章句集註》，（臺北：大安出版社，1996年），頁329。朱子在其「心統性情」的義理規模下指出，「心」主宰、統攝、包含、具有性情，一方面，指出心與性情的差異，對心、性、情三者作了區分；另一方面，又肯定三者的統合、渾淪一體。朱熹認爲，心涵蓋了性情，心之未動爲性，已動爲情。性即是理，情是發用處，而心是管攝性情的。心主乎性而行乎情，心該備通貫，主宰運用，雖與性情懸隔，但卻也混然體統其中。

〔註41〕參焦循：《孟子正義》卷22，「乃若其情，則可以爲善矣」章，「乃若」至「罪

若把「心、性、情、才」結合起來說，則可以發現，焦循首先將「心、性」列爲同一位階，人以性之神明、及其智才，運旋乎情，使情可以爲善，且必定是由不善改爲善。這「能不能」運旋，其實是「智不智」、「才不才」的問題，「情」、「才」一方面通過「智」、「知」與性善相接；另方面，「性善」本身亦已隱含「能知」、「能智」的神明。經此二面的辨證可知，焦循意義下的性、情，有其經由「知」而「性情一貫」的面向，此中的「一」，是以「知」、經由學習開啓其「智」而貫通；也有因「神明之德」在性，情可旁通，情才自達的情況。只是焦循並不著意於分析心、性、情、才的層次問題，甚至有刻意模糊化這些位階的看法，因爲人性既有神明之德，是「感而遂通的」，如何「感通」才是重點；此中，因我之情旁通於人，情可將不善改而爲善，故能完成道德實踐，因爲「情之旁通，即能利貞」。所謂「利貞」，是道德理性和道德情感的實踐，焦循認爲，「心、性、情、才」皆具道德意義、且必往道德方向發展，此正是焦循人性論中最重要的關注。

焦循把他的易學看法，放在倫理學核心「性、情」的探究上，說：

> 孟子「性善」之說，全本孔子之贊《易》。……孔子以旁通言情，以利貞言性，情利者，變而通之也。〔註42〕

又說：

> 孟子此章，自明其「道性善」之旨，與前「異於禽獸」相發明也。《易・雜卦傳》云：「革，去故也。鼎，取新也。」故，謂已往之事。當時言性者，多據往事爲說……孟子獨於故中指出利字，利即《周易》「元亨利貞」之利。〈繫辭傳〉云：「變而通之以盡利。」〈彖傳〉云：「乾道變化，各正性命，保合太和乃利貞。」利以能變化，言於故事之中，審其能變化，則知其性之善。……其性能知事宜之在我，故能變通。……孟子私淑孔子，述伏羲、神農、文王、周公之道，以故之利而直指性爲善，於此括全《易》之義，而以六字盡之云：「故者以利爲本。」〔註43〕

在第一條中，焦循先說孟子「性善」之說，係本於夫子贊《易》之語；在第

也」條，頁755～756。

〔註42〕參焦循：《孟子正義》卷22，「乃若其情，則可以爲善矣」章，「乃若」至「罪也」條，頁755～756。

〔註43〕參焦循：《孟子正義》卷17，「天下之言性，則故而已矣」章，「言天」至「之性也」條，頁585～586。

二條中，焦循解釋孟子時，更直接引用《易傳》以證，說「道性善」就是「以故之利」，全《易》之義亦在此。

　　焦循認為，《孟子・離婁下》「天下之言性」章中所論的「道性善」之旨，正可和人性異於禽獸之說互為發凡。焦循在這兩條中分別指出，不論「情之旁通」或「性之利貞」，關鍵都在變通。人之「性善」，能知事宜之在我，故能變通往「利」的方向。情之所以變通往利的方向，是由性善能知來保證的；性善即是利貞，故能主導並發動、使情能感通為情利之表現。焦循以性善之知，情之旁通構成人性內容的全幅展開，此人性人情之特殊處，就在於性、情可由「性知」「情通」而性情一貫；由性之感而遂通於情，而性情一貫。焦循認為，情性不只是順其故而已，此「故」當中還有「利」，且此「利」是「元亨利貞」之「利」。

　　用《易傳》之變通、情利講論人性，當然是焦循的殊解，此一論述，明顯悖離孟子本懷，也不再是戴震由人性之自然欲望，講「自然通於必然」的上遂之路而已，焦循轉言性情的另一發展，指出「性知」是一種覺察判斷的能力，但此「性知」所欲判斷者是「利」，亦即「情利」，性知通於情利，即是性情一貫。

　　《繫辭傳》有「感而遂通天下之故」，焦循此處談「性情一貫」，雖是借由《易傳》以闡釋人性並疏解孟子，事實上已大不同於孟子看法，而是說一套自己的人性主張，此不得不再再辨明。

三、論義利一貫

　　焦循的人性論主張，對比於宋明的人性討論來說，明顯更重視情性、欲望、性智之明。此除了前文所說，必和當時的時代氣氛、焦氏研易心得及個人天道觀有關外，焦循對人性的務實思考，言「情通於利」的看法，更直接表現在他對孟子「義利之辨」的討論上。

　　孟子嚴辨義利，斷分義、利為二途，在孟子的系統裡，「義」歸屬道德價值層次，「利」歸屬於物質工具層次；作為一名道德君子，必得捨身取義、棄利揚義、居仁由義，由仁義行，非行仁義也。但焦循對孟子的「義利觀」卻有另一種務實的看法。焦循在疏解《孟子》時，舉凡他同意趙注看法，指時君言「利」為富國強兵、利益、功利者，均不另分析；〔註44〕而凡是別出個

〔註44〕如焦循：《孟子正義》卷2，「孟子見梁惠王」章，「王何必曰利」，頁36～37；

人義利看法時，才另作說明。此中，最特殊的是他結合義、利的兩面來談義利之一貫。焦循說：

> 孟子述孔子之言，特指出義字，義者，宜也。舜之所察，周公之所思，皆此義。利者，義之和，變而通之以盡利，察於民之故，乃能變通，即舜之「察於人倫」也。天下何思何慮，天下同歸而殊途，百致而一慮，精義入神以致用，即周公之「思兼三王」也。舜察之，故由仁義行而不行仁義，周公思之，故知其有不合而兼三王，孔子當迹熄詩亡之後，作《春秋》以撥亂反正，亦由察之思之而知其義也。舜以王，周公以相，所變通在行在施，孔子不得位，所變通在言，亦變通趨時之妙也。〔註45〕

焦循首先指出，孟子繼述孔子之言，特指出義字，所謂義者，即是宜也；「利」，是「義之和」者，故舉凡堯舜、周、孔所論，皆無非義也、宜也、利也。如何行義？便是變通以宜之、變通以盡利。

焦循以歷史發展的軌跡，以證此事之宜、時之變。他說舜之「察於人倫」，周公之「思兼三王」，孔子作《春秋》，皆是因察之思之而知其義，此中，察知、思之是其關鍵。大舜、周、孔所思所察者何？便是「時」，便是「變」。只是大舜、周、孔畢竟時代變異，位勢有別，故雖欲行義於天下，卻必須有不同的作法。最後，大舜稱王天下，周公得以輔相，二者行義的方式雖有不同，但同是爲了天下百姓；孔子不得位，著《春秋》以撥亂反正，亦同是爲天下百姓，故其變通雖有時、位之別，卻是殊途而同歸的。

焦循認爲，「義」之實踐必由變通，亦即「趨時之妙」而來，所謂「時」，是時行、亦是時變，是大舜、周、孔所思所察者，也是聖人根據當代社會所需、衡諸個人能力而實施的行義舉措；因爲能「時行」，故其「行義」能因應時勢，行於所當行、所可行、所宜行；同時也因爲能「時變」，讓「行義」雖有所調整，但仍是道德理想義、價值義的朗現〔註46〕；因爲「變通」、「趨時」

卷27，「雞鳴而起」章，「孳孳爲利者…利與善之間也」，頁914～915；「楊子取爲我」章，「拔一毛以利天下」、「摩頂放踵利天下爲之」，頁915～817；等等皆是。

〔註45〕見焦循：《孟子正義》卷16，「王者之迹熄而詩亡」章，「晉之」至「之矣」條，頁575。

〔註46〕所謂「朗現」，係由佛教用語「蕩相遣執，眞如朗現」轉化借用而來。是一種因之明亮，從遮蔽到無蔽，從不明到光明的自行顯露，是透過道德實踐的過程，使道德價值、道德理想，更爲明亮顯豁之意。

的目的，是爲了「行義盡利」、「盡利行義」，在不同的時、位上，盡義盡利雖有權法之不同，但盡義盡利是一致的，盡義即盡利，盡利亦盡義。

特別再要分析的是，焦循刻意將「義利」合說，此中的「利」皆是《周易》中「元亨利貞」之「利」，不是和工具意義的利益。焦循曾明白說：

> 仁者，元也。義者，利也。元亨利貞爲四德，故云施德於天下。施德即施仁義也。〔註47〕

> 《易・說卦傳》云：「是以立天之道曰陰與陽，立地之道曰柔與剛，立人之道曰仁與義。」仁即元，義即利，仁義之爲道，即元亨利貞之爲德，此堯舜所以通變神化者。〔註48〕

此二條中，焦循把「利」和「義」直接等同來看，認爲「利」也是道德綱目之一，施德於天下既是施仁義，當然也是實踐元亨利貞之德，堯舜所以通變神化，便是明乎元亨利貞之變，「體天地之撰，以通神明之德」〔註49〕，仁義之道是堯舜之道，也是通變神化之道，此中，仁即元，義即利，透過元亨利貞四德，便把孟子所說的仁義和《易傳》聯繫了起來。仁義通變、義利相合，元亨利貞亦即仁義，「義利」皆有和諧、適宜，使萬物和諧相處、各得其利之意，此時，「利」不具有和「義」對比的性質，而是和諧、合宜之意。

爲了落實義利相合的結果，必須察於民故，變通以盡利，「變通者，趨時者也」〔註50〕，能知所變通，便能盡利盡義，以行仁義；堯舜之道是聖人之道，聖人之道亦仁義而已矣，是故，趨時變通雖是權變的彈性作法，但其目的仍是爲了「反經之常」。

焦循又說：

> 不知趨時者裘葛袷皆藏之於篋，各依時而用之，即聖人一貫之道也。聖人之道，善與人同，執兩端而用其中，故執中而非執一。……孟子學堯舜孔子之道，知道在變通神化，故楊墨之執一，不知變通，則距之。距之者，距其悖乎堯舜孔子之道也。……非孟子深明乎變通神化之道，確有以見其異乎堯舜孔子之權，安能反復申明以距之哉！〔註51〕

〔註47〕見焦循：《孟子正義》卷29，「言近指遠」章，「言近」至「存焉」條，頁1011。

〔註48〕見焦循：《孟子正義・孟子篇敘》卷30，頁1041。

〔註49〕語見《易・繫辭下》第六章。

〔註50〕語見《易・繫辭下》第一章。

〔註51〕見焦循：《孟子正義》卷27，「楊子取爲我，拔一毛以利天下不爲也」章，「所

此條中，焦循指出，聖人一貫之道，能趨時、依時而用，執兩用中，變通而不執一。焦循同時舉孟子為例，指出孟子繼承堯舜孔子之道，即是通變神化之道；「通變神化」一語，不僅直接呼應了焦循的天道觀，也同時說明了聖人一貫之道的內容即是「通變神化」。「通變神化」是孟子繼承聖人之道處，也是孟子用以距楊墨之權法，楊墨執一不能權，故其悖離堯舜孔子之道；孟子趨時變通，力闢楊墨，故能反復申明聖道；然而如何趨時變通呢？便是前文中所說，必朝向「元亨利貞」四德的變通，必往合義、合宜、合利的方向變通。聖人一貫之道能依時而變，但並不是無方向、無目的的改變，而是必往義利合一、善與人同的方向改變，變通以時以利以義。

焦循不僅明白指出聖人一貫之道，必有以變通神化，且此變通是趨時、依時而變，既和當代現實環境相扣合，又和聖人之思相貫通；故焦循意義下的義利一貫，顯然已非闡孟子心學者，重視起心動念的初心動機，也不是純粹只講現實功利、利害的考量；而是衡諸聖人道統、個人意識，在價值意義與公共效益上的具體行施，讓仁義等道德行為可以在不同的時空背景下，得以被更有彈性地實踐；換言之，正因仁義講求的是行為的合宜、及與總體社會和諧情利的展開，故每一個人都有責任、義務，經由學習增進個人性智，以改過遷善；並進一步旁通他人之情，以求施德、施仁義，使達總體義利合一的完成。

第四節　本章小結

總括前文中焦循的經典詮釋特色，可以發現，焦循因其「一貫」的主張，故在解經、注經時，亦十分重視治經方法上的一貫，且必有以貫通聖人之意後，才提出個人的性靈之得。焦循十分重視道統的延續，以《論》、《易》、《孟》思想相貫，故此三經必有承繼之因。這三部經典當中，《孟子》成書最晚，是三經中最能述明、繼承聖人之思者。孟子不執權而能變通，故能趨時之妙，貫通聖人之意，孟子所變通者，便在「稱堯舜」、「道性善」之言，由其詮釋、善述聖人經典，而通變神化，而利貞，從權變通、變通以時而通於一。

錢穆針對里堂學問的特徵說：

> 里堂論性善，似偏信教服義者言，於開創教義之理未能深闡，故其

以」至「道也」條，頁920。

言重「因」不重「創」。則以當時漢學家讀書博古之風方盛，里堂浸染者深，遂不覺其言之偏倚。……三百年來學術之大體，要之不脫「尊聖信古」之一見。〔註52〕

錢氏之見，頗指出焦氏於孟子「性善說」所論之失。因爲孟子言聖人，有性之者，有反之者，「性之者」能開創教義；「反之者」則能信教服義；焦循於反之者的解釋幾可說全乏，而僅著眼於伏羲、神農之教爲孟子所繼承，聖人教人以人倫，正因由其性之善；亦可說無性善，則無法開其教化。然而推里堂之意，亦不在揚其心知可日日湛深，日日進化而已，而是通過「所因」的過程，能有一面向當世的新的可能，而此性善之知的「實踐」，也不是純粹經由一內在修養工夫，冥契靜思可達，而是經過讀書、學習、文化生活所得以完成者。

此外，焦循所謂的「因」，尚有以下可說。「因」是詮釋方法上，因博學詳說、好古敏求而發現的「所因」；焦循自言發現孔子治《易》時的「旁通、相錯、時行」之法，並運用此法以治經，甚至提出《論》、《易》、《孟》三部經典，可爲一貫、貫通，所以他說「孟子明於六經，能述孔子之道，即能知伏羲以來聖人所傳述之道」〔註53〕、且「非好古敏求何以因」〔註54〕；由此可見這個「所因」同時也是「創」，這是一套因讀書、學習獲知的原理原則，也是一套觀天地自然、察宇宙萬物之「所因」的程序步驟；由此「所因」展開對自然世界、意義世界、生活世界的認識理解與詮釋，而此一理解、詮釋同時也包含了應用在內。

「因」也是經注者在與經典文本、作者對話、交談時，於經典詮釋思想上的因襲、繼承，由於能明《六經》中所以彰顯的聖人之心，故述其言、述其心。「因」是繼承聖人所傳下來的「通變神化」之道，故若依錢穆的分析，便是「通其所因」、「變其所因」、「神化其所因」云云。〔註55〕此述明先王之道的工作，便是一種經典意義上的「所因」，但這個「所因」同時也是「創」，充分揭露經典意義的目的，不只是彰明聖人之教，傳習經典知識而已，還在幫助人們由已被開啓的心知之明，而能「戒早辨，治未亂，防其亂」。〔註56〕

〔註52〕參見錢穆：《中國近三百年學術史》下，頁506。
〔註53〕參焦循：《孟子正義》卷13，「公都子曰外人皆稱夫子好辯」章「言仁」至「甚也」條，頁457。
〔註54〕參焦循：《孟子正義》卷14，「離婁章句」條下「離婁」至「方員」條，頁474。
〔註55〕參錢穆：《中國近三百年學術史》下，頁507。
〔註56〕參焦循：《孟子正義》卷13，「公都子曰外人皆稱夫子好辯」章「言亂臣」至

正因述、作必各當其時，述、作無差等，故當遭逢亂世，固當有所作，使亂臣賊子懼，其作雖不能使亂賊不復生，但人人知其爲亂賊而當誅之。已作之後，則因其所作，述以當世時行，雖亦不能完全止亂息賊，但卻能挽回於俄頃，責其不善而調和保護之；是以述教固當有「所因」，此「所以因之」的原因，是爲了「正德、利用、厚生」，此一理解與詮釋，是在民智未開時，定人道、教人倫；在民智已開之後，正人心、求平治；在未亂之時，防其亂。

由此可見，里堂雖重「因」，然其「因」並不是一味地守舊泥古，而是在其「所因」、「所以因」中，以其經典詮釋繼承發揚、參與創造聖人道統。能有所因、有所憑依，故能變通、神化，提出符合時代意義的新創之見，這是他有別於傳統經學家，在經典詮釋上的貢獻所在，也是能在經注經解之上，突出建構個人哲學思想價值之所在。

此外，焦循講天道自然一貫、性情一貫、義利一貫，不僅重視人性在環境、學習中的長養、教化，重視人的歷史性、族群性，同時也關注到不同位階的人，必有以不同的施教與學習，因爲人原本具有性善之知，可經教化開啓，因學習累積性智知識，但講習《六經》的目的，不在博習客觀知識，而是爲了「知先聖之道」、避害遠禍，使天下人人各遂其性、萬事萬物各正性命，保合太和、元亨利貞。

這是焦循透過經典詮釋所建構的理想，里堂曾說：「立天之道曰陰與陽，立人之道曰仁與義，仁義即一陰一陽也」〔註 57〕，道德仁義和天地陰陽是通同一貫的，天道自然和人道理想，也是一貫的；學習經典，傳述經典，繼承「所因」是爲了能「所以因之」，能「因」而能「革」，能因而能「創」；經由「徵實」考證經典內容，和經典對話，寫出經典的「眞實」價值，其價值又是能行於當世，合於義利一貫、德智一貫、下學上達一貫、現實和理想一貫的。焦循所欲建構的，是一飽富倫理價值、政治平治、文化學術理想，均美均善的和諧社會，他將個人的理想寄託在其經注背後，討論學術問題、言人性內涵、述先聖之道以爲法，目的就在這裡。

「責也」條，頁 461。
〔註 57〕 參焦循：《孟子正義》卷 13，「公都子曰外人皆稱夫子好辯」章「言仁」至「甚也」條，頁 457。

第八章　結　論
焦循「一貫」哲學的釐定

　　經過本論文前幅之說明解析，已指出焦循「一貫」哲學建構之內涵及方法論上的種種可能。本章為全文收結，此處將針對焦循「一貫」哲學之建構完成，其所涉之細部問題，再做釐清。

　　復次，關乎本論文之限制，及由本論文所開啟、接續研究的可能思考，亦將在本章末尾一併提出反省，盼能為焦循「一貫」哲學建構之可能與未來方向，有一如實整全的說明。

第一節　本論文的用意

　　前文已針對焦循論語學、易學、孟子學等經注作品內容詳加解析，指出焦循係有意識的通過經典注疏，建構個人的哲學譜系。經由對焦循作品內容的爬梳與整理，詳加理解、闡釋與重建，指出焦氏「一貫」哲學建構之可能面向，於此，本論文尚要對這樣的一套「一貫」哲學，作出總結性的說明。

　　焦循生當有清盛世，在他五十多年的歲月當中，有很長一段時間居於揚州，揚州地區經濟繁榮、商業發達，和諸多學侶的溝通往來，及他個人的精研用心，成就了他學術表現上的博通特徵。焦循應舉不第後，便不再參加科考，終身未出仕的他，雖亦與傳統知識分子一樣欲投身社會，卻不得不另思作為，焦循選擇以經傳注疏方式，表達他對現實生活、對社會天下的關心。他有感於傳統經注作品的解析不足，致經義不明，故以全幅的生命，長期從事解經、注經工作，且其「述」又明顯多過於「作」。

　　對焦循學術之說明，本論文所採取的基礎，是對焦循文獻的深究與詮釋；此中的分析，又以試圖建構並闡明焦氏哲學的方法論、倫理學、人性論、宇宙觀等向度爲主，本論文已指出，焦循在不同的經注作品中，有其不同的側重說明；里堂一方面建構了他的哲學譜系，完成他的學問建構；另一方面，也通過這些經學著作完成他的淑世理想。

　　焦循長期以來，皆被視爲一名傳統的經學家，他的學侶阮元稱他爲「通儒」。然而，經部列爲四部之首，原應包含經學思想在內，此焦循經學思想的抉發、闡釋，是本論文原先的設準之一。在全面檢視焦氏經學作品之後，當可驚異地發現，焦循雖於十三經皆有所涉，然其經注之思，其實是另一種開啓新路的經典詮釋學，本論文以其經注指出焦循論語學的建構、易學建構、孟子學建構的意義與目的亦在此。今日我們當以更積極的態度，重新面對傳統經學，注入經學活力以發顯其價值，因爲傳統的經學內涵，除有「義理思想」的延續與繼承外，許多時刻，實可透過現代學術話語的詮釋理解，建構並抉發經學內部可能具備的哲學義涵；透過現代的研究方法，讓經學在現代的學術舞臺上，重新綻放它的新生命。特別是焦循的哲學思考，長期以來，隱身在經注背後，不被理解，里堂好學博通，大量駁正引證前說，以梳理經典文字，也讓人閱讀不易，故早在梁啓超之時，雖已明言：乾嘉諸老可謂「科學的古典學派」，和近世科學的研究法及相近，「乾嘉諸老中有兩三位——如戴東原、焦里堂、章實齋等，都有他們自己的哲學，超乎考證學以上」﹝註 1﹞，但焦里堂的哲學究竟是什麼？其注經方法包含哪些？還是隱沒在焦氏的邊邊巨著之中，未被發掘。

　　於焦循論語學、易學、孟子學的辨析探研，正可提供今日經學研究的意義補強作用，指出隱藏在經學內部的哲學建構，貫注以現代化的言說系統，則可爲中國哲學的研究，延續至有清一朝，開啓一新的探索向度。除了前賢已提及清代哲學，偏重形器世界的認識理解：船山的人性史哲學、戴震的自然人性論﹝註 2﹞外，焦循的「一貫」哲學，則可爲船山、東原哲學的接續，是

﹝註 1﹞　參梁啓超：《中國近三百年學術史》，頁 20～21。

﹝註 2﹞　關於船山及戴震哲學的分析，可參：林安梧：《王船山人性史哲學之研究》，（臺北：東大圖書公司，1991 年 2 月再版）；曾昭旭：《王船山哲學》，（臺北：遠景出版公司，1984 年 2 月）；陳來：《詮釋與重建——王船山的哲學精神》，（北京：北京大學出版社，2004 年 11 月一版）；林安梧：《中國近現代思想觀念史論》，（臺北：臺灣學生書局，1995 年 9 月初版）；張麗珠：《清代的義理學轉

孔孟儒學的另一發展，也是由形上的價值世界走向生活世界、落實文化社會之實踐，強調理想與現實一貫的可能。

　　在理解、詮釋焦循作品的過程中，前文已重新闡發了焦循經注作品的諸多側面，且指出焦循「一貫」哲學的可能面向；焦循的「一貫」哲學，具有一「哲學詮釋學」中「理解、詮釋與應用」合一的面向，而此經典詮釋學，亦是一通貫經典文本、通貫聖人之教、聖人之心，發為言述，以迎向當世的文化道統詮釋；是強調知識學習，以經典注疏、道德實踐為過程的意義詮釋。

　　在本章中，本論文將著重焦循「一貫」之旨的澄清與釐定，以及關乎「一貫」通解經典的方法，釐清經典的「傳世文本、作經聖人、注經者、生活世界」的關係，以為里堂「一貫」哲學之釐定與完成。

第二節　焦循哲學的釐清與貞定

　　從焦循建構「一貫」哲學的方法論來說，焦循所採取經典注疏的「一貫」之法，即是本論文第三章中，所析明的「旁通、相錯、時行、實測」之法。這些方法共同的表現，皆是採取考據為基底，重視博採徵實基礎的治經之法，但焦循所強調的，是經由此法而獲致意義貫通的「心得」、「性靈」，是因為綜覽諸經、步步貫通聖人之心，好學深思後的獲知；因為有實證可驗的考據方法，以為手段，所以不是虛空的「心悟」、「獨創」，也不是冥想感通的「參透」、「契入」；因為經注是「參伍錯綜」、「實測經文」後的解釋，是博覽眾學、熟讀經文後的「提起綱領」、「一處貫入」，故可說是能述聖人之心、聖人之言的詮釋。

　　焦循哲學方法論意識的展開，同時亦深具科學精神，他在詮釋注疏經典時，能不囿於前賢經注，不拘經傳次第，打破「疏不破注」的成規；同時強調「述」、「作」皆有當於時，述作無等差，述作一同的觀點，則提高了經注解說與詮釋地位。因為詮釋經典的重點在求「通」，通釋、通解、通貫、通見，才是正其經義的可行之道；此中，「通貫」《論》、《易》、《孟》之旨，通貫聖人之心，參與接續聖人之統，更是里堂的關注所在。

　　從經典的傳世文本來說，焦循勾勒出作經聖人、傳經者的譜系，這個譜系是他建構出來的聖人道統譜系，焦循以「伏羲」為創作者，言羲、農以前

型》，（2006 年 10 月初版）等。以上諸作均環扣著船山學中言及歷史與人性、形器、道氣等諸面向，以為展開。其他相關的討論亦夥，不另一一說明。

人道未開，故伏羲盡人物之性，以開啓民智；「神農、黃帝、堯、舜」爲充擴者，能踵續闡揚聖人之道；「文王、周公、孔子」爲繼述者，承以教化之功；至於孟子，則是「融會貫通者」，他能「融會乎伏羲、神農、黃帝、堯、舜、文王、周公、孔子之言，而得其要」〔註3〕，故也是一名繼述者；至於歷代的注經者，焦循將他們隱身在他個人的注疏之間。以《孟子》來說，若採取一種廣義的角度來看，則除趙注外，包括焦循在六書訓詁上採王念孫、段玉裁說，版本校勘取阮元、盧文弨說，地理水道採胡渭、閻若璩說，理氣性命取戴震、程瑤田說，井田制度取顧炎武、毛奇齡說，天文曆算取梅文鼎、李光地說〔註4〕，融攝凡達六十餘家意見，舉凡焦循以前關於解釋《孟子》的作品，都可視作廣義的經注作者之一。正是由於焦循廣徵博採，勾勒出一聖人道統的譜系，也讓他的經典詮釋作品，可以避免形成一「詮釋學循環」的迴路，〔註5〕因爲從詮釋者亦是哲學體系建構者的角度來看，當其哲學體系已然構建完成，那麼，詮釋者的詮釋活動，便只是爲了體系全局的需要制約局部而來，此時，理解和解釋的相互依賴，亦是建構在其體系全局的需要上來說的。且此一詮釋、理解亦同時是經驗的、一次性的，站在焦循的立場來說，便是在每一次探究經典文本中，得以不斷參與聖人之道、代聖人行教的過程，所謂道統或聖人之心的探索，亦是在每一次的「述其言」中，得以完成者。

　　還要再補充說明的是，中國哲學常以經典注疏的方式，呈現其思想內涵，是以一個注疏者在從事經典詮釋的同時，往往也在試圖建立自己的詮釋系統，重構或創建新的文本解釋。以焦循來說，他所提出延續聖人、參與詮釋《周易》的譜系，建構儒學自古以來的聖人圖像、聖人道統，透過今日更多

〔註3〕　參焦循：《孟子正義》卷22，「乃若其情，則可以爲善矣」章，「乃若」至「罪也」條，頁755～756。
〔註4〕　參焦循：《孟子正義‧點校說明》，頁2。
〔註5〕　劉孝敢認爲：「當哲學體系建構者本身就是詮釋者的時候，特別是當詮釋者的哲學體系的構思已經完成，開始按照自己的理解體系來注釋經典的時候，對經典全文的理解和對經典局部的理解之間的相互依賴的關係、往復回環的關係就被打斷了。如果我們可以把詮釋者的思想體系看作對經典的一種整體的理解和把握，那麼在這種哲學詮釋活動中，只能是體系全局的需要，制約局部的理解和解釋，而切斷了局部理解對全局理解的反向制約和影響。」參氏著：〈經典詮釋與體系建構：中國哲學詮釋傳統的成熟與特點爭議〉收入李明輝編：《儒家經典詮釋方法》二，（上海：華東師範大學出版社，2007年11月），頁42。

的出土文獻來檢視，亦不免有其侷限限制，但此一限制，無疑也是歷代注經、解經者所不可能免除者。中國哲學之可貴，便在於其爲實踐的「生命哲學」型態，而不是「知解的哲學」型態。故於焦循所勾勒的傳《易》譜系、聖人道統，當從其「爲何如此」、和「與甚麼相應」來進行理解與探究，而不應只停留在「是什麼」、「事實本體」，進行考察判斷而已。故對於伏羲設卦、文王、周、孔繫辭、孟子深於《易》等問題，便不必然侷限在「歷史事實」上考慮，而可以從焦循爲何言此?是否有其特殊的觀照？是否爲了對治那些問題?以從事探究。

若按照伽達默爾「哲學詮釋學」的理論來說，進行「理解活動的意義境域」是永遠開放的，「要求對他人的和本文的見解保持開放的態度。但是，這種開放性，總是包含著我們要把他人的見解放入與我們自己整個見解的關係中，或者把我們自己的見解放入他人整個見解的關係中。……見解都是流動性的多種可能性。」〔註6〕推此，每一位不同時代的詮釋者，在不斷詮釋《論》、《易》、《孟》的同時，對於該經典的「意義境域」，也都在嘗試做不同的探究或理解，不論他們採取何種方式從事經典注疏，均不會造成經典意義的解消或悖離，因爲放在整個大的經典詮釋脈絡下，理解文本、詮釋經典，既有時空意義上的開放，也有詮釋者和作品間，因不斷做出新詮釋而造成詮釋傳統的延續，甚至創建新譜系的可能。

由此，還可再論及焦循以其經典詮釋面向生活世界的理解。在中國哲學的範圍裏，其歷史傳統、個人實踐，往往和其經典注釋工作是雙向循環的。焦循所採取研治經典、學術方法上的「一貫」，目的是爲了闡明夫子一貫之道，亦即聖人一貫通變神化之道；聖人「通變神化」，是爲了應世以時，亦是爲了穩立生活，故接續聖人之述，當然也是爲了通變之利、時行之宜。綜合來說，此經典詮釋上的「通貫」和「發明聖道」，亦是一而二、二而一的，焦循顯然欲藉經注諸作，闡明聖人仁恕、忠恕「一貫」之旨，藉由其詮釋方法上的一貫，泯其相異，解決當時學術上紛歧的意見，便是一種述經者的學術實踐。

經由以上的討論，可將焦循「一貫」哲學中，於經典詮釋、注疏方法上的「一貫」，另圖示如下：

〔註6〕 參伽達默爾（*Hans-Georg Gadamer*）著，洪漢鼎譯：《眞理與方法・上》第二部份，（上海：上海譯文出版社，2005 年 5 月重印），邊頁 273。

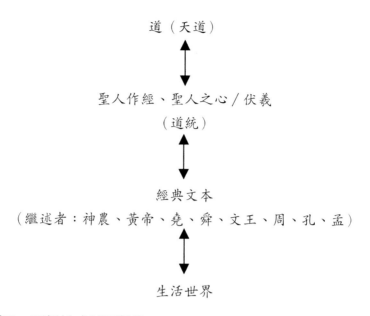

道（天道）

↕

聖人作經、聖人之心／伏羲
（道統）

↕

經典文本
（繼述者：神農、黃帝、堯、舜、文王、周、孔、孟）

↕

生活世界

以上圖示，可歸納成以下數點：

1、依焦循，由經典詮釋走向生活世界，是透過繼述聖人經典來完成的。

2、伏羲是作經者，神農、黃帝、堯、舜、文王、周、孔、孟是繼述者，但因作述無差等，各當其時，故這些聖人留下的經典作品，皆是聖人之心的呈現，且由此經典詮釋展開一詮釋道統的路徑。

3、詮釋聖人經典便是參與聖人道統，代聖人行教的過程。在焦循的意義下，代聖人行教是通變神化、不斷開啓民智，教以仁義忠恕、道德實踐的過程；此時，意義的揭露，亦必和生活相關，和社會文化相關，生活世界不只是具體現實的世界，也是理想價值的世界，是一個自然天道和人道實踐相互貫通的世界。

另就焦循所建構的「一貫」哲學核心來看，焦循在其論語學中，直接標舉夫子之道是「一貫忠恕」之道。他透過對「一貫」的說解，試圖解決並回應當代的政治、學術問題。里堂指出，當時學界一味泥古，以漢爲尊的解經看法，其實是「執一」、「異端」的偏執之見，解決之道，便是必須通貫諸學諸經，回到經文本身以實測；不據守、不害道，以修習六藝之術，通萬言之略。在政治問題上，里堂強調從文化教養上入手，建構一理想的文化社會，盡君臣之道，行及物安人之功，要求「以禮止爭」、「以禮息訟」的政治理想。

焦循從《論語》中所抽繹出來的「一貫」之道，是仁禮一貫、忠恕一貫，

也是德智一貫、學思一貫。從道德實踐上說，是德禮一貫、克己治人一貫；從知識學問上說，則是讀書稽古、博學時習後的「一貫」；是經緯萬端、由博而約，「以一通多」、「以一通萬」的「一貫」；也是「以一貫之」、一多相參相得、相融相通後的「一貫」。當然，知識學問上「不執一」、通權達變和道德價值的實踐，也是一貫相通的。

焦循以其易學，建構他的宇宙自然世界與道德世界。在其易學思想中，「一貫」是經注者通過經典注疏的話語系統，參與聖人行教的過程，詮釋者述聖人之言，得以求通於聖人之心、聖學道統，並與其一貫；聖人講「通變神化」之道，「通變神化」是爲了元亨利貞，保合太和，各正性命；同時，「通變神化」也是自然宇宙的四時循環運行之則，是聖人仰觀天象，俯察地理後之所得，聖人將其觀察的結果，圖畫爲乾坤八卦，以其天時變化、陰陽的生息消長，以言人道實踐。焦循不但強調以述經接踵聖人之道，此一從事經典詮釋的目的，更在代替聖人行教，幫助民人改過遷善，故可以參天地而贊化育，以立人道、教人倫、行王道。但里堂並不著眼於說明由「心性體證」以參贊天道，而就自然宇宙的布列運行，強調倫理生活、改過遷善的歷程義上說。卦爻的變化是爲了由凶變吉，大通至正，故聖人所謂的「通變神化」，是朝向道德方向變通的，是宇宙的、也是人生的；是天地、人己、物我的一貫。「一貫」既是爲了盡人之利、盡物之利，爲了通泰利貞，故需要求「變通」、「時行」，以「一貫」利貞之變，完就道德。

天道陰陽和人道仁義是一貫的，由經典詮釋與聖人道統相續也是一貫的，里堂透過對宇宙自然的認識理解，回答並試圖處理人生問題，「參天地」既必然和「贊化育」扣連一起來看，故其詮釋的重點，看似雖多偏於化育的一面，但其化育之所以可能，畢竟仍在天道的眞實光照 [註7] 下，故強調以變通、時行完成一貫之功、之利，最後仍需上溯於天道自然，和天道一貫、貫

〔註7〕 林安梧先生曾指出：西方哲學中，講人類具有上帝所賜予的「理性之光」，這是一種存有的「光照」，由此而展開對世界的認識與理解。站在中國哲學的角度來說，這個存有論的光照，上溯於最高就是「道」，由道光來照亮，且必先預取於經驗的實在性，肯定經驗的眞實性；若上溯於本源，是源於「存有論的光照」，相對於「存有論的光照」，而有一「認識的把握」。參氏著：《人文學方法論》，頁 140～141、221～222。筆者藉此「道光」之說，以言天道之運行、籠罩、化育，獨於此並不在說明對外在世界的認識、理解如何展開，做一知識論式的探究，而在強調長養文化之所以可能、道德教化之所以可爲落實，亦必和此天道相合、相貫。

通。

復次，焦循在他的孟子學中，說明他對人性問題的看法。他認為，整部《孟子》思想，可以用「道性善」、「稱堯舜」二語盡之。對孟子的性善論，焦循是以心知、食色之性為核心，以展開論說者，他認為性善具「神明之德」，正因「性善能知，習性可引」，故可經由教化，提升人性的品質。人處於天地之間，穩立其倫理生活，便可由個人的神明之德向上通貫天道、聖道；向下與自然萬物同情同在；人之性善，正是其通貫天地人世者。

焦循十分強調性善的道德實踐，他以「義之時變、情之旁通」說明了這一點。在焦循的意義下，性善不只是一種存有的說明，更重要的是，對具體生活的安排實踐，所謂道德實踐，亦必是一種自自然然、不悖己性、且能符合當世現實所需的行為落實，所以里堂認為「義」是合宜、利貞的行為，仁義由變通而來，故要求道德實踐時的行權思考；「不執一」、「不據守」，既重視道德行為的初心動機，也強調具體可見的道德完成，必以「時行」、「變通」以實踐仁義，所謂「正其誼」也「謀其利」，「明其道」更「計其功」者也。〔註8〕

兼顧客觀現實與精神價值兩端，顯然是焦循說明性善仁義的關鍵所在。里堂認為，在不同的時空背景下，個人必有一真實面對生活世界、面對過去歷史的觀照，因讀書好古，開啟靈智之性、神明之德，而己立立人、己達達人。挺立價值、實踐道德，亦必是可在立足的當下，得以變通時行以利貞者；講價值和現實的一貫，仁義變通、知性知利的一貫，自然也和他在論語學、易學中的看法可互相通貫。

做了以上的辨析與釐清，尚可將焦循建構的「一貫」哲學，統攝在「天道人德一貫」、「性情一貫」、「義利一貫」的主軸中。若以圖說表示，可用以下圖例，輔助說明：

〔註8〕 顏元改董仲舒「正其誼以謀其利，明其道而計其功」語，提出「蓋正誼便謀利，明道便計功，是欲速，是助長，全不謀利計功，是空寂，是腐儒。」見鍾錂：《顏習齋先生言行錄·教及門第十四》，收入顏元著，王星賢、張芥塵、郭征點校：《顏元集》，（北京：北京中華書局，1987年6月一版1刷），頁671。按：有清一代重視實學的務實思考，自顧炎武已啟其端，到了習齋，更強調人性需從行為上分辨，以實事、實行予以檢證。從本體面向經驗的人性觀察，使他的人性論述，十分強調習行、踐履，亦強調實用利益、現實事功的思考。參拙作：〈顏元「人性論」探析〉，（臺北：《臺北大學人文學院人文集刊》第九期，2010年12月），頁95～118。

焦循「一貫」哲學

易學
（天道、人德一貫）

論語學　　　　　　　　　　　　　　孟子學
（忠恕、學思一貫）　　　　　　　（義利、性情一貫）

以上的圖示，可分項條說如下：

1、焦循主張《論》、《易》、《孟》互相通貫疏釋之所以可能，是為了在學術知識譜系上，建構個人的哲學思想來說的。且此三部經典的內涵皆環扣在「一貫」的哲學核心當中。

2、焦循借《論語》所揭示者，總括來說是忠恕、學思一貫；《周易》所偏重者，是天道、人德一貫；《孟子》所強調者，是義利一貫、性情一貫；同時，因此三部經典可互相融通，可相觀互足以解，故雖其所論偏重或有不同，但其要義實可一貫。〔註9〕

3、焦循以易學建構其形上世界、自然世界，以論語學建構文化社會理想；同時以孟子學，圓成其一貫理念，言倫理和人性內涵。

4、焦循所建構的「一貫」哲學，是透過經注疏解，建構學術譜系以完成者，然其述經、說解傳播知識的目的，卻不限於知識本身，而在為個人所生存的世界，提供一條關乎知識學問、文化生活、政治社會的理想。

5、要言之，焦循之「一貫」哲學，可析分為方法論上之「一貫」，與哲學思想上的「一貫」二個向度。勾連著里堂所運用的治經方法來說，是以《論》、《易》、《孟》三部經典通貫互釋，皆以實測、比例之法治經，以「旁通、相錯、時行」之法解經；從哲學內涵上說，更以「一貫」之思，貫串其宇宙天道、現實人世，發為義利一貫、

〔註9〕　本論文為便利說解，僅能以此三部經典關涉內容偏重不同，分篇定章以論，實則就《論語》、《周易》、《孟子》來說，焦循所關切的論題，實可通貫互足。

情性一貫、變通利貞保和大合的思考。

由以上的說明可以發現，焦循「一貫」哲學的體系建構，雖係於《孟子正義》中方見圓熟，但其核心思考，顯然已在里堂年輕時，已啓端緒。焦氏的「一貫」是融通、會通，是變通時行之法，亦是名山理想的建構與實踐過程。焦循畢生透過經典注疏說明了他的理想，故雖其終身未仕，但作為一名知識份子，其參與「經世教化」的務實積極貢獻，卻是值得再三推崇的。

第三節　本文限制及所開啓的可能向度

本文因致力於闡釋焦循「一貫」哲學的可能面向，故除了深入疏釋焦循多部經注作品的內容外，對焦循於不同經注作品所表現的特色、詮釋角度，皆有進一步的解析；本論文意在強化說明對焦循經注作品的理解，並由其方法論、哲學建構兩個層面分別立論，意在凸顯其經典詮釋方法論上的「一貫」，與建構哲學系統的「一貫」。因僅涉及「經典詮釋」，及焦氏「一貫」哲學展開如何可能，故於焦循哲學之後，所延伸出來的「漢宋問題」、「專門知識分化」等問題，為恐整部論文失焦，僅隨文點說，未及深入，這是本論文的限制所在，亦是寫作時的有意作為。

同時，本論文因重於對里堂本人的理解、詮釋，意在建構並解說焦循「一貫」哲學的完成，故凡涉及焦循的批評文字較少，甚至條列前人持平意見的評議文字，亦甚有限，此亦為本論文的缺陷所在；但此缺陷亦是經過深思揀擇後的有意安排。因為，唯有通過理解、詮釋，建構其理論層次，有如實縝密的理論解析後，才能進一步言其反省批評，如若僅是妄立一個視點，批評焦循所論之是非，無疑是落入焦循所謂的「執一」之說；而羅列看似平允的見解，以為「公平的指正」，而未能「證實運虛」以觸動，又不免落入焦循所說的「無權」之見；作為一篇學術論文，從事學術研究，於焦循哲學的客觀建構與釐定，顯然更有要於「激情的批評」、「激烈的抨擊」，此為書撰本論文時所不忍為、不願為者，我輩固無需「替焦循說話」，甚至「替焦循說好話」，但至少應要確實做到：讓焦循「自己好好說話」才是。〔註10〕

〔註10〕林安梧先生曾表示：於經典詮釋，不贊成「替古人說好話」，而強調讓「古人好好說話」……中國傳統經典的文章，正如傳統繪畫一樣，並不是採取焦點透視，而是採取移動視點的多點透視……以學術論文的方式去把握船山，正如同要用油畫去畫中國式的山水，這是困難的。參氏著：《王船山人性史哲學

經由本論文全幅的解析探研、釐清辨正後，可以發現，對焦循「一貫」哲學的詮釋理解，尚可有以下的接續工作：

其一，對中國傳統的經典詮釋來說，不論採取漢學家方式，以考據為進路；或宋學家路徑，以揭發義理思想為主；焦循的解經方式，無疑提供了一個新的可能與開啟。他不僅指出具體從事經典詮釋的理論方法與步驟，同時也透過個人的經注作品，以呈現如此、說明如此。雖然焦循再再宣稱，解經是為了說明聖人作經之本意，然而經典是否有一「真正的」本意？在強調經典的徵實性理解、與本意探究中，是否有其緊張的拉扯？經注者的意義把捉，究竟是真實參與後的心得體會、闡明發揚？或是一種自說自話的鑿空，徒自寄託於經典？凡此，皆是除了焦循經注作品外，可另啟思考者。

就里堂來說，其經典詮釋是參與聖人行教的歷程，故其詮釋、理解和應用，頗有一貫循環之處；同時，里堂強調，繼述聖人道統的經典詮釋，又有伽達默爾「哲學詮釋學」中，關於「傳統」、「權威」、「效果歷史意識」、「開放的邏輯結構」等傾向，是一種「不同的理解」，然此因涉及中西哲學的經典詮釋，及「哲學詮釋學」移用於中國哲學中，作為一種方法論或是存有論的探究，因旁溢於本論文太多，故尚未多做說解，僅能盼於來日。

其二，對中國哲學思想的探研，行至有清，僅及於戴震，本文試圖將之延續至焦循；針對焦循「一貫」哲學之建構詳為說解，意在析明焦氏經學中，關乎哲學思想建構之種種可能，講明里堂哲學的內涵，當是本文要務。但焦循作品畢竟豐多浩繁，舉凡史學、文學、戲曲皆有所及，焦循的其他作品，是否亦同時透顯他的哲學思想？為以史明道、道藝相合、藝在道中的表現？本文亦未暇於此。同時，作為一名經學家、哲學家，焦循的思想型態，明顯有別於前代思想家，亦有別當代，如清初顧炎武、王夫之、黃宗羲；及與里堂較近的戴震、顏元、凌廷堪等，本文亦未能言及，而僅能簡要說明焦循於戴震人性論的繼承而已。因為這一步的工作，亦必基於對焦循的全幅思想，有恰如其分的理解，才有可能辦到，否則從既有經籍及前賢著作中，搜羅章句以為論說，不過徒具夢幻泡影之相而已，是不踏實、也是不究極的。於焦循「一貫」哲學之建構與詮釋理解，正有助於清代哲學，對比於宋明哲學的批判與繼承，亦可為乾嘉之學提供一個不同於既往的新思考，指出一個哲學

之研究》，頁 140 注 4。此處亦採此一觀點，以言焦循一貫哲學之建構，亦不必強作權解，而只需讓焦循說其自己即可。

探究的新可能、新方向。

其三，本論文在試圖建構詮釋焦循哲學時，尚發現許多待開發的可能。焦循顯然有意運用經典詮釋以爲經世之途，在傳統知識分子出仕，參與社會之外，另外開啓一條以文化治世的可能；不是先秦思想家，如孔孟恓恓惶惶以遊說仁政；也不是宋明以來，如程朱陸王以講習經典改造人心；而是採取研經述經、注經編書之路，以達教化之功；此一「非隱」型態的探究，頗有裨益於今日教育上，強調學習知識，完善道德的思考。

在本文中，焦循強調學習六藝、九經、三重之事，於教育上的影響或貢獻如何，仍然隱而未發。尤其，時至今日，關乎教育學習的理論，可說百花齊放，萬壑爭流，焦循強調道德教化，以倫理文化改造人心、涵化生命的說明，正可提供在教育哲學上，有一紹述傳統、深入經典的全面性理解。

最後，中國傳統經學的研究，行至今日，多偏向經典考據、疏釋駁正前人經注的探研，經學研究多淪爲對故紙的「片面式」考析，及對國故做「屍體式」的解剖；其實經學內部，本即已包括了義理思想。經學不僅是修己治人之學，更可提供明道致用之方。古代的知識分子之所以要讀經，重點從來都不是汲取「知識」而已，更在「經世濟民」，提供當世一份意義與價值的思考養分。科技進步、網路發達的今日，我們當然不必企求「以經治世」，因爲那眞的只是空想、妄想，但將經學內涵，予以當代哲學話語的重新構畫與詮釋，從事一種哲學文化的滲透改造力量，卻顯得深具意義。這不僅是重新賦予傳統經學以新活力、新詮釋，也爲經學研究，重新參與學術舞臺、參與當今的詮釋學研究，披上新袍。因爲詮釋之爲意義的辨析或賦予，哲學系統之建構，重點都在解決人類存有的根本問題，而此一存有的探究，當然是關乎時代、關乎社會，同時也關乎價值的。於焦循經注作品，予以哲學式的建構討論與釐清，與其說是在學術上對焦循的研究，重新建構了一個怎樣的體系；毋寧說，此一研究，必有以甦活經學筋骨，使之再度活血條暢的傾向，此一新活力、新開創，亦必有讓中國傳統經學的研究，有一重展身手的可能。

參考書目

一、古　籍

1. 班固撰・顏師古注・陸費逵總勘：《漢書》（四部備要本），臺北：臺灣中華書局，1965 臺一版。

2. 鄭元箋・孔穎達疏：《毛詩注疏》，（阮元校勘：《十三經注疏》第二冊），臺北：藝文印書館，2001 年 12 月初版十四刷。

3. 孔安國傳・孔穎達疏：《尚書注疏》，（阮元校勘：《十三經注疏》第二冊），臺北：藝文印書館，2001 年 12 月初版十四刷。

4. 何晏集解・邢昺疏《論語注疏》，（阮元校勘：《十三經注疏》第八冊），臺北：藝文印書館，2001 年 12 月初版十四刷。

5. 朱熹：《四書章句集註》，臺北：大安出版社，1996 一版。

6. 程頤、朱熹著，楊家駱編：《易程傳・易本義》，臺北：世界書局，1991 年 10 月十一版。

7. 黎靖德編：《朱子語類》，臺北：正中書局，1973 年 12 月臺三版。

8. 《大清世祖章（順治）皇帝實錄》第一冊、第二冊，臺灣：華文書局，1968 年 9 月再版。

9. 方以智：《物理小識》（國學基本叢書四百種），臺北：臺灣商務印書館，1968 年 9 月臺一版。

10. 王先謙：《荀子集解》，臺北：華正書局，1993 年 9 月初版。

11. 王先謙：《莊子集解》，臺北：華正書局 1985 年 6 月初版。

12. 朱駿聲：《傳室齋文集》（求恕齋叢書），臺北：藝文印書館，1971 初版。

13. 李斗：《揚州畫舫錄》，張智主編：《中國風土志叢刊》第 28 冊，揚州：廣陵書社，2003 年 4 月。

14. 阮元撰、鄧經元點校：《揅經室集》，北京：中華書局，2006 年 6 月重印

1 版。

15. 徐乃昌校錄:《焦里堂先生軼文》一卷,《〔無邑〕齋叢書》,臺北:藝文印書館《叢書集成三編》本,第 193 冊。

16. 徐世昌:《清儒學案》,臺北:明文書局,1985 年。

17. 袁枚:《小倉山房文集》,臺北,廣文書局,1972 年 5 月初版。

18. 許慎撰、段玉裁注、魯實先正補:《說文解字注》,臺北:黎明文化圖書公司,1986 年 10 月增訂二版。

19. 淩廷堪著、王文錦點校:《校禮堂文集》,北京:中華書局,2006 年 3 月一版二刷。

20. 焦廷琥:《先府君事略》(焦氏叢書本),北京圖書館出版社:《叢書人物傳記資料類編‧學林卷》第 16 冊,北京:北京圖書館出版社,2006 年 5 月。

21. 焦廷琥:《里堂家訓》二卷,(傳硯齋叢書本(儀徵吳丙湘校刊,屠守山莊藏版)影印本,光緒 11 年 6 月刊成),臺北:新文豐出版公司《叢書集成續編》第 60 冊,1989 臺一版。(併見臺北:傅斯年圖書館藏《合眾圖書館叢書》本:臺北:臺灣大學總圖書館藏,1943 年據清稿本影印本)。

22. 焦循:《六經補疏‧論語補疏》(叢書本),臺北:新文豐出版公司《叢書集成三編》)第 13 冊,1971 年。

23. 焦循:《周易補疏》二卷,《焦氏叢(遺)書》本:《皇清經解》本:嘉慶 21 年刻本:道光間受古書店刻本:臺北:世界書局,《中國學術名著第六輯》本:臺北:新文豐《大易類聚初集》1983 年本。

24. 焦循:《易話》二卷、《易廣記》三卷,《焦氏叢(遺)書》本:《叢書集成三編》第 9 冊、《續修四庫全書》第 27 冊,據《焦氏叢書》本影印。

25. 焦循:《易餘籥錄》二十卷(《國學集要初編》本),臺北:文海出版社(併見《木犀軒叢書》本:臺北:新文豐《叢書集成續編》本)。

26. 焦循:《焦氏叢書》,〔清〕嘉慶、道光間江都焦氏雕菰樓原刊本,臺北:臺灣大學總圖書館善本書室。

27. 焦循:《焦氏遺書》,〔清〕光緒二年(1876)衡陽魏綸先重刊本,臺北:中央研究院歷史語言研究所傅斯年圖書館。

　　按:以上兩書共二十三種,裝訂為四十冊,詳目如下:
　　　　《雕菰樓易學三書》三種,共十一冊;
　　　　《易話》二卷、《易廣記》三卷,共一冊;
　　　　《六經補疏》六種,共五冊;
　　　　《群經宮室圖》二卷、圖五十篇,共二冊;
　　　　《禹貢鄭注釋》二卷,合一冊;
　　　　《孟子正義》三十卷,共十冊;

《里堂學算記》五種，共七冊；

《北湖小志》六卷、首一卷，共二冊；

《李翁醫記》二卷，合一冊；

《先府君事略》一卷；《詩品》一卷，共一冊。

29. 焦循：《雕菰樓經學叢書》，嘉慶間楷書手稿本，共四十二卷，臺北：國家圖書館善本書室；臺北：文海出版社，《清代稿本百種彙刊》，據國家圖書館藏稿影。

按：計有《易章句》十二卷，共一冊；

《易圖略》八卷，共一冊；

《易通釋》二十卷（《易釋》六卷、《易通釋》八卷、《里堂易學》六卷），
　　共一冊；

《周易補疏》一卷、《尚書補疏》一卷，共一冊；

《論語補疏》二卷、《毛詩補疏》五卷，共一冊。

30. 焦循：《易廣記》，《焦氏叢書本》（嘉慶、道光間江都焦氏雕菰樓原刊本），臺北：臺灣大學總圖善本書室，1929 年上海受古書屋重印舊刻本。

31. 焦循：《論語通釋》（木犀軒叢書本影印），嚴靈峰：《無求備齋論語集成》第 22 函，臺北：藝文印書館，1966 年。

32. 焦循：《論語補疏》三卷，《焦氏叢書》本；嘉慶 21 年刻本；《皇清經解》二卷本；《中國學術名著·第六輯》二卷本；《國學名著珍本匯刊》二卷本；《無求備齋論語集成》二卷，1966；《叢書集成三編》本，第 13 冊。

33. 焦循著、楊家駱主編：《焦循之易學》（焦氏遺書本）臺北：鼎文書局，1975 年 4 月初版。

34. 焦循撰、沈文倬點校：《孟子正義》上下，（新編諸子集成本），北京：中華書局，2004 年 2 月重印一版 5 刷。

35. 焦循撰、馬小梅主編：《易餘籥錄》（國學集要初編十種），臺北：文海出版社〔併見於《木犀軒叢書》第 16 冊（木犀軒輯刊本）〕。

36. 焦循撰、楊家駱主編：《雕菰（樓）集》24 卷，臺北：鼎文書局，1977 年 9 月初版（併見臺北：藝文印書館《百部叢書集成》；《江氏聚珍版叢書三集》本；臺北：國家圖書館藏道光四年（1824）文學山房聚珍本；商務印書館《叢書集成初編、簡編》本；《國學基本叢書》本）。

37. 黃宗羲：《南雷詩文集》上，收入《黃宗羲全集》，杭州：浙江古籍出版社，2005 年 1 月。

38. 趙爾巽等：《清史稿列傳》，（《清代傳記叢刊》，第 95 冊），臺北：明文書局，1985 年。

39. 戴震：《戴震文集》，臺北：華正書局，1974 年 10 月臺一版。

40. 戴震：《戴震東原集》，臺北：臺灣商務印書館，1968 年 12 月臺一版。

41. 戴震：《戴震集》（經韻樓本），臺北：里仁書局，1980 年 1 月。

42. 戴震著、何文光整理：《孟子字義疏證》，北京：中華書局，2009 年 3 月二版五刷。

43. 顏元著、王星賢、張芥塵、郭征點校：《顏元集》，北京：北京中華書局，1987 年 6 月一版 1 刷。

44. 羅振玉輯、賴貴三編：《昭代經師手簡箋釋——清儒致高郵二王論學書》，臺北：里仁書局，1999 年 8 月。

45. 顧炎武著、黃汝成集釋、欒保羣、呂宗力校點：《日知錄集釋・全校本》，上海：上海古籍出版社，2006 年 12 月初版。

46. 焦循：《雕菰樓經學叢書》，嘉慶間楷書手稿本，共四十二卷，臺北：國家圖書館善本書室；臺北：文海出版社，《清代稿本百種彙刊》，據國家圖書館藏稿影。

　　按：計有《易章句》十二卷，共一冊；
　　　　《易圖略》八卷，共一冊；
　　　　《易通釋》二十卷（《易釋》六卷、《易通釋》八卷、《里堂易學》六卷），共一冊；
　　　　《周易補疏》一卷、《尚書補疏》一卷，共一冊；
　　　　《論語補疏》二卷、《毛詩補疏》五卷，共一冊。

47. 焦循：《易廣記》，《焦氏叢書本》（嘉慶、道光間江都焦氏雕菰樓原刊本），臺北：臺灣大學總圖善本書室，1929 年上海受古書屋重印舊刻本。

48. 焦循：《論語通釋》（木犀軒叢書本影印），嚴靈峰：《無求備齋論語集成》第 22 函，臺北：藝文印書館，1966 年。

49. 焦循：《論語補疏》三卷，《焦氏叢書》本；嘉慶 21 年刻本；《皇清經解》二卷本；《中國學術名著・第六輯》二卷本；《國學名著珍本匯刊》二卷本；《無求備齋論語集成》二卷，1966 年；《叢書集成三編》本，第 13 冊。

50. 焦循著、楊家駱主編：《焦循之易學》（焦氏遺書本）臺北：鼎文書局，1975 年 4 月初版。

51. 焦循撰、沈文倬點校：《孟子正義》上下，（新編諸子集成本），北京：中華書局，2004 年 2 月重印一版 5 刷。

52. 焦循撰、馬小梅主編：《易餘籥錄》（國學集要初編十種），臺北：文海出版社〔併見於《木犀軒叢書》第 16 冊（木犀軒輯刊本）〕。

53. 焦循撰、楊家駱主編：《雕菰（樓）集》24 卷，臺北：鼎文書局，1977 年 9 月初版（併見臺北：藝文印書館《百部叢書集成》：《江氏聚珍版叢書三集》本：臺北：國家圖書館藏道光四年（1824）文學山房聚珍本：商務印書館《叢書集成初編、簡編》本；《國學基本叢書》本）。

54. 黃宗羲：《南雷詩文集》上，收入《黃宗羲全集》，杭州：浙江古籍出版社，2005 年 1 月。

55. 趙爾巽等：《清史稿列傳》，（《清代傳記叢刊》，第 95 冊），臺北：明文書局，1985 年。

56. 戴震：《戴震文集》，臺北：華正書局，1974 年 10 月臺一版。

57. 戴震：《戴震東原集》，臺北：臺灣商務印書館，1968 年 12 月臺一版。

58. 戴震：《戴震集》（經韻樓本），臺北：里仁書局，1980 年 1 月。

59. 戴震著、何文光整理：《孟子字義疏證》，北京：中華書局，2009 年 3 月二版五刷。

60. 顏元著、王星賢、張芥塵、郭征點校：《顏元集》，北京：北京中華書局，1987 年 6 月一版 1 刷。

61. 羅振玉輯、賴貴三編：《昭代經師手簡箋釋──清儒致高郵二王論學書》，臺北：里仁書局，1999 年 8 月。

62. 顧炎武著、黃汝成集釋、欒保羣、呂宗力校點：《日知錄集釋·全校本》，上海：上海古籍出版社，2006 年 12 月初版。

二、專　書（依姓名筆劃）

1. 不著撰人：《大清十朝聖訓》第一冊，臺北：文海出版社，1965 年。

2. 支偉成：《清代樸學大師列傳》，長沙：岳麓書社，1998 年 8 月。

3. 王茂、蔣國保等：《清代哲學》，安徽：安徽人民出版社，1992 年 1 月一版一刷。

4. 王章濤：《阮元年譜》，合肥：黃山書社，2003 年 10 月第一版一刷。

5. 王慧茹：《孟子「談辯語言」的哲學省察》，臺北：萬卷樓圖書公司，2006 年 11 月初版。

6. 王鍾翰點校：《清史列傳》，北京：中華書局，1987 年 11 月一版一刷。

7. 朱伯崑：《易學哲學史》修訂本第四卷，臺北：藍燈文化事業（股）公司，1991 年 9 月初版。

8. 牟宗三：《中國哲學十九講》，臺北：臺灣學生書局，2002 年 8 月初版九刷。

9. 牟宗三：《周易的自然哲學與道德函義》，臺北：文津出版社，1998 年 8 月初版二刷。

10. 牟宗三：《現象與物自身》，臺北：臺灣學生書局，1976 年 9 月再版。

11. 何澤恆：《焦循研究》，臺北：大安出版社，1990 年 5 月一版一印。

12. 余英時：《歷史與思想》，臺北：聯經出版事業（股）公司，2004 年 11 月初版廿四刷。

13. 呂思勉：《經子解題》，臺北：臺灣商務印書館，1996 年 5 月臺二版一刷。

14. 李明輝編：《儒家經典詮釋方法・二》，上海：華東師範大學出版社，2007 年 11 月。

15. 尚小明：《學人游幕與清代學術》，北京：社會科學文獻出版社，1999 年 10 月一版 1 刷。

16. 林安梧：《人文學方法論——詮釋的存有學探源》，臺北：讀冊文化事業（股）公司），2003 年 7 月初版。

17. 林安梧：《中國近現代思想觀念史論》，（臺北：臺灣學生書局，1995 年 9 月初版。

18. 林安梧：《王船山人性史哲學之研究》，臺北：東大圖書公司，1991 年 2 月再版。

19. 祁龍威、林慶彰主編：《清代揚州學術研究》，臺北：臺灣學生書局初版，2001 年 4 月。

20. 侯外廬：《中國思想通史》，北京：人民出版社，1995 新版。

21. 侯外廬：《近代中國思想學說史（上）》，香港：生活書店，1947 年。

22. 侯外廬主編：《中國思想通史》第五卷，北京：人民出版社，1958 年 1 月。

23. 洪漢鼎、傅永軍主編：《中國詮釋學》第一輯，濟南：山東人民出版社，2003 年 10 月。

24. 洪漢鼎：《重新回到現象學的原點——現象學十四講》，臺北：世新大學，2008 年 7 月初版。

25. 洪漢鼎：《當代哲學詮釋學導論》，臺北：五南圖書出版（股）公司，2008 年 9 月初版一刷。

26. 洪漢鼎：《詮釋學史》，臺北：桂冠圖書公司，2002 年 6 月初版一刷。

27. 洪漢鼎：《理解的真理——解讀伽達默爾《真理與方法》》，濟南：山東人民出版社，2001 年 1 月一版。

28. 胡適：《胡適文存》第三集，臺北：遠東圖書公司，1971 年 5 月三版。

29. 張豈之主編；方光華、肖永明、范立舟分卷主編：《中國思想學說史・明清卷》上下，桂林：廣西師範大學出版社，2008 年 1 月一版一刷。

30. 張舜徽：《清儒學記》，（《張舜徽集》），武漢：華中師範大學出版社，2005 年 12 月一版一刷。

31. 張麗珠：《清代的義理學轉型》，臺北：里仁書局，2006 年 10 月。

32. 張麗珠：《清代新義理學》，臺北：里仁書局，2003 年 1 月初版。

33. 張麗珠：《清代義理學新貌》，臺北：里仁書局，1999 年 3 月初版。

34. 陳居淵：《焦循阮元評傳》，南京：南京大學出版社，2006 年。

35. 章太炎：《訄書‧清儒》，臺北：廣文書局，1978 年。

36. 黃愛平：《四庫全書纂修研究》，北京：中國人民大學出版社，2001 年 2 月一版 2 刷。

37. 梁啓超：《清代學術概論》，上海：上海古籍出版社，2005 年 4 月一版一刷。

38. 彭林主編：《清代學術講論》，桂林：廣西師範大學出版社，2005 年 11 月第 1 版。

39. 梁啓超：《中國近三百年學術史》，上海：上海三聯書店，2006 年 4 月 1 版 1 刷。

40. 程石泉：《雕菰樓易義》，臺北：臺灣商務印書館，1968 年。

41. 黃俊傑：《孟學思想史論》卷一，臺北：東大圖書公司，1991 年 10 月。

42. 董洪利：《孟子研究》下編，1997 年 10 月。

43. 熊十力：《讀經示要》（熊十力著‧蕭萐父、郭齊勇編：《熊十力全集‧第三卷》），武漢：湖北教育大學，2001 年 8 月初版。

44. 趙永紀主編：《清代學術辭典》，（北京：學苑出版社，2005 年 10 月，1 版），頁 1199～1200。

45. 趙昌智主編：《揚州學派人物評傳》，揚州：廣陵書社，2007 年 11 月一版一刷。

46. 趙航：《揚州學派新論》，南京：江蘇文藝出版社，1991 年 11 月。

47. 劉君燦：《方以智》，臺北：東大圖書公司，1988 年 8 月初版。

48. 劉建臻：《焦循著述新證》，北京：社會科學文獻出版社，2005 年。

49. 劉瑾輝：《焦循評傳》，揚州：廣陵書社，2005 年。

50. 蔣秋華主編：《乾嘉學者的治經方法》上下，臺北：中央研究院，中國文哲研究所籌備處，2000 年 10 月初版。

51. 鄭吉雄：《清儒名著述評》，臺北：大安出版社，2001 年。

52. 賴貴三：《焦循年譜新編》，臺北：里仁書局，1994 年 3 月。

53. 賴貴三：《焦循手批十三經注疏研究》，臺北：里仁書局，2000 年 3 月。

54. 賴貴三：《焦循雕菰樓易學研究》，臺北：里仁書局，1994 年 7 月初版〔此書其後另出版為：《焦循《雕菰樓易學》研究》（中國學術思想研究輯刊初編：第四冊），（臺北：花木蘭出版社，2008 年 9 月初版）。

55. 賴貴三：《臺海兩岸焦循文獻考察與學術研究》，臺北：文津出版社，2008 年 11 月初版一刷。

56. 賴貴三編著：《昭代經師手簡箋釋——清儒致高郵二王論學書》，臺北：里仁書局，1999 年 8 月初版。

57. 錢穆：《中國近三百年學術史》，臺北：臺灣商務印書館，1996 年 7 月臺

二版二刷。

58. 羅熾：《方以智評傳》，南京：南京大學出版社，1998 年 12 月一版一刷。

59. 〔丹〕丹‧扎哈維（Danzahavi，1967-）著、李忠傳譯：《胡賽爾現象學》，上海：上海譯文出版社，2007 年 8 月。

60. 〔澳大利亞〕安東籬著（Finnane, Antonia）、李霞譯：《說揚州：1550～1850 年的一座中國城市》，北京：中華書局，2007 年 8 月初版。

61. 〔德〕漢斯‧格奧爾格‧伽達默爾（Hans-Georg Gadamer）著、洪漢鼎譯：《眞理與方法：詮釋學》Ⅰ（Wahrheit und Methode‧Grundzuge einer philosophischen Hermeneeutik），北京：商務印書館，2007 年 4 月修定譯本一版一刷

三、單篇論文、專文（依姓名筆劃）

1. 王章濤：〈焦循評傳〉，趙昌智主編：《揚州學派人物評傳》，揚州：廣陵書社，2007 年 11 月一版一刷。

2. 王慧茹：〈顏元「人性論」探析〉，臺北：《臺北大學人文學院人文集刊》第九期，2010 年 12 月。

3. 王慧茹：〈中華發展基金會獎助研究生赴大陸地區研究 研究報告書〉，2009 年 11 月。

4. 王慧茹：〈《周易》寫作範式及詮釋進路的兩種型態——以王弼《周易略例》及焦循《易圖略》爲核心〉，中國經學會：《第六屆中國經學研究會——全國學術研討會議論文集》，臺北：輔仁大學中國文學系，2009 年 5 月初版一刷。

5. 王慧茹：〈荀子之「禮」的社會人文精神——以〈禮論〉爲核心〉，陝西：華東師範大學，西藏民族學院政法學院，「經典與詮釋——文化傳統的詮釋與重構」學術研討會，2009 年 6 月 26～30 日。

6. 王慧茹：〈焦循易學的實踐側面——以「易學三書」爲核心〉，中央大學：《第二屆青年儒學學術會議論文集》，中壢：中央大學儒學中心，東海大學哲學系，2009 年 6 月年 4 月～5 月。

7. 王慧茹：〈焦循人性論初探——以《孟子正義》爲核心〉，臺北：《孔孟月刊》第 46 卷 11、12 期，2008 年 8 月。

8. 仰彌：〈焦循學記—焦里（理）堂卒後百二十年紀念（附贅記）〉臺北：鼎文書局，《焦循之易學‧附錄》，1975 年 4 月。

9. 岑溢成：〈焦循《易圖略》的系統研究〉，臺北：《鵝湖學誌》第 31 期，2003 年 1 月。

10. 岑溢成：〈焦循孟子學初探〉，臺北：《鵝湖學誌》第 43 期，2009 年 12 月。

11. 岑溢成：〈焦循性善論的探討〉，臺北：《鵝湖學誌》第 35 期，2005 年 12 月。

12. 李明輝：〈焦循對孟子心性論的詮釋及其方法論問題〉，臺北：《臺大歷史學報》，第 24 期，1999 年 12 月。

13. 李蘭芝：〈焦循的易學詮釋學〉，《周易研究》總號 47 期，濟南：山東大學，2001.第 1 期。

14. 林安梧：〈話語‧思考與方法：中國哲學、西方哲學與馬克思主義哲學的對話〉，臺北：《臺北大學中文學報》第二期，2007 年 3 月。

15. 林安梧：〈「道」「德」釋義：儒道同源互補的義理闡述〉，（臺北：《鵝湖月刊》總號 334 號，2003 年 4 月。

16. 林慶彰：〈中國經學史上的回歸原典運動〉，北京：《中國文化》30 期，2009 年。

17. 林慶彰：〈對楊、劉兩先生文評的回應〉，臺北：中研院：《中國文哲所通訊》第 16 卷第 3 期，2006 年 9 月。

18. 柳宏：〈焦循《論語通釋》著年考辨〉，江蘇：揚州大學學報（人文社會科學版）第 8 卷第 3 期，2004 年 5 月。

19. 荀生：〈焦循學述—為焦理堂卒後百二十年紀念而作〉，臺北：鼎文書局，《焦循之易學‧附錄》，1975 年 4 月。

20. 洪萬生：〈劉徽的數學貢獻〉，《科學發展》，384 期，2004 年 12 月。

21. 洪漢鼎：〈西方詮釋學的定位及高達美詮釋學的本質特徵〉，《中國思想史研究通訊》第 2 輯，2004 年。

22. 洪漢鼎：〈詮釋學與修辭學〉，收入洪漢鼎‧傅永軍主編：《中國詮釋學》（第一輯），山東：山東人民出版社，2003 初版。

23. 孫劍秋：〈惠棟《易》學著作、特色及其貢獻述評〉，臺北：〈國立臺北師範學院學報〉第 16 卷第 1 期，2003 年 3 月。

24. 張鼎國：〈「較好的」還是「不同地」理解？從詮釋學論爭看經典註疏中的詮釋定位與取向問題〉，中研院文哲所：《中國文哲所研究通訊》第 9 卷第 3 期，1999 年 9 月。

25. 張麗珠：〈焦循以易入道的新義理觀析論〉，臺中：《興大中文學報》第 26 期，2009 年 12 月。

26. 陳居淵：〈焦循易學方法論的哲學意義〉，山東大學：《周易研究》第 5 期（總第 61 期），2003 年 4 月。

27. 陳居淵：〈焦循道德理想的易學詮釋〉，四川：《中華文化論壇》，2003 年 2 月。

28. 陳居淵：〈實證與實測—從方法論角度看焦循的易學研究〉，劉大鈞主編：《大易集述——第三屆海峽兩岸周易學術研討會論文集》，成都：巴蜀書

社，1998 年 10 月。

29. 陳居淵：〈論焦循《易》學的通變思想與數理思想〉，濟南：山東大學《周易研究》第 2 期（總第 20 期），1994 年。

30. 陳居淵：〈論焦循「假卜筮而行教」的易學觀〉，濟南：山東大學《周易研究》第 3 期（總第 49 期），2001 年 11 月。

31. 陳居淵：〈論焦循易學〉，濟南：《孔子研究》第 2 期，1993 年。

32. 陳居淵：〈論焦循的《論語》學研究〉，收入《雲南大學學報》（社會科學版）第六卷第一期，2007 年 1 月。

33. 陳居淵：〈論焦循的易學與堪輿學〉，濟南：山東大學《周易研究》第 3 期（總第 77 期），2006 年 6 月。

34. 陳居淵：〈焦循對漢易的繼承和發展〉，臺北：《中國文化月刊》第 195 期，1996 年 1 月。

35. 黃清揚：〈中國 1368～1806 年間的勾股術發展之研究〉，國立臺灣師範大學，數學研究所碩士論文，2002 年 6 月。

36. 楊晉龍：〈中國經學史上的回歸原典運動簡評〉，《中研院中國文哲所通訊》第 16 卷第 3 期，2006 年 9 月。

37. 廖千慧：〈焦循論學研究〉，（嘉義：嘉義大學中研所碩士論文），1995 年 7 月。

38. 劉孝感：〈經典詮釋與體系建構：中國哲學詮釋傳統的成熟與特點爭議〉，李明輝編：《儒家經典詮釋方法》二，上海：華東師範大學出版社，2007 年 11 月。

39. 劉柏宏：〈林慶彰先生〈中國經學史上的回歸原典運動〉一文述評〉，《中研院中國文哲所通訊》第 16 卷第 3 期，2006 年 9 月。

40. 蔣秋華：〈大陸學者對清乾嘉揚州學派的研究〉，臺北：《漢學研究通訊》，第 19 卷第 4 期（總 76 期），2000 年 11 月。

41. 鄧秀梅：〈陸、王心學一系對易理的詮釋〉，臺北：《鵝湖學誌》第 44 期，2010 年 6 月。

42. 鄭吉雄：〈乾嘉學者治經方法與體系舉例試釋〉，蔣秋華主編：《乾嘉學者的治經方法》上，臺北：中研院文哲所籌備處，2000 年 10 月初版）。

43. 賴貴三：〈「五經皆學，三禮成圖」──乾嘉通儒揚州焦循里堂學記〉，收入彭林主編：《清代學術講論》，桂林：廣西師範大學出版社，2005 年 11 月第 1 版。

44. 賴貴三：〈焦循《雕菰樓易學》述評〉，劉大鈞主編：《大易集述──第三屆海峽兩岸周易學術研討會論文集》，成都：巴蜀書社，1998 年 10 月。

45. 賴貴三：〈「五經皆學，三禮成圖」──乾嘉通儒揚州焦循里堂學記〉，彭林主編：《清代學術講論》桂林：廣西師範大學出版社，2005 年 11 月一

版一刷。

46. 賴貴三：〈「易學」與「孟學」的融攝與會通——以清儒焦循《孟子正義》爲中心的討論〉，慶祝莆田黃錦鋐教授八秩嵩壽論文集編委會：《慶祝莆田黃錦鋐教授八秩崧壽論文集》，臺北：文史哲出版社，2001 年 6 月初版。

47. 賴貴三：〈孟子的「易」教——清儒焦循「孟子正義」中「易」理詮釋〉（一）——（六），臺北：《孔孟月刊》，2003 年 1 月～2003 年 8 月。

48. 賴貴三：〈清代乾嘉揚州學派經學研究的成果與貢獻〉，臺北：《漢學研究通訊》，2000 年 11 月。

49. 賴貴三：〈清儒焦循「論語」、「孟子」與「易」學會通簡述〉，臺北：《孔孟月刊》，2003 年 4 月。

50. 賴貴三：〈焦循（1763～1820）研究論著目錄〉，臺北：《漢學研究通訊》，2002 年 2 月。

51. 賴貴三：〈焦循《易》學詮釋系統中的方法論及其《易》例的設立〉，蔣秋華主編：《乾嘉學者的治經方法》下，臺北：中央研究院，中國文哲研究所籌備處，1990 年 10 月初版。

52. 賴貴三：〈焦循「毛詩」學綜述〉，臺北：《文與哲》，2003 年 12 月。

53. 賴貴三：〈焦循「尚書」學及其研究述評〉，臺北：《臺灣師大國文學報》，2002 年 12 月。

54. 賴貴三：〈焦循理堂先生手批「周易兼義」鈔讀記〉（一）——（三），臺北：臺灣師大《中國學術年刊》，1998～2000。

55. 〔日〕坂出祥伸著、楊菁譯：〈關於焦循的《論語通釋》〉，臺北：中研院文哲所《中國文哲研究通訊》第 10 卷第 2 期，2000 年 6 月。

56. 〔日〕坂出祥伸著、廖肇亨譯：〈焦循的學問〉，臺北：中研院文哲所《中國文哲研究通訊》第 10 卷第 1 期，2000 年 3 月。

57. 〔日〕山井湧著、任鈞華譯：〈宋學之本質及其思想史上的意義〉，臺北：中研院文哲所《中國文哲研究通訊》第 16 卷第 1 期，2006 年 3 月。

四、網路資料

1. 中國文化研究院，燦爛的中國文明：〈中國古代數學〉，網址：http://www.chiculture.net/0803/html/c53/0803c53.html，檢索日期：2013 年 6 月。

後記：浪漫的堅持・莊嚴的理想
——〈焦循「一貫」哲學之建構與證立〉

　　在臺師大唸碩士時，因翻讀相關資料，看見焦循說：「孟子深於《易》」一語，頗讓我納悶，《孟子》全書未及於《易》，顯爲事實，爲何焦循竟發此語？當時，因忙於書撰碩論，無暇其他，便一直把這問題放在心底。碩論《孟子「談辯語言」的哲學省察》(萬卷樓)出版，我開始詳讀焦循《孟子正義》，這才約略發現了他的用心。

　　現在想起來，回輔大唸博士班，還眞是出於一股單純的浪漫。入學初始，僅是很想替焦循發聲，不料幾年的學習過程，卻意外引發自己對學術的美麗狂熱。細數這許多年來的聖誕節、跨年夜、寒暑假，都是待在圖書館和古人們一起度過的；來往於學業和教學工作間，生活雖極其忙碌，但愉悅、富足感，卻很豐實。當然此間也有許多面臨問題弄不清、文章寫不下去的瓶頸，禁不住會失眠、狂哭一場，不過，大抵來說，這段博士生生涯，實在開啓自己的學術視野甚多，收穫很大，而這一切，都得感恩、歸功於一路提攜、扶持我的師友們。

　　由於入學之初，已擬定焦循爲研究對象，此爲我形塑問題意識，節約不少時間。輔大中文系的老師們，大多正值壯年，認眞勤勉、溫潤可親，幾乎每位老師都和我們亦師亦友，遇有工作、學習困擾，老師們都很樂意爲我們解惑。王金凌、王初慶、黃湘陽、趙中偉、張壽安老師等，爲我的學思進路奠定穩實的基礎，於我啓益甚多，這些養分滋潤，點滴在心頭，實衷心感激、感念。

　　爲了加深加廣自己的學習面向，我仍比照讀碩士班時期，繼續參加讀書會。「鵝湖書院」於我有地利之便，約有一年的時間，我受惠於楊祖漢老師帶讀的《佛性與般若》，予我不少學問心情上的安頓。「蘇菲讀書會」，閱讀《真理與方法》、《知識論導論》，後來獲得世新大學讀書會獎勵；「易經讀書會」，則獲得輔大中研所讀書會補助。藉著讀書會因緣，我得以旁聽北京社科院洪漢鼎教授的詮釋學和現象學課程，上這兩門課，對我來說很辛苦，但收穫卻很深，後來書撰博士論文時，特別是方法論上，受到「哲學詮釋學」很大的影響。

　　此外，爲深化自己對問題的研究與思考，我亦書撰多篇和焦循相關的論文，以爲基礎。先後發表刊登了〈焦循人性論初探－以《孟子正義》爲核心〉、〈梁啓超、錢穆《中國近三百年學術史》寫作範式探析〉、〈《周易》寫作範式及詮釋進路的兩種型態－以王弼《周易略例》及焦循《易圖略》爲核心〉、〈焦循易學的實踐側面－以「易學三書」爲核心〉、〈焦循「論語學」的經典詮釋〉等論文，一方面當成往後博論寫作的一塊塊墊腳磚，另方面也將自己思索或熱愛化爲產出。

　　臺灣師範大學的賴貴三教授，是我從事焦循研究的重要指路人。賴老師是學界的焦循專家，也是我碩士班的老師。碩三時，我選讀賴老師的《周易》課程，當時唸到《孟子正義》一書，已覺有味，唯限於學力，未及深入。碩士畢業時，賴老師贈我他所編撰的《焦循年譜新編》，並親自題簽，當時內心十分悸動，久久不能釋懷。決定研究焦循後，賴老師不僅提供我多部專論研究，更予我許多寫作上的點撥；經我探究後發現，焦循可資闡發者，實不限於經學，遂有撰作博論之發想，獨此中周折處尚多，未及疏通。每一次去找賴老師商量，賴老師總在百忙中抽空，不厭其煩爲我說解，焦循著述浩繁，舉凡經史子集皆有所作，賴老師對原典、版本、學界動態如數家珍，如果沒有他的幫助，不斷和我討論對談，我實難如期完成整部論文。

　　2009 年夏天，我獲得陸委會「中華發展基金會」的獎助學金，赴山東大學文史哲研究院訪學二個月，由該院傅永軍院長擔任指導老師。傅教授同時主持山大「中國詮釋學研究中心」，主攻康德暨哈伯瑪斯「批判詮釋學」，於我在深化詮釋學研究上，有很多指點。山大善本圖書室典藏甚豐，許多在臺灣不易見到的珍本，在傅老師的引薦下，得以窺見真貌，至今仍難忘當時的觸動。藉著此行，我也親自踏訪了焦循卅多歲時，擔任阮元山東幕府的遊蹤，

得見當年阮元、焦循的腳跡；親炙他們昔日走過的蓬萊閣、大明湖、千佛山，彷彿真能跨越時空之隔，和儒者的容顏同在，似乎，這一大群始終在我腦中徘徊縈繞的孔孟聖賢、乾嘉學者，他們的呼吸吐納都和我同步同進⋯⋯。2010年，我獲得輔仁大學「國際交流中心」，獎勵博士班學生出席國際研討會補助，赴山東大學參加第七屆「詮釋學與中西經典文化傳統－詮釋學與中國經典詮釋」國際學術研討會；並於博士畢業後，2012 年，再赴遼寧大連參加第九屆「修辭學、想像力與詮釋學–詮釋學與中國經典詮釋」國際學術研討會，進一步和詮釋學界交流對話，傅老師的提攜指導，功不可沒。傅老師一家人及傅門弟子的溫暖情誼，我亦永銘於心。

　　當然，最最要感恩、感謝的是我的指導教授－林安梧老師。林老師自碩士班開始，便擔任我的指導老師，這許多年來，每一次面對生命中的重大轉折，林老師總能用很精簡切要的話語，寬慰化解我所面臨的困境。即如他的生活語言，每每想來都是警語、偈語，書於案頭、存在手機裡，時時都是自己最好的點醒。林老師常說：「讀書要博而能廣、專而能契」、「畢業只是學問的起點」、「養成努力的習慣，成功便會是一種習慣」，要我們精進用心、剛健不息，自信自立但不驕不惰，把每一次的成功，當作是階段性任務，並且要時時警策，養成努力成功的習慣；林老師給我的影響，不僅是知識學問上的，更有太多來自生活、生命本身的毅力堅持、通脫灑落，於我終身受益無窮。

　　2009 年，在林老師和同道的支持襄贊下，一干師友成立了「元亨書院」，以為經典講習之所。取名「元亨」，自是來自《周易》：「元者，善之長也；亨者，嘉之會也」，勉勵吾輩進德修業，成就君子美德之意；但更有紀錄並賡續林老師指導我輩學行進路之期許。林老師的書齋叫「元亨居」，元亨居作為培養學生的基地，顯已不敷使用，藉著「元亨書院」成立，林老師更勉勵我輩，繼續參與在中國哲學的場域中，為文化經典傳承，貢獻一己心力。幾年下來，書院中的同道陸續畢業，「元亨書院」亦已發行數期《元亨學刊》，並搬遷到臺中，有一常駐之所，正努力開展、成長進步中，除了做為我輩深化學養、講習經典，討論學問產出之用外，也舉辦各種活動課程，以廣傳道藝，彰顯書院教化功能。

　　許多年來，我一直以教學和研究做為個人「浪漫的堅持、莊嚴的理想」，研精思深、習之不倦，必須倚靠個人的專一堅持，而我所從事的研究領域或教學活動，同時也是一份貫串中國經學與哲學、傳統與現代交匯的莊嚴理想。

然而，雖個人有志、有力，若沒有貴人扶助，理想亦難實現。老天賜給我天下最好的父母、家人，提供我永遠的支援，讓我得以自在的躲在圖書館裡讀書，全無後顧之憂；給我最好的師友，分享傾談人生理想，爲我的學思進路照亮明燈，時時提攜關照我；故我始終很惜福、很感恩，生命中這看似尋常、卻得來不易的「貴人團」，感恩生命中所有貴人們的護持！

博士畢業，在某些程度上說，意味著自己和這群清朝人的交誼，必須暫告段落，大部分的時間，我仍一如以往，忠誠地扮演一名高中老師的角色。二年來，感恩輔大中文系孫永忠主任、全人中心、師培中心的邀請，感謝南湖高中同意我繼續兼課，有機會能將所思所學，和一干兼具學生、學弟妹雙重身分的學子們分享，是我每週最期待的事。爲了不和自己所熱愛的古人就此「分手」，我更祈願自己，可以繼續開開心心的教書、讀書、寫書，燃燒心中的小宇宙，不斷厚實能量，看見更多的學術風景，爲經典、爲我親愛的古人們，貢獻我最大的心力！

全文改訂重新付梓之際，還要再感恩彼時論文審查及口試委員們，予我諸多補充修正；感恩花木蘭出版社，慷慨惠允同意出版，於此亦一併申謝。

2013 年 7 月，於新北市　中和居